WHEN CHRISTIANS FACE PERSECUTION

THEOLOGICAL PERSPECTIVES FROM THE NEW TESTAMENT

当基督徒
面对逼迫

新约神学面面观

李志秋 / 著

袁达志 / 译

贤理·璀雅
LATREIA PRESS

除了原著的推荐文之外，其余推荐文之排序按繁体字姓氏的笔画：

李志秋博士这本最新专著不但展示她新约研究的多年成果，兼且体现她对受逼迫基督徒的教牧关怀。如此取向与时下风行的成功神学（prosperity gospel）之背道而驰自然不在话下，与仅以神哲学概念式空谈苦难也大异其趣。事实上，只要稍稍翻阅圣经，就会发现上主子民之遭受逼迫实为常态，且"苦难"绝非抽象的概念，而是许多信徒天天经历的真实。愿本书成为亲历逼迫者及其陪伴同行者的帮助。

吴国安博士
台湾神学研究院助理教授

李志秋博士的《当基督徒面对逼迫》已获多位国际知名的新约学者推崇。当中李博士透过严谨的释经和历史探索，将最早期基督徒面对冲突和逼迫的各方因素，以及新约作者回应的多样性和一致性，都有条不紊地作出梳理，以深入浅出的笔触逐一呈现在读者眼前，足见李博士渊博的学术修为。喜见此书能翻译成中文，除了为亚洲众多遭受逼迫困扰的华人信徒提供适时的圣言导引，更是李博士实践她书中呼吁，以同理心与受逼迫者同行，提供鼓励和支持的明證。

辛蕙兰博士
香港中国神学研究院余达心教席副教授

新约学者孜孜努力的一个方向，是如何整合新约作品的核心信仰精髓，同时又不牺牲个别作品的处境、特色和目的。除了这"统一和多元"（unity and diversities）的张力，还有新约对当下复杂纷乱世局的启发和意义（relevance）。《当基督徒面对逼迫》有力论证初代教会因为认信耶稣是基督（unity）而在不同处境中面对各种的怀疑、边缘化，甚至逼迫，智慧地因应与活出不同形式的见证（diversities）。因为教学和研究，志秋老师与不同地区亲身经验逼迫的弟兄姐妹有所交集，她的研究并非抽离的资料，而是塑造生命的养份，更指向公共论述的可能。

孙宝玲博士

台湾基督教长老教会南神神学院客座教授

在今日的全球处境中，基督信仰很容易被简化为一种寻找"生命意义"的精神寄托，或成为一种追求资本主义所定义的"成功"的手段！然而不论是消费主义透过各种刺激来驯化人们的精神敏锐度，或是极权国家透过科技所发展出的监控社会来驯化人们的思想自由，明显和隐藏的"逼迫"正以不同的面貌挑战着今日的华人教会，在此时刻，李志秋老师回到新约圣经来探索处代教会所面对的逼迫，以及他们对逼迫的回应，是非常及时的重要著作！

董家骅牧师
世界华福中心总干事

李志秋教授的新作以新约圣经为基础，反思基督徒受逼迫迫害的圣经神学，是华文著作中的异数。书中以精准的修辞方法、历史研究与文学批判，深入浅出地刻画新约教会受逼迫迫害的基督徒所经历的信仰考验。文中清晰地指出基督徒回应逼迫的三种路线：反抗与坚忍、背道与同化、调适与融入，以此描绘门徒在生死荣辱之间仍然坚守基督里的永生盼望，坚忍到底，凭信得救。此书不仅具有精炼的新约研究与圣经神学，更传达深邃的生命信息，不容错过。

谢木水博士
新加坡神学院院长

逼迫是新约中的重要神学主题，几乎每卷书都或多或少提到了逼迫。李志秋老师的这本书是深入且完整剖析逼迫主题的专著。本书论到了逼迫者的身分，逼迫的原由，逼迫的形式，受害者的回应，以及新约作者如何劝勉受害者持守信仰等各式不同面向。本书不单帮助我们理解新约中的逼迫，同时也帮助我们反思当代基督徒应如何面对并回应当代的各式不同逼迫。本书是理解新约和反思当代不可或缺的重要著作。

谢乐知博士
中华福音神学院高雄分校教务主任暨新约副教授

逼迫是新约神学的一个重要主题，也是廿一世纪华人教会普遍未好好深入思考的课题。在后疫情多变的时代，不少地方的人对基督教的观感往往都起了变化，圣经如何教导我们面对可能的逼迫？信徒往往都是这里知一点，那里知一点，甚至会断章取义。志秋博士的新作《当基督徒面对逼迫》，整合不同新约经卷的处境和所持的侧重点，给我们一幅完整又多角度的图画，可谓我所见过现时华文界最全面地处理这课题的研究，衷心推荐。

谭志超博士
香港播道神学院教务长暨圣经科副教授

从圣经角度而言，究竟需要哪些条件才构成逼迫基督徒？其在新约时代发生的全部成因涵盖了什么？有哪些回应是恰当的？我们又如何在今天加以应用？如果你对以上的任何问题感兴趣，李志秋博士的新约苦难神学便是必读之选。如果这些问题尚未引起你的兴趣，在当前世界的宗教氛围下，你就更须加以关注！本书是这课题上极出色的资源。

克莱格·布鲁姆伯格（Craig L. Blomberg）
美国丹佛神学院（Denver Seminary）新约特聘教授

李志秋博士的学术著作旁征博引，结合了新约神学的丰富探索，其中包括如何面对逼迫、基督徒在希腊罗马世界中面对逼迫的各种回应，以及新约中不同作者如何劝勉受众在逼迫中坚守信仰。后记是必读精华，因为李博士将关乎逼迫的神学理解应用到眼前的当代情境，并且分享了个人的反思。李博士呼吁读者要**对受逼迫者的遭遇感同身受**，无疑是本书的压轴终章。

冯浩鎏牧师博士（The Revd Dr Patrick Fung）
海外基督使团（OMF）国际总主任

在最理想的情况下，圣经的学术研究会带来忠于圣经的教导，造就神的子民。本书正是这样的著作。通过仔细阅读文本，李博士追溯了新约中基督徒面对逼迫的各种回应。所有的研究都是在某个情境下进行的；在此研究中，李博士充分运用了她个人的情境，为逼迫这课题重新注入崭新而鲜明的焦点。诚意推荐给每位认真反思逼迫如何塑造教会之早期思想的信徒及圣经学者。

德克·永金（Dirk Jongkind）
剑桥丁道尔研究院（Tyndale House）学术副院长

这部研究全面且严谨的学术著作，处理了一个对全球教会至关重要的课题。李博士在整部新约圣经中梳理了这主题，并按第一世纪背景检视各段经文，展示出早期基督徒作者的智慧，与在当前类似处境中的相关适切之处。

克莱格·基纳（Craig S. Keener）
美国艾斯伯里神学院（Asbury Theological Seminary）
汤信教席圣经研究教授

当基督徒面对逼迫

新约神学面面观

李志秋 著

袁达志 译

中文版权 © 贤理 · 璀雅

作者／李志秋（Chee-Chiew Lee）
英译／袁达志
翻译顾问／吴国安
审校／陈玉霞
中文校对／甘雨

中文书名／当基督徒面对逼迫：新约神学面面观
英文书名／ *When Christians Face Persecution:*
Theological Perspectives from the New Testament

策划／李咏祈
装帧设计／冬青
出版／贤理 · 璀雅出版社
地址／英国苏格兰爱丁堡
网址／ https://latreiapress.org
电邮／ contact@latreiapress.org
简体中文初版／ 2024 年 4 月

ISBN：978-1-913282-55-4

目 录
Contents

第2章 当时发生了何事：对逼迫的不同回应

第3章 如何至终站立得稳：劝说与赋予能力以坚持不懈

总结

后记：一些当代反思

前言

　　早期基督徒遭受逼迫的经历，吸引了学术界长期的研究。自古以来，这课题就受到热忱的关注和重大的争议。这现象不仅可见于敌对的教外人士中，也存于信徒之间。教会在寻求殉道或逃离逼迫，以及如何挽回于胁迫下否定信仰的人上出现严重分歧。

　　讽刺的是，以此为题的现代思辨性研究学者（比方，自爱德华·吉朋［Edward Gibbon, 1737–1794］起），大多数都来自北大西洋地区。他们没有受过任何近期或个人的宗教逼迫与困扰，身处的政治文化也很大程度上已建立起法律保护，并且至少就目前看来，令彩色浓厚和夸张的古代见证完全难以置信。直到最近，仍有学者热衷于声称基督教关于逼迫的说法，无论过去现在，都是百分百的"神话"，纯粹为了政治的权宜目的而"捏造"。

然而，在今天亚洲的许多地方，基督徒受压迫却是令人震惊的事实，情况一如在古代和其后数世纪中所一再发生的：在2019年，英国广播公司就报导过针对信徒"接近种族灭绝"程度的暴力、虐待和骚扰。

出于以上和更多充分的理由，李志秋博士的新作自然受到众人欢迎，我也很荣幸参与这行列。她是东南亚杰出的女性圣经学者，也是新加坡神学院中文部新约副教授。于本书中，她为读者与现有学术研究进行了建设性交流，探索了新约中逼迫的不同成因和面对逼迫的各种回应，展示出各新约作者于坚守信仰上，极富同理心的神学。对今天身在亚洲和非洲处境中蒙受苦难的基督徒来说，这种神学有赋予他们做出适切回应的潜能。

马可士·博慕贺（Markus Bockmuehl）
牛津大学

自序

　　"养育一名孩子需要全村庄的参与。"与这句非洲谚语相仿，出版一本书也需要很多人的帮助和支持。十多年来，我与来自有显著逼迫基督徒之地区的学生持续互动，触发了我对这个课题的研究和写作。当"灵风合作伙伴"（Langham Partnership）邀请我申请博士后研究奖学金时，这些反思就渐渐开花结果了。三年间几次为期一个月的驻留研究，提供了有利的写作环境，让我最终在期刊发表了四篇专文，皆引用于本书之中。在驻留期间，我与这些一同进行博士后研究的主体世界（Majority World）学者，以及几位资深学术导师交流互动，在多方面丰富了这研究的内容。尽管新冠病毒大流行将原初计划在剑桥的丁道尔研究院（Tyndale House）和瑞德利堂（Ridley Hall）逗留六个月的时间减半，但感谢神，我在返新加坡前已完成本书的一大部分。

因此，我非常感谢以下各组人员成为这"村庄"的一部分。"灵风合作伙伴"、其合作伙伴（特别是艾斯伯利神学院［Asbury Theological Seminary］、剑桥的瑞德利堂和丁道尔研究院、牛津的威克里夫堂［Wycliffe Hall］），及他们的捐助者；他们三方都投入了资源，致力促进主体世界学者为教会进行学术研究及处境神学反思。感谢萧伊言博士（Dr Ian Shaw，灵风博士后项目总监）对本项目坚定而友善的指导。感谢德克·永金博士（Dr Dirk Jongkind，丁道尔研究院副院长）担任我的资深学术导师，并给予鼓励、反馈和建议。感谢谢木水博士（Dr Clement Chia，新加坡神学院院长）和学院贯彻与"灵风合作伙伴"就此项目的承诺，并给予不住的支持，让我在日常教学和行政职责中有时间兼顾研究和写作。感谢所有通过在各地区的真实经历，加深了我对逼迫之理解的朋友和学生。感谢腓力·杜斯博士（Dr Philip Duce）和英国校园团契出版社（Inter-Varsity Press）的团队，在出版过程中提供的专业协助。感谢我母会加东福音堂，他们以祷告祝福埋首在这项目中的我。感谢我心爱的丈夫蔡成荣、我的儿子学睿和女儿学恫；即使有时我们不得不暂时分开，他们一直陪伴、支持和深爱我。我实在无法一一提名这"村庄"的成员，你们所有人在福音的事工上与我并肩同行，我为此衷心感谢神（腓1:3~4）。最后，但同样重要的是，我感谢神将这个研究项目放在我心中，并提供了实现此项目所需的一切，使之造就他的子民。

李志秋 于新加坡

翻译版序

　　最初神将此研究项目放在我心中时，我就意识到以中英文出版此书的需要。"灵风合作伙伴"的博士后研究奖学金，旨在支持以英文或法文发表的研究，但也积极鼓励学者们，将研究成果翻译成所服事之地区的通用语文。本书的原著出版以来，也有不少华人神学教育者、神学生、教会领袖与会友，都表示期待中文翻译版能够早日面世。

　　感谢恩主，因为我们再次见证了神供应了各方面的需要：贤理·璀雅文字事工为出版社，加东福音堂及主内弟兄姊妹的踊跃奉献，袁达志弟兄为译者，以及吴国安博士为翻译顾问。袁弟兄尽心尽力翻译的初稿，为我奠定了基础；吴博士在我校订翻译时，不辞劳苦地提供了宝贵的建议。愿主借着这翻译版，造就华人教会的神子民。

李志秋 于新加坡

缩写表

《汉》	新汉语译本
《环》	环球圣经译本
1 En.	1 Enoch
1QHᵃ	*Hodayota* (Thanksgiving Hymns) copy a from Qumran Cave 1
1QM	*Milḥamah* (War Scroll) from Qumran Cave 1
1–2 Macc.	1–2 Maccabees
2Q23	apocrProph from Qumran Cave 2
AB	Anchor Bible
AcT	Acta theologica
AH	Ancient History
ANTC	Apostasy in the New Testament Communities
AYB	Anchor Yale Bible
BAC	Bloomsbury Academic Collections
Bar.	Baruch
BBR	*Bulletin for Biblical Research*

BDAG	Bauer, W., F. W. Danker, W. F. Arndt, and F. W. Gingrich. *Greek-English Lexicon of the New Testament and Other Early Christian Literature*. 3rd edn Chicago, 1999
BECNT	Baker Exegetical Commentary on the New Testament
BETL	Bibliotheca Ephemeridum Theologicarum Lovaniensium
BHGNT	Baylor Handbook on the Greek New Testament
Bib	*Biblica*
BibInt	*Biblical Interpretation*
BIS	Biblical Interpretation Series
BNTC	Black's New Testament Commentaries
BTB	*Biblical Theology Bulletin*
BTCP	Biblical Theology for Christian Proclamation
CBC	Cornerstone Bible Commentary
CBNTS	Coniectanea Biblica: New Testament Series
CBQ	*Catholic Biblical Quarterly*
CS	Cornerstones Series
CTTSJ	*Central Taiwan Theological Seminary Journal*
EBS	Essentials of Biblical Studies
EC	Epworth Commentaries
ECCA	Early Christianity in the Context of Antiquity
EPRO	Études préliminaires aux religions orientales dans l'Empire romain
EUS	European University Studies
FCCGRW	First-Century Christians in the Graeco-Roman World

FCNTECW	Feminist Companion to the New Testament and Early Christian Writings
HNT	Handbuch zum Neuen Testament
HTR	Harvard Theological Review
HTS	*HTS Theological Series*
ICC	International Critical Commentary
IJRF	*International Journal for Religious Freedom*
Int	*Interpretation*
JBL	*Journal of Biblical Literature*
JETS	*Journal of the Evangelical Theological Society*
JSJSup	Journal for the Study of the Pseudepigrapha: Supplement Series
JSNT	*Journal for the Study of the New Testament*
JSNTSup	Journal for the Study of the New Testament: Supplement Series
JSOT	*Journal for the Study of the Old Testament*
Jub.	Jubilees
LBT	Library of Biblical Theology
LCL	Loeb Classical Library
LEC	Library of Early Christianity
LMM	*Lutheran Mission Matters*
LNTS	Library of New Testament Studies
LXX	Septuagint
MBPS	Mellen Biblical Press Series
MNTS	McMaster New Testament Studies
MT	Masoretic Text
NABPRSSS	NABPR Special Studies Series

NAC	New American Commentary
Neot	*Neotestamentica*
NET	New English Translation
NICNT	New International Commentary on the New Testament
NICOT	New International Commentary on the Old Testament
NIGTC	New International Greek Testament Commentary
NovT	*Novum Testamentum*
NovTSupp	Supplements to Novum Testamentum
NTL	New Testament Library
NTS	*New Testament Studies*
OCM	Oxford Classical Monographs
OTL	Old Testament Library
PNTC	Pillar New Testament Commentaries
*P.Lond.*1912	Papyrus copy of Letter of Claudius to the Alexandrians
PS	Pauline Studies
Pss. Sol.	Psalms of Solomon
PTMS	Princeton Theological Monograph Series
RBS	Resources for Biblical Study
ResQ	*Restoration Quarterly*
RGRW	Religions in the Graeco-Roman World
RNTS	Reading the New Testament Series
RSF	Religious Freedom Series
SBL	Society of Biblical Literature
SBLAcBib	Society of Biblical Literature Academia Biblica

SBLMS	Society of Biblical Literature Monograph Series
SBLSymS	Society of Biblical Literature Symposium Series
SCJ	Studies in Christianity and Judaism
SHBC	Smyth & Helwys Bible Commentary
SJLA	Studies in Judaism in Late Antiquity
SNTSMS	Society for New Testament Studies Monograph Series
STAC	Studien und Texte zu Antike und Christentum
TAPA	*Transactions of the American Philological Association*
THNTC	Two Horizons New Testament Commentary
T. Job	Testament of Job
TynBul	*Tyndale Bulletin*
WBC	Word Biblical Commentary
WEAGIS	World Evangelical Alliance Global Issues Series
Wis.	Wisdom of Solomon
WUNT	Wissenschaftliche Untersuchungen zum Neuen Testament
ZECNT	Zondervan Exegetical Commentary on the New Testament

导言

　　从始至今，基督教信仰一直遭受反对，甚至达到逼迫的程度，这是基督徒所关注的。新约所描述对基督徒的逼迫，背后有哪些社会政治和神学因素？这些基督徒又为自己的回应提出了什么辩解及理据？新约作者又如何在自身的处境中，解释、发展和重新应用耶稣论及逼迫的相关福音传统？本书试图勾画出基督徒应对逼迫的新约神学，以作为当代不同处境之神学反思的基础。

认识逼迫：定义和范围

　　虽然我们不时遇到"逼迫"（persecution）一词，但我们有必要澄清本研究中"逼迫"的含义。根据《剑桥英语词典》，"逼迫"是指"由于种族、宗教或政治信念而长期受到不公或残酷的对待"。[1] 据此定义，笔者将从以下几方面来探讨逼迫的不同层面。首先，其涉及行动，而不仅是态度。[2] 第二，该行动被视为不公或残酷。"不公"意味着歧视，而"残酷"则牵涉造成某种形式的痛苦（身体的或心理的）。歧视暗示了不公平的对待。值得注意的是，"公义"带有主观性：受逼迫者看为"不公正"的，在逼迫者眼中却可能是"公正"之举。因此，由于本研究试图描述新约作者的观点，笔者将采用受逼迫者的视角。[3] 此外，除非我们能确定这敌对导致不公的对待，不然敌对也不一定构成逼迫。

第三，依据现代观点，我们或可区分逼迫背后的种族、宗教和政治动机。但就如我们将于第一章看到的，在第一世纪这三方面都互相扣连，难以分割。因

---

[1] "Persecution"，于 *Cambridge Advanced Learner's Dictionary and Thesaurus* <https://dictionary.cambridge.org/dictionary/english/persecution>，2021 年 8 月 8 日存取。另见 Scott Cunningham, *'Through Many Tribulations': The Theology of Persecution in Luke–Acts*, JSNTSup 142 (Sheffield: Sheffield Academic Press, 1997), p. 139。甘宁翰（Cunningham）也采取类近定义，指受害者因其信念而非因犯下任何罪行，遭敌对者加害。

[2] Charles L. Tieszen, 'Towards Redefining Persecution', *IJRF* 1.1 (2008), p. 69.

[3] 逼迫者与受逼迫者不同视角的例子，参同上，p. 70。

应本研究的主旨，新约中的基督徒被逼迫，是指这些
人因相信耶稣基督是他们的神、他们的主和救主而遭
到不公待遇。田士臣（Tieszen）以下的定义就恰切涵
盖了各个方面："从受害者角度来看，任何基于宗教、
针对基督徒又带有不同程度敌意的不公行为，且会带
来不同程度的伤害。"[4]

---

[4] 同上，第 69 页。宾尼（Penner）把"逼迫"定义为
"为行善而受苦，更具体地说，是由于人对永生神的忠诚
而受苦"，或"逼迫者不能容忍人因成为基督徒所产生的
差异，因而基督徒反复地、持续地、系统地遭遇深切和沉
重的痛苦或伤害，并被剥夺（或严重威胁被剥夺）基本人
权"；而凯鹤华（Kelhoffer）将其定义为"在基督徒生命
历程中所发生不应承受的惩处或刑罚——无论是真实的、
想象的、预期的，还是夸大的"。参 Glenn M. Penner, *In
the Shadow of the Cross: A Biblical Theology of Persecution
and Discipleship* (Bartlesville: Living Sacrifice, 2004), p. 41;
James A. Kelhoffer, *Persecution, Persuasion, and Power:
Readiness to Withstand Hardship as a Corroboration of Le-
gitimacy in the New Testament*, WUNT 270 (Tübingen: Mohr
Siebeck, 2010), p. 8。宾尼的定义取自加拿大组织"殉道者
之声"（The Voice of the Martyrs），并且与田士臣的见解
颇为相近。虽然笔者赞同凯鹤华采取基督徒的角度（"无
论是真实的、想象的、预期的，还是夸大的"），但他的
定义（"在基督徒生命历程中"）与宾尼的（"为行善而
受苦"）都似乎过于宽泛，因为并未清楚区分基督徒因普
遍情况或因信仰所承受的不合理对待。举例说，一个人揭
露了别人的恶行，令对方受法律制裁，并阻止他们继续伤
害其他人（即行了善事）而遭到报复，不论这人是否基督徒，
又或出于基督信仰而有此表现。

第四，逼迫包括使用暴力（语言或身体）的反对，这既可以是由基督徒言行激起的反应（例如，司提反在使徒行传第七章中的言论和殉道），也可以是有系统地搜寻基督徒并加以惩罚（例如，扫罗在使徒行传八章3节的逼迫）。无论是前者的零星事件，还是后者的系统性迫害，都应已发生了相当长的一段日子。虽然逼迫是反对的一种表现，但反对本身并不一定导致迫害，也不应简单地将其等同于逼迫。举例说，虽然术士以吕马敌挡保罗，但路加并未暗示以吕马使用了身体或语言暴力（徒13:8）。故此，断定以吕马为逼迫者就太草率了。同样地，除非情况演变成向信息宣告者施暴，抗拒福音信息本身并不构成逼迫。

上述定义将一般为基督而受苦和因社会压力而屈从，与逼迫区分开来。在前者中，苦难不是直接由于人承认信仰耶稣基督所造成（例如，在哥林多后书十一章25~26节中，保罗在他的宣教旅程中经历海难和遭遇强盗）。[5] 在后者中，没有明确的外部禁令要遵行，但个人却屈服于群体压力（例如，一些哥林多信徒在私人或公众活动中上参与异教祭礼聚餐）。[6]

---

[5] 另见 Charles L. Tieszen, 'Minding the Gaps: Overcoming Misconceptions of Persecution', *IJRF* 2.1 (2009), pp. 67–69。正如田士臣点出，"受逼迫者会受苦，受苦的却不必然被逼迫"。

[6] Andrew M. Colman, 'Conformity', in *Dictionary of Psychology*, 4th edn (Oxford: Oxford University Press, 2015), p. 158.

逼迫也需与殉道区分开，后者是逼迫的一个结果，但并不是所有逼迫都以殉道告终。[7]

首先以"基督徒"一词称呼耶稣追随者的，是安提阿的"教外人"（徒 11:26），[8] 而"教内人"用作自称的则包括：门徒（如太 28:19；徒 6:1）、信徒（如徒 5:14；帖前 1:7）、圣徒（如徒 9:13；林前 1:2；启 13:7）、弟兄／姐妹（如林前 7:15；雅 2:15）、被拣选的（多 1:1；彼前 1:1；约贰 1）和教会（太 18:7；徒 8:3；加 1:2；来 12:23；启 1:4）。[9] 在本研究中，笔者将使用"基督徒"一词来指称"那些相信或承认或宣告耶稣基督为主及救主的人，或被认定为相信耶稣基督的人"。[10]

本研究有几个具体关注点。首先，本研究将集中描述基督徒受众在面临逼迫时，新约作者如何能以达

---

[7] Tieszen, 'Minding the Gaps', pp. 69–70.

[8] 以"基督徒"自称的例子，在新约中只出现过一次（彼前 4:16）。

[9] 另见 Paul R. Trebilco, *Self-Designations and Group Identity in the New Testament* (Cambridge: Cambridge University Press, 2012), pp. 16–297。

[10] David B. Barrett, George T. Kurian and Todd M. Johnson (eds.), *World Christian Encyclopedia: A Comparative Survey of Churches and Religions in the Modern World*, 2nd edn (Oxford: Oxford University Press, 2001), p. 655. 另见 Trebilco (*Self-Designations*, pp. 297, 313–314)；他主张"基督徒"这名称也适用于描述新约中耶稣的早期追随者。

到鼓励受众坚持信仰的目标，因此是"面对逼迫时的神学"，而非更广泛的"逼迫神学"。故此，对耶稣的逼迫只是基督徒受逼迫的背景因由，而非我们讨论的前台焦点。其次，本研究主要是新约的圣经神学研究，而非早期基督教的历史研究。[11] 因此，我们将聚焦于新约正典二十七卷书中显然论及逼迫的文本，而不会包括诸如使徒教父著作等非正典基督教文本。与此同时，我们将集中检视第一世纪的历史、政治和文化处境，将之作为研究的背景，而非以历史分析"曾经发生了什么"为前台焦点。尽管如此，我们也将简要回顾前个世纪，以了解导致第一世纪背景的各种原因，并探索其后数世纪可能延续的领域。[12] 第三，我

---

[11] 有人认为关于第一世纪的基督教研究应该涵盖同期其他非正典的早期基督教文献，因为现有的新约正典只反映四世纪正统基督教所描述的观点。相关讨论参 James D. G. Dunn, *New Testament Theology: An Introduction*, LBT 3 (Nashville: Abingdon, 2009), pp. 4–5。虽然他们的观察正确，笔者也承认不少非正典的早期基督教文献极受早期教会重视，但本书的研究对象是新约作者的神学，而非更广泛的"第一世纪"的基督教神学。有关只在正典范围内研讨新约神学的合法性，见 Udo Schnelle, *Theology of the New Testament*, tr. M. Eugene Boring (Grand Rapids: Baker Academic, 2009), pp. 48–49。

[12] 因此，那些反映第二圣殿时期犹太人所受的逼迫及回应（例如殉道或融入适应）的犹太著作可作为背景资料，说明早期基督徒如何受到这些传统的影响。笔者使用"犹

们也会关注信徒与教外人士的冲突，而非基督徒内部的矛盾（例如，保罗和其他犹太基督徒间的分歧）。

让新约作者自己说话：方法论

在勾画新约作者的神学观点时，我们的任务是先让他们自己说话，然后才比较他们之间的异同，继而综合他们的观点去建构一套面对逼迫的新约神学。[13]重要的是，我们要谨慎，切不可将某个作者的观点套在另一个之上（例如：路加、保罗、彼得前书和启示录，

太著作"一词时，泛指存在于第二圣殿时期的犹太文献，包括后来归类为正典（基本上等同于基督教的旧约）和非正典（例如次经、托名著作、斐罗、约瑟夫、昆兰）的著作。其他反映基督徒受逼迫及回应的非正典著作（例如苏维托尼乌斯［Suetonius］、塔西佗［Tacitus］和普林尼［Pliny］等罗马人的著作；又如伊格纳修［Ignatius］和波利卡普［Polycarp］等早期基督徒的著作），将让我们了解新约作者的某些观点如何持续影响后来的基督徒。

[13] 由于篇幅所限，选择与带有大量史证的众多二级文献全面互动，还是介绍笔者对新约作者的神学之诠释，总是存在着张力。另见 Robert H. Gundry, *Matthew: A Commentary on His Handbook for a Mixed Church Under Persecution* (Grand Rapids: Eerdmans, 1994), p. 1。按照大部分圣经神学著作的做法，笔者将与二级文献的互动保持在最低限度，并且主要在脚注中进行。

对于执政当权者在逼迫基督徒上的角色，持有不同的观点）。从事圣经神学研究的学者一般认同，尽管圣经作者的神学观点可能分殊不一，但仍能在他们之间找到共通点，将这些著作在现有正典之中连合起来。[14] 一方面，福音派基督徒需要强调新约信息的一致性，以回应那些反对这观点的人，这是可以理解的。[15] 另

---

[14] 有关这些学者的名单，参 Schnelle, *Theology of the New Testament*, pp. 49–51; Thomas R. Hatina, *New Testament Theology and Its Quest for Relevance: Ancient Texts and Modern Readers* (London: Bloomsbury T&T Clark, 2013), pp. 156–160。

[15] 哈帝拿（Hatina）（同上，p. 58, 62）对"新约可以统合出单一神学"这一假设所依据的假定（即这观点背后的预设）进行了有益的分析：（1）有一种纯正形式的"原始正统"基督教存在，且可能会映照出各领袖的差异，但他们之间并无矛盾；（2）这种统一的神学可以通过"适当的方法"（即历史评鉴方法）恢复，并且其权威超越后来的教义表述；及（3）圣经的神圣默示要求一致性和统一性。哈帝拿也指出，各学者对统一有不同理解："有些人所理解的统一包括内部矛盾，并对作者在建立一致的主旨时所发挥的创作性，存有怀疑态度；而另一些人所抱持的统一，则认为一切矛盾的信息，可依据作者巧妙安排的主导目标而协调或综合。"由于福音派基督徒秉持某种形式的默示教义，他们通常主张新约神学有一定程度的统一性。反对统一可能性的学者则包括 Rudolf Bultmann, *Theology of the New Testament*, tr. Kendrick Grobel, 2 vols. (Waco: Baylor University Press, 2007), vol. 2, pp. 237–240; Hatina, *New Testament Theology*, pp. 67–79。正如哈帝拿上述（1）和（2）点所反映的，布特曼反对一种所谓"一劳

一方面，我们需要小心，不可抹平或忽略个别作者的独特之处，因为我们若想全面而细致地理解新约中关乎面对逼迫的教导，各个作者的相似与不同之处都同样重要。正如邓恩（Dunn）点出的：

> 新约的统一只能被设想和理解为多元中的统一，也就是说，这种统一性就像身体的统一性一样，是由不同部分的整合和相互作用组成的单一本体，并使这本体的成形。[16]

为了达到以上目标，我们首先需要了解这些新约著作的历史、文化和文学情境。尽管如此，对于新约作者和参与其中的圣经学者来说，从事圣经神学的建构不免是个带有诠释的任务。新约作者诠释耶稣言论和各历史事件（例如关于逼迫）的神学意义与他们自身情境的相关性。圣经学者要诠释新约作者的著作（例

永逸"的基督教教义学所展现的统一，因为他将新约神学理解为历史中神学反思连续体的一部分，而哈帝拿则试图表明早期基督教一直分殊多样，有时甚至有意为之，正如在新约和非正典基督教著作中所展示的情况。虽然笔者同意布特曼关于恢复新约神学"纯正"和"权威"形式的看法，认为是其过于简化，也同意哈帝拿关于多样性的观察，但这项研究将表明新约作者之间仍有相似之处，可以在他们面对逼迫的神学上形成某种程度的统一。

[16] Dunn, New Testament Theology, p. 8.

如，为了本研究之目的表述关乎新约作者面对逼迫的观点），并且免不了根据自己的诠释预设和情境（现代／后现代的关注）将其呈现。[17] 这不仅无可避免，更是必须如此；一如施内尔（Schnelle）指出，因为"新约神学必须（1）使新约著作的思想世界成为清晰的焦点；并（2）在当代对现实理解的情境中，阐明这一思想世界"。[18]

虽然本研究会尽可能采用描述的进路，但笔者完全承认此表述框架反映了我们当代的一些关注。[19] 例如，教内人和教外人对基督徒为何面临逼迫的理解，反映了我们后现代对多元观点的关注，以及我们对揭示新约记载基督徒受逼迫背后之社会政治原因的兴趣。然而，新约作者关心的，更可能是逼迫背后的神

---

[17] Schnelle, *Theology of the New Testament*, pp. 26–29. 笔者说的"现代"关注是指尽可能寻求某程度的客观理解（例如新约作者之面对逼迫的神学），同时不否认主观性的影响。对于"后现代"关注，笔者指的是，对绝对客观知识过度乐观之追求上的纠正，这是所乐见的，因而对多元观点的欣赏。对同一事物的不同观点，可互补或彼此矛盾。对前者的鉴赏，有助我们拥有更全面的观点；而后者的存在，则有助我们意识到并非所有观点都同样合理。正如哈帝拿（Hatina, *New Testament Theology*, pp. 16–17）所指出的，对"后现代主义"更好的理解，是将其视为对"现代主义"理想的"延伸"和"反应"，而非历史中两个不同的时期。

[18] Schnelle, Theology of the New Testament, p. 25.

[19] 同上；Hatina, New Testament Theology, p. 30。

学原因，而非社会政治原因。尽管如此，由于我们投身圣经神学之目的并不仅仅是作为一项学术活动，而是为了能以在当代情境中找到其相关性和适用性，[20]笔者于本文的表述框架将帮助我们进行当代反思和应用。圣经神学知识的应用，不仅适用于那些以圣经教导为信仰和实践准则的人，即使对于那些不认信耶稣基督的人来说，从这些知识中获得的见解，也有助于当代的反思和应用，就如我们同样可以从其他知识领域的研究中得到启发。[21]

本研究将留意文本的文学性和历史性之间的关系。所有历史记载都反映了叙述者的观点。一如所有历史研究，除非另有证明，否则我们就须假设这些记述的真实性。[22] 由于此项研究的重点是，新约作者如何鼓励其受众在面临逼迫下坚守信仰，我们将透过以

---

[20] Schnelle, Theology of the New Testament, p. 40; Hatina, New Testament Theology, p. 19.

[21] 例如，新约神学在宗教间对话中的应用，见 Hatina, *New Testament Theology*, pp. 181–183。

[22] 真实性并不等同于精确度。真实的见证在各项细节上，并不全然精确无误，但不真实的见证则会捏造某些事实。对此的详细讨论已超过本研究的范围。就目击证人、史学和历史可信度的详细探讨，见例子如 Richard Bauckham, *Jesus and the Eyewitnesses: The Gospels as Eyewitness Testimony*, 2nd edn (Grand Rapids: Eerdmans, 2017); Craig S. Keener, *Acts: An Exegetical Commentary*, 4 vols. (Grand Rapids: Baker Academic, 2012–15), vol. 1, pp. 3–319。

下提问审视文本：（1）在叙事或论述中，作者如何描述早期基督徒对逼迫的回应，作者对这些回应又有何评价？（2）作者如何直接劝勉受众，或运用耶稣和其他早期基督徒领袖的直接劝勉，并将这些描述和劝勉与文学和修辞手法结合，以达到鼓励坚忍这目的？（3）作者采取的进路如何流露出其面对逼迫的神学？

本研究将以文学进路处理叙事文本，以编修进路检视对观福音书。对于前者，文学顺序在叙事和论述中占有重要作用，作者藉此发展人物、布局和逻辑论证，以传达神学信息。[23] 对于后者，点明作者强调的重点，将有助浮现各福音书的独特神学观点。[24] 采取编修进路分析叙事中的人物刻画，会在这方面更显成效。[25] 此项研究将在按主题铺陈出一套逼迫神学的同

---

[23] 简介新约的叙事评鉴法如何加深了解文本整体的意义，见 James L. Resseguie, *Narrative Criticism of the New Testament: An Introduction* (Grand Rapids: Baker Academic, 2005)。

[24] Gundry, *Matthew*, p. 3; Mark L. Strauss, *Four Portraits, One Jesus: An Introduction to Jesus and the Gospels*, 2nd edn (Grand Rapids: Zondervan, 2020), pp. 80–86. 尽管许多学者主张或假设马可福音的优先性，但仍有其他人坚持马太福音的优先性。由于二者都没有绝对的证据，本研究采用比较对观福音书的进路，让每部福音书的某些编辑重点浮现出来，而不假定在文学上直接依赖某部福音书，或由另一位福音书作者对某部福音书的文本进行"改动"。

[25] 例子见下文 140–147 页，亚利马太人约瑟的人物刻画。

时，笔者也会指出在文学顺序或编修重点可加深我们对作者信息理解的个别重要例子。

关于福音书的作者身份，虽然文本在技术上是匿名的，但笔者将依据传统归属的题名来指称各作者。对于新约书信，无论是保罗书信还是普通书信，笔者将假设这些书信的作者为自称者本人。[26] 就本研究而言，即使对于作者身份归属有争议的著作，只要这些著作仍然反映了作者本人对逼迫的观点和回应，或按传统对署名作者观点和回应的诠释，这就足够了。因此，举例来说，我们只需要陈明马太福音或保罗书信所反映之面对逼迫的神学就已足够，其中"马太"是"马太福音的作者"的简写，而"保罗"是书信"作者"或"署名作者"的简写。

---

[26] 新约书信的真伪讨论已超过本研究的范围。有关详细讨论，见例子如 Terry L. Wilder, 'Pseudonymity and the New Testament', in David Alan Black and David S. Dockery (eds.), *Interpreting the New Testament: Essays on Methods and Issues* (Nashville: B&H, 2001), pp. 296–355; Kent D. Clarke, 'The Problem of Pseudonymity in Biblical Literature and Its Implications for Canon Formation', in Lee Martin McDonald and James A. Sanders (eds.), *The Canon Debate* (Peabody: Hendrickson, 2002), pp. 440–468; Stanley E. Porter, 'Pauline Chronology and the Question of Pseudonymity of the Pastoral Epistles', in Stanley E. Porter and Gregory P. Fewster (eds.), *Paul and Pseudepigraphy*, PS 8 (Leiden: Brill, 2013), pp. 65–88。

当代学术研究中的逼迫神学：概览

许多人写过关于基督徒受逼迫的著作。有的采用历史方法，记录早期教会（一至三世纪）基督徒遭遇的逼迫，[27] 而另一些则进行神学反思。[28] 由于本研究

---

[27] 例子有 Herbert B. Workman, *Persecution in the Early Church: A Chapter in the History of Renunciation* (London: Epworth, 1906; repr. Oxford: Oxford University Press, 1980); W. H. C. Frend, *Martyrdom and Persecution in the Early Church: A Study of a Conflict from the Maccabees to Donatus* (Oxford: Blackwell, 1965; repr. Cambridge: James Clarke, 2008); I. Lesbaupin, *Blessed Are the Persecuted: Christian Life in the Roman Empire*, AD 64–313, tr. R. R. Barr (Maryknoll: Orbis, 1987); Jakob Engberg, *Impulsore Chresto: Opposition to Christianity in the Roman Empire* c. 50–250 AD, tr. Gregory Carter, ECCA 2 (Frankfurt am Main: Peter Lang, 2007); Candida R. Moss, *The Myth of Persecution: How Early Christians Invented a Story of Martyrdom* (New York: HarperOne, 2013); Eckhard J. Schnabel, 'The Persecution of Christians in the First Century', *JETS* 61.3 (2018), pp. 525–547。我们不会在此回应莫斯（Moss）的说法，因为这超出了本研究的范围。关于她著作的学术评论，见 Anne Thayer, review *of The Myth of Persecution: How Early Christians Invented a Story of Martyrdom*, by Candida Moss, *Int* 68.1 (2014), pp. 81–83, and W. Shelton, review of *The Myth of Persecution: How Early Christianity Invented a Story of Martyrdom*, by Candida Moss, *JETS* 57.1 (2014), pp. 210–214。

[28] 例子有 Thomas Schirrmacher, *The Persecution of Christians Concerns Us All: Towards a Theology of Martyrdom*, 3rd

旨在描述新约作者关于面对逼迫的神学，下文仅会综览与逼迫有关的圣经神学著作。有些学者也曾按新约个别书卷以逼迫为题撰写研究。[29] 但在本研究中，我们将会集中讨论那些探讨全部新约书卷的学者。

以社会修辞学及圣经神学为进路，最全面探讨新约中逼迫的专论，就是凯鹤华（Kelhoffer）的《逼迫、说服和权力》。凯鹤华认为，新约作者以神学角度将逼迫视为基督徒真实身份的佐证，因而为这些苦难赋予（文化、社会和象征性资本上的）价值。在缕述新约的逼迫神学上，凯鹤华的杰出著作值得赞赏。然而，他坦承仍有更多的工作有待完成，并挑战读者继续反思和拓展。[30] 因此，本研究旨在提供与凯鹤华的主张

---

edn, WEAGIS 5, repr. (Eugene: Wipf & Stock, 2018); Christof Sauer and Richard Howell (eds.), *Suffering, Persecution and Martyrdom: Theological Reflections*, RSF 2 (Johannesburg: AcadSA, 2010)。

[29] 例子见 J. S. Pobee, *Persecution and Martyrdom in the Theology of Paul*, JSNTSup 6 (Sheffield: JSOT Press, 1985); Gundry, *Matthew*; Cunningham, *Through Many Tribulations*; Douglas R. A. Hare, *The Theme of Jewish Persecution of Christians in the Gospel According to St. Matthew*, SNTSMS 6 (Cambridge: Cambridge University Press, 2005); Travis B. Williams, *Persecution in 1 Peter: Differentiating and Contextualizing Early Christian Suffering*, NovTSup 145 (Leiden: Brill, 2012) ; Lian Wang, 'Johannine View of Persecution and Tribulation', *LMM* 25.2 (2017), pp. 359–370。

[30] Kelhoffer, *Persecution, Persuasion, and Power*, p. 386.

有所不同的观点或补充，并望能在衍生之伦理意义的对话上有所贡献。

宾尼（2004）和哈罗德（2008）试图从旧约和新约中追溯出关于逼迫的圣经神学。[31] 他们二人都将基督徒受逼迫的原因，归结为创世记三章十五节中，蛇与女人后代之间的冲突。[32] 宾尼按文集分类探讨相关的圣经段落，[33] 但没有从这些经文中得出一个总体母题。尽管如此，其独特贡献在于勾画出新约作者如何就受逼迫的处境使用诗篇。[34] 尽管宾尼尝试将逼迫与门徒身份联系起来，但这联系并没有在他著作后半部分充分展开。

另一方面，哈罗德以"应许"为总体母题。他追溯"女人的后裔"如何发展为所应许的亚伯拉罕后裔及大卫后裔，并最终成就于耶稣基督。在整个进程中，哈罗德强调蛇（即撒但）和神的儿子之间属灵冲突的概念（参约 15:18~21；启 12），以及在福音被传扬时，

---

[31] Penner, *Shadow of the Cross*; Kenneth Harrod, *Promise and Persecution: A Biblical Theology of Suffering for Christ* (Orpington, Kent: Release International, 2018).

[32] Penner, *Shadow of the Cross*, pp. 22–27; Harrod, *Promise and Persecution*, pp. 28–33.

[33] 文集分类如下：五经、历史书、智慧书、先知书、福音书、使徒行传，而书信和启示录则统合在"使徒教导"类别之下。见 Penner, *Shadow of the Cross*, pp. 3–6。

[34] 同上，pp. 48–55。

这冲突如何透过遇到反对，甚或是公然的逼迫而彰显出来（如徒 13:10、50，14:19）。尽管基督被描述为透过十架战胜了撒但（启 12），但两者的冲突只会在新天新地中结束（启 21~22）。[35] 哈罗德最后以对当代基督徒的影响作为结束。[36]

回答相关问题：本书概览

鉴于本研究尝试描绘出一套面对逼迫的新约神学，本书将试图回答在导言一开头所提出的问题。[37] 第一章以询问这一切因何而起作为开始。在综览新约时期的不同宗教世界观后，我们将检视各文本，以确定谁在逼迫基督徒，以及他们为何有此举动。笔者不仅会描述教内人（新约作者）的观点，还会尝试梳理出教外人（非基督徒）的观点。第二章围绕着"发生了何事？"这问题开展。在详述这些早期基督徒所面对的种种逼迫之后，笔者将描述新约中对基督徒各种回应的描绘。第三章将探寻如何才能坚持到底，并探

---

[35] Harrod, *Promise and Persecution*, pp. 39–90, 93–114, 124–126.

[36] 同上，pp. 134–138。

[37] 参上文第 1 页。

究新约作者如何说服受众在面对逼迫时坚守基督信仰。结论的部分不仅会综合新约作者之间相似的神学观点，还会突出他们各人在某些议题上的独特观点。最后，在后记中，笔者将反思这一面对逼迫的新约神学，与因信仰基督而面临逼迫的当代教会有何关系。

第1章
这一切为何开始：探索背后原由

在希罗世界，任何人都可以敬拜多个不同的神明。为何早期的基督徒会因为敬拜耶稣而受到逼迫呢？本章将先描述第一世纪的历史背景，尤其关注当时的世界观中，社会、宗教和政治三方面如何紧密交织。以这历史背景为考虑，笔者将论及谁逼迫了早期的基督徒，并分别以教内人和教外人的角度来探讨为何基督徒受到逼迫。在此基础上，笔者将根据新约作者的记载，缕述基督徒为何遭遇逼迫的神学反思。

历史背景

在希罗时代，犹太人通常将其他非犹太人称为"外族人"（*ta ethnē*；参拉 6:21 LXX；罗 3:29）。犹太人和基督徒二者皆属少数群体，生活在其他奉行多神敬拜的人之中。按照学术惯例，笔者将这些"其他人"称为"异教徒"。在讨论基督教起源的历史背景时，由于犹太一神论与希罗世界的异教多神论形成鲜明对比，笔者会把第一世纪的宗教世界观广泛划分为"希罗"和"犹太"两个类别，尤其是那些涉及这两个世界观中导致与基督徒冲突的元素。

希罗宗教的世界观

在希罗世界，多神论是常态。不同城市和地区的群体，都有各自的守护神（例如亚底米［Artemis］是以弗所的守护女神；参看徒 19:27~35）。在古代，宗教是实用为主，而非基于信仰。因此，众人为了不同目的崇拜多个神明是十分常见的。例如，拜阿斯克勒庇俄斯（Asclepius）求健康，拜阿芙柔狄蒂（Aphrodite）求生育和爱情。[1] 举行祭祀仪式是宗教活动的关

---

[1] Graf Fritz, 'Asclepius', in Simon Hornblower, Antony Spawforth and Esther Eidinow (eds.), *The Oxford Classical Dictionary*, 4th edn (Oxford: Oxford University Press, 2012), doi: 10.1093/acref/9780199545568.013.0853, and Pirenne-Delforge Vinciane and André Motte, 'Aphrodite', in ibid., doi: 10.1093/acref/9780199545568.013.0582.

键。[2] 因此，崇拜习俗被称为"祭礼"（cult），罗豪斯（Rothaus）将之定义为"以参与者和非参与观察者均可识别的形式，由个人组成、可辨识又自我确认的一个团体，针对或通过与一个或多个神明建立关系的活动。"[3]

在众多异教崇拜习俗中，帝王崇拜（即对罗马皇帝的崇拜）与我们的研究尤其相关。因此，笔者将首先考察一般的异教崇拜，然后详细考察帝王崇拜。

异教崇拜

在古代，施恩主 —— 受恩人（patron-client）的关系涵盖甚广，甚至可让民众作为受恩人，由神明充当施恩主。[4] 民众寻求众神明的恩泽，希望得到各方面的福祉和昌盛；从个人生活，如身体健康和生意兴隆，以致群体福祉，如丰收或胜仗。于是，宗教渗透了生活各范畴、公私均是如此：家庭、经济、政治、军事、行政等。由于宗教以实用为主，群众可以在众

---

[2] Harry O. Maier, *New Testament Christianity in the Roman World*, EBS (New York: Oxford University Press, 2018), p. 34.

[3] Richard M. Rothaus, *Corinth, the First City of Greece: An Urban History of Late Antique Cult and Religion*, RGRW 139 (Leiden: Brill, 2000), p. 6.

[4] Maier, *New Testament Christianity*, pp. 34–35.

神中添加更多神明，而不必摒弃已有的。[5]

群众相信其幸福来自神明的恩泽。身为蒙受此恩的对象，他们有义务回报各神明，借着举行仪式和奉上祭品，表达自己的感恩和对众神的尊崇。反之，群众认为灾难（如生意不好、饥荒、地震）是神明不悦或愤怒的结果，并且通常将其归咎于执行不当或疏忽遗漏的祭祀仪式。[6]

随着罗马帝国征服了更多领土，元老院通常允许被征服的人民继续当地的异教崇拜。[7]尽管如此，正如基纳（Keener）指出，早期共和国的罗马人相信，原有的神明会因他们接纳新神明而降下惩罚（Dionysius of Halicarnassus, *Antiquitates Romanae* 3.35.2），并指示民众仅可使用罗马祭礼习俗来敬拜罗马神明

---

[5] David P. Nystrom, 'We Have No King but Caesar: Roman Imperial Ideology and the Imperial Cult', in Scot McKnight and Joseph B. Modica (eds.), *Jesus Is Lord, Caesar Is Not: Evaluating Empire in New Testament Studies* (Downers Grove: InterVarsity Press, 2013), p. 29; Ralph Anderson, 'New Gods', in Esther Eidinow and Julia Kindt (eds.), *The Oxford Handbook of Ancient Greek Religion* (Oxford: Oxford University Press, 2015), pp. 309–323.

[6] Maier, *New Testament Christianity*, p. 35; Engberg, *Impulsore Chresto*, p. 31.

[7] Alan Watson, *The State, Law, and Religion: Pagan Rome* (Athens, Ga.: University of Georgia Press, 1992), p. 62. 然而，罗马参议院有时会禁止公民参与某些外族崇拜。

（Livy, *History of Rome* 4.30.9–11）。然而，在帝国扩张之后，这种排他性就变得不大可行。[8] 最终，罗马人容许某些外来异教崇拜融入其宗教体系。根据奥连（Orlin）的观点，这现象与他们的政治决策密切相关，就是要"将新的领土和新的民族纳入罗马人民这政治体之中"。[9] 恰当的宗教礼仪对罗马人至关重要，因为他们将保持"诸神和平"（*pax deorum*）的能耐，视为领土成功扩张的关键。[10]

对于罗马人来说，"宗教人士"（*religiosi*）是那些"依据国家风俗而选择履行或略过宗教仪式的人，并且不会参与外族的祭礼（*superstitiones*）"。[11] 与"真正的宗教"（*religio*）相比，*superstitio* 则被用以指非传统的宗教习俗，且已被"推到极端"、"没有理智"，或甚至"鄙俗或邪恶"的程度。[12] 如马丁（Martin）总结道，"*superstitio* 可以用来涵盖各种宗教习俗，包括可疑的占卜、外来的祭祀仪式和魔法，而且被认

---

[8] Keener, *Acts*, vol. 3, p. 2473.

[9] Eric M. Orlin, *Foreign Cults in Rome: Creating a Roman Empire* (Oxford: Oxford University Press, 2010), p. 4.

[10] 同上，p. 24。

[11] Festus, s.v. 'Religiosus', cited in Watson, *State, Law, and Religion*, p. 60.

[12] Dale B. Martin, *Inventing Superstition: From the Hippocratics to the Christians* (Cambridge, Mass.: Harvard University Press, 2004), pp. 126, 128, 130. 参 Cicero, *Nature of the Gods* 1.42.117, 2.28.71; Seneca, *Moral Epistles* 95.35。

为是邪恶的，会对罗马社会和国家构成威胁"。[13]

此外，格拉德尔（Gradel）表示，religio 是指人对拥有更高权柄者心存的敬意，对象通常是神明，但也可以包括人。[14] 因此，群众举行祭祀并非出于本体层面的原故，而是向其崇拜对象的权力和地位，予以最高尊崇的表现。[15] 这类崇拜形式十分普遍，可追溯到希腊人的前古典时代（于公元前五世纪以前），他们给予统治者和诸神"同等的神圣荣誉"（isotheoi timai）。[16] 众人既然认为罗马皇帝是最有权势的统治者，

[13] Martin, *Inventing Superstition*, p. 134; James R. Harrison, 'The Persecution of Christians from Nero to Hadrian', in Mark Harding and Alanna Nobbs (eds.), *Into All the World: Emergent Christianity in Its Jewish and Greco-Roman Context* (Grand Rapids: Eerdmans, 2017), p. 279.

[14] "*Religio* 意味着对上位者的崇敬、尽责和殷勤，对象通常是各神明但不仅限于此。"见 Ittai Gradel, *Emperor Worship and Roman Religion*, OCM (Oxford: Clarendon, 2002), p. 4。参 Festus, s.v. 'Religiosus'。

[15] 同上，p. 101；Michael Peppard, *The Son of God in the Roman World: Divine Sonship in Its Social and Political Context* (Oxford: Oxford University Press, 2011), p. 31。这并不是说古人不在本质上区分人与神。正如列温（Levene）所指出，更确切而言，崇拜皇帝发生在无需区分二者的情况之中。见 D. S. Levene, 'Defining the Divine in Rome', *TAPA* 142.1 (2012), pp. 72–76。

[16] Duncan Fishwick, *The Imperial Cult in the Latin West: Studies in the Ruler Cult of the Western Provinces of the Roman Empire*, 2nd edn, EPRO 108 (Leiden: Brill, 1993), p. 21.

就向他送上神圣的荣誉。此外，古代百姓也相信神明会以人的形态出现在他们中间（参徒 12:11，14:11，28:6）。因此，他们会把统治者尊为诸神的代理人，甚至为诸神之一，也就不足为奇了。[17] 依据这概念，笔者将在下文继续探讨帝王崇拜。

帝王崇拜

一如以举行宗教仪式（例如献上祈祷和祭品）尊崇神明，普罗大众和地方权贵也以相同方式，崇敬罗马皇帝和向他表达忠诚。背后的想法无异：罗马帝国带来了和平与繁荣，尽管那是在血腥军事征服之后。因此，罗马皇帝是民众的施恩主；对当地权贵来说更是如此，因他们从皇帝那里直接获得好处，例如官职、声誉和经济利益。[18] 而作为受恩人，民众理当以荣誉、忠诚和服事为回报，并以传统和惯常途径，向皇帝寻求持续的恩惠。[19] 反之，皇帝作为受恩人给予［神圣］

---

[17] Gradel, *Emperor Worship*, pp. 100–102, 191.

[18] Peter Garnsey and Richard P. Saller, *The Roman Empire: Economy, Society and Culture*, 2nd edn (London: Bloomsbury Academic, 2014), pp. 174–175.

[19] 传统和惯常途径很重要，因为民众认为正确举行的仪式，对取悦诸神至关重要，并可延伸至取悦皇帝（见上文第 22–23 页），而这方面的缺失则会导致灾难性的后果。新的祭礼活动将招来猜忌，因为其并未证实会被诸神接受。

荣誉的施恩主，有义务借着良好管治带来更多恩泽，以此作为回报。[20] 在这以施恩主 —— 受恩人关系为架构、着重荣辱的文化中，若无法以传统和惯常途径作回报，就会被视为忘恩负义和羞耻可鄙。[21] 因此，帝王崇拜便成了帝王与臣民双方协商权力的方式。[22]

希拉德（Hillard）和温特（Winter）都注意到，这种罗马皇帝与臣民间互惠的祭礼活动，其实有三大类型，因此建议将这种现象统称为"**各类帝皇崇拜**"（imperial *cults*），而非"**那**帝王崇拜（*the* imperial cult）"。[23] 为了使帝国继续享有国泰民安的祝福，民

---

[20] Gradel, *Emperor Worship*, p. 370. 格拉德尔（Gradel, p. 287）指出，管治出色的皇帝死后最终会被神圣化，得到元老院追封终极荣誉（apotheosis），而未能做到这一点的皇帝（例如尼禄）则会遭到明显可见的谴责，他们的雕像将被捣毁，名字也会从铭文上抹除。

[21] 参 Seneca, *On Benefits* 1.10.4; Cicero, *On Duties* 1.48。

[22] Jacob A. Latham, ' "Honors Greater Than Human": Imperial Cult in the Pompa Circensis', in *Performance, Memory, and Processions in Ancient Rome: The Pompa Circensis from the Late Republic to Late Antiquity* (Cambridge: Cambridge University Press, 2016), p. 106.

[23] Bruce W. Winter, 'Divine Imperial Cultic Activities and the Early Church', in Mark Harding and Alanna Nobbs (eds.), *Into All the World: Emergent Christianity in Its Jewish and Greco-Roman Context* (Grand Rapids: Eerdmans, 2017), p. 240; Tom W. Hillard, in Matthew Dillon (ed.), 'Vespasian's Death-Bed Attitude to His Impending Deification', in *Religion*

众首先会向神明祈祷和献祭，为皇帝祈求安康。其次，他们直接向皇帝行这些仪式，因为他们也视皇帝为神明。第三，皇帝被视为众神明与帝国之间的"大祭司"（拉丁文：*pontifex maximus*；希腊文：*ho archiereus*），他也负责向诸神行这些仪式，为帝国祈求和平与繁荣（包括民众的福祉）。[24]

帝王崇拜会在多个层次举行：国家、地方政府和私人。[25] 尽管罗马人通常只崇拜已故的皇帝，但非罗马人（尤其在帝国东部）也崇拜在世的皇帝。有考古证据显示，崇拜在世皇帝是整个帝国民众的普遍习俗。[26]

要注意的是，帝王崇拜主要出于民间的运动，而非源自罗马的指令。[27] 但民众和地方政府背后的动机

---

in the Ancient World: New Themes and Approaches (Amsterdam: A. M. Hakkert, 1996), pp. 197–198. 句子中强调标示依照温特的原文。

[24] 这种将统治者视为"祭司君王"的概念，也见于古代近东文化。虽然阿卡德人（Akkadians）视统治者为众神的代理人，可是他本身并非神灵，但埃及人则认为国王是个神灵。见 William H. Stiebing and Susan N. Helft, *Ancient Near Eastern History and Culture*, 3rd edn (London: Routledge, 2017), pp. 39, 74–78, 122–125。

[25] Gradel, *Emperor Worship*, p. 13; Gwynaeth McIntyre, *Imperial Cult*, AH (Leiden: Brill, 2019), p. 65.

[26] Gradel, *Emperor Worship*, pp. 13, 77; Peppard, *Son of God*, p. 32.

[27] 除了少数例外（如卡利古拉［Caligula］，而图密善［Domitian］的个案则有争议），大部分皇帝并未要求

并不相同。虽有过度简化之嫌，但其积极动机也许是寻求民众的共同福祉，消极动机则是避免羞耻的社会压力。对某些地方权贵而言，向皇帝极力献上至尊神圣的尊崇，也是讨好罗马统治者的一个手段。[28] 此外，若未能以可接受方式表现对帝国的忠诚，就有被指叛国的风险，假如招致罗马镇压，后果将难以承受。

众多受逼迫群体中的基督徒：更大的图画

尽管代表国家的罗马元老院，最终认可了新的（外来或本地）神祇为其官方宗教的一部分，并非每名外来神祇都被认可纳入众神之中，而是视乎该宗教的性质。[29] 对于罗马人来说，以正确的方式举行仪式十分

臣民崇拜。Gradel, *Emperor Worship*, pp. 140–161. 然而，我们也须慎防另一极端，把帝王崇拜仅限于由当地政府或地区所发动，因为温特已证实，省长 —— 由皇帝直接委派的总督，也会奉罗马之名推动帝王崇拜。Bruce W. Winter, *Divine Honours for the Caesars: The First Christians' Responses* (Grand Rapids: Eerdmans, 2015), pp. 29–47.

[28] Murray J. Smith, 'The Book of Revelation: A Call to Worship, Witness, and Wait in the Midst of Violence', in Mark Harding and Alanna Nobbs (eds.), *Into All the World: Emergent Christianity in Its Jewish and Greco-Roman Context* (Grand Rapids: Eerdmans, 2017), p. 338.

[29] Eric M. Orlin, *Temples, Religion, and Politics in the Roman Republic* (Boston: Brill Academic, 2002), p. 12; Harrison, 'Persecution of Christians', pp. 276–278.

重要，因为不正确或不恰当的方式可能会激怒众神，使国家遭受灾难。[30] 因此，罗马人严格遵守"祖先习俗"（mos maiorum），并禁止未经官方批准下，公开或私下引入任何新的或外来的祭礼或仪式（见 Cicero, De legibus 2.8, 12, 37）。[31]

被拒绝的宗教包括沃尔西尼亚（Volsinian）女神诺蒂娅（Nortia）、埃及女神伊希斯（Isis）和酒神崇拜（Bacchanalian cult）；后二者不仅被拒绝，而且被取缔和压制。[32] 酒神崇拜是由于不道德性行为和相关罪行被取缔（Livy, History of Rome 39.13.13），而伊希斯崇拜则因政治原因被排斥。[33]

值得注意的是，基督徒并不是唯一被罗马帝国拒绝和镇压的宗教群体。[34] 虽然镇压酒神崇拜可能被视

---

[30]　Maier, New Testament Christianity, p. 35; Harrison, 'Persecution of Christians', p. 277.

[31]　Harrison, 'Persecution of Christians', pp. 277, 279; Watson, State, Law, and Religion, p. 58. 参 Cicero, De legibus, 2.8, 12; Orlin, Temples, Religion, and Politics, p. 61。

[32]　Orlin, Foreign Cults in Rome, pp. 203–207; Orlin, Temples, Religion, and Politics, p. 12, n. 4; Richard A. Bauman, 'The Suppression of the Bacchanals: Five Questions', Historia 39.3 (1990), pp. 334–348.

[33]　Sarolta A. Takács, Isis and Sarapis in the Roman World, RGRW 124 (Leiden: Brill, 1995), pp. 56–58; Orlin, Foreign Cults in Rome, p. 205.

[34]　一如 'Persecution' 在 The Concise Oxford Dictionary of World Religions 中，于 2021 年 8 月 9 日存取 <https://www.ox-

为公正之举，因此不应被当作逼迫，但针对伊希斯崇拜信奉者的行动（如驱逐出罗马），从这批信徒的角度，却可被视为不公正的待遇，亦即逼迫了。此外，虽然犹太宗教在官方上合法，但在帝国许多地方，民众的反犹太情绪依然强烈，其中原因将在下文陈述。

犹太宗教世界观

在论述希罗宗教世界观之后，我们现在要来探讨犹太宗教世界观。在技术上，在希罗时期，"犹太人"一词并不纯粹是个民族类别，因为外族人（虽然数量很少）仍可通过皈信犹太教融入社群。因此，第一世纪"犹太宗教世界观"所指的是主要由同时代对犹太经书（Jewish Scriptures）的各种传统和相关诠释所塑造的世界观。[35] 早期教会起源实为犹太教内部的一个

---

fordreference.com/view/10.1093/acref/9780192800947.001.0001/
acref-9780192800947-e-5576> 所载："几乎所有宗教的信徒，在其历史中某个时刻，都曾因持守信仰遭受逼迫。"有关现代种族和宗教逼迫的例子，见 Tieszen, 'Towards Redefining Persecution', pp. 70–73.

[35] "犹太经书"指的是希伯来文圣经（HB）及其希腊文七十士译本（LXX）。新约中对犹太经书的引用反映了以下情况：（1）基本上与 HB 和 LXX 相似；（2）与 HB 相似，但与 LXX 不完全相同；如罗 11:35；（3）与 LXX 类似，但与 HB 不完全相同；如来 10:5、38；及（4）未出于现存 HB 和 LXX 手抄本中；如太 2:23。

运动，由追随耶稣的犹太人和外族人组成。因此，在本节中，我们将探讨基督教运动发展自犹太宗教世界观的一些元素与两者分歧之处：弥赛亚盼望、一神论、复活、接纳外族人为神的子民和末世论。这些元素也成为与异教徒和非基督教犹太人争论和冲突的原因。由于这些不同元素在许多方面相互关联，笔者将综合地讨论分析。

犹太经书中的先知文学谈到理想的大卫王，他将统治神的子民，其中一些文本更提及神的子民将从散居之处被招聚，并在祖传之地重建家国（例如赛 9:7，16:5；耶 23:25；结 37:24~25；何 3:5）。在一些君王诗中，这位理想君王既担起祭司职分，又统治万国（例如诗 72、110）。在但以理书七章 13~14 节（参但 2:44~45，9:25~27）中，这位将会到来的万国统治者，被描绘成来自天上的人物，要在末世降临并建立永恒的管治。这些经文提供了弥赛亚概念在第二圣殿时期进一步发展的轨迹。[36] "弥赛亚"（"受膏者"；

---

[36] 关于这些轨迹在第二圣殿时期如何自犹太经书演变的综览介绍，见 Herbert W. Bateman, Darrell L. Bock and Gordon H. Johnston, *Jesus the Messiah: Tracing the Promises, Expectations, and Coming of Israel's King* (Grand Rapids: Kregel, 2012), pp. 37–329。关于在第二圣殿文献中属天人物（heavenly figure）的发展，见 Lester L. Grabbe, *An Introduction to Second Temple Judaism: History and Religion of the Jews in the Time of Nehemiah, the Maccabees, Hillel and Jesus* (London: T&T Clark, 2010), pp. 103–105。

希腊文为 *christos*）一词，出现在但以理书九章 25~26
节，并自此开始蕴含比以往更多的涵义。尽管如此，
正如格比（Grabbe）指出的，第二圣殿文献展示了对
弥赛亚盼望各式各样的观点，否定了有单一连贯的第
二圣殿弥赛亚神学之说。[37]

根据格比的分析，有些弥赛亚盼望带有强烈政治
色彩，助长了犹太人反抗外族统治的多次革命；这
思想自从安提亚古斯·伊皮法尼（Antiochus Epiph-
anes）的宗教压迫开始（公元前二世纪初），到第一
世纪初偶尔发生的反抗（参徒 5:36~37，21:38），最
终导致巴勒斯坦的第一次犹太人革命（公元 66–70 年），
又于埃及和美索不达米亚引发散居犹太人的零星起义
（公元 115–117 年），直到在巴勒斯坦的巴柯巴起义（Bar
Kochba revolt，公元 132–135 年）失败，其想法方才
告终。[38] 因此，由于犹太人弥赛亚盼望的宣称经常与
革命起义相连，当基督徒宣扬犹太人耶稣是弥赛亚，
也很容易被视为对罗马统治的抵抗。

在第二圣殿期，主要从犹太经书中先知传统发展
而来的犹太天启思想，汇集了好些观念，[39] 诸如：（1）

---

[37] Grabbe, *Second Temple Judaism*, p. 80. 不同弥赛亚观
点的例子，见同上，pp. 81–83。

[38] 同上，pp. 80, 84。

[39] 可能还有其他影响因素，例如古代近东文化、波斯
拜火教和占卜智慧。天启思想并非犹太宗教世界观所独有，
也见于其他希腊文化。见同上，pp. 89–91。

神通过异象向他的先知作特别启示，并由其天使为中介者解释所指；（2）弥赛亚将要执行最后的审判，藉宇宙大灾难终结世界，建立神永恒的国度；及（3）复活和死后的生命。[40] 与弥赛亚盼望的情况相仿，各犹太教派对这些观念也有不同的理解，尤其是复活。众所周知，撒都该人不相信来世和复活，但较鲜为人知的是，便西拉同样如此，其《智训》3.1~9 提到灵魂不朽，却没有提及复活。[41] 虽然当时可能许多犹太人都相信有复活，但在形式（身体或灵魂上）和发生时间（现在或末世）等细节上却有所不同。[42] 因此，基督徒宣告耶稣的身体复活，便成为与犹太领袖的争论之一。

此外，世界的浩劫末日通常被描绘为当前统治帝国的覆亡，并以兽代表这帝国（例如但 7:19~27，8:19~25；《以斯拉四书》11~12）。启示录十三章 1~18 节和十九章 11~21 节也发展了这传统。因此，这类天启观念，就藉预言外族统治最终的覆亡，来表现对其强烈抵抗。

---

[40] 另见同上，p. 88。

[41] 同上，pp. 93, 95。

[42] 例如，《马加比二书》7 章和《巴录二书》49~51 章似乎期待身体复活，但《禧年书》23.20–22 则似乎期待灵性复活。在约翰福音十一章 21 至 27 节中，马大期待复活会在末世出现，但耶稣却说复活可以于现在发生。

　　另一个重要元素是犹太一神论。尽管某些经文似乎表明人只要向那一位神献上专一的忠诚，并不否认其他神明的存在（如出 20:3；申 5:7），但其他经文却似乎否定除了耶和华之外还有别的神明（如申 32:39；赛 43:10）。尽管如此，在希罗时代，许多异教的历史资料都将犹太人描述为只敬奉自己的神，并拒绝以塑像作为（诸）神的代表。[43] 这特色清晰地将他们跟外族人分别出来。[44] 因此，大多数犹太人拒绝参与异教和帝王崇拜，因为（1）他们只敬拜他们的神，以他为独一真神；（2）他们拒绝异教神明和偶像崇拜；及（3）他们否定人间帝皇拥有神性的宣称。由于最初的基督徒大多是犹太人，早期基督徒在这方

---

　　[43] 有关这些异教资料的详情，见 James F. McGrath, *The Only True God: Early Christian Monotheism in Its Jewish Context* (Urbana: University of Illinois Press, 2009), pp. 26–29, 35–36。

　　[44] 对于第一世纪犹太人是否真的相信一神论，学者们存在分歧。尽管大多数人同意犹太人坚持他们的神超越其他神明的独特性，但在另一些观点上却没有共识，比如某些犹太人崇拜神的中介（天使、族长），是否不同于崇拜神，以及向这些中介的崇拜可有模造了早期基督徒对基督神性的理解。见例子如 Richard Bauckham, *Jesus and the God of Israel: God Crucified and Other Studies on the New Testament's Christology of Divine Identity* (Grand Rapids: Eerdmans, 2008); McGrath, *Only True God*; Larry W. Hurtado, *One God, One Lord: Early Christian Devotion and Ancient Jewish Monotheism*, 3rd edn, CS (London: Bloomsbury, 2015)。

面跟犹太人相似。事实上，由于犹太人不参加帝王崇拜，他们也面临类似的社会压力，也在散居之地受到异教徒的敌对。[45] 尽管如此，尤利乌斯·凯撒、奥古斯都和革老丢的谕令，却授予犹太人履行 *mos maiorum* 的权利，因此其地位是"被认可的宗教"（*religio licita*）。[46] 虽然所有别的会社最多只能每月聚会一次，以遏制此类活动引起政治纷争的可能性，但犹太人每周举行聚会却获得豁免。[47]

---

[45] 见 Erich S. Gruen, *Diaspora: Jews Amidst Greeks and Romans* (Cambridge, Mass.: Harvard University Press, 2002), pp. 8–9; Miriam Pucci Ben Zeev, 'Jews Among Greeks and Romans', in John J. Collins and Daniel C. Harlow (eds.), *The Eerdmans Dictionary of Early Judaism* (Grand Rapids: Eerdmans, 2010), pp. 245–254; Ritter Bradley, 'The Stasis in Alexandria in 38 ce and Its Aftermath', in *Judeans in the Greek Cities of the Roman Empire*, JSJSup 170 (Leiden: Brill, 2015), pp. 132–183。尽管犹太人并未试图向别人传教，但他们明显成功吸引了一些外族人成为犹太教的追随者（作为皈依者或敬畏神的人），而这也是反犹太人情绪的导因之一。见 John G. Gager, *The Origins of Anti-Semitism: Attitudes Toward Judaism in Pagan and Christian Antiquity* (New York: Oxford University Press, 1983), pp. 59–62。

[46] E. Mary Smallwood, *The Jews Under Roman Rule: From Pompey to Diocletian*, 2nd edn, SJLA 21 (Leiden: Brill, 1981), p. 539; Harrison, 'Persecution of Christians', p. 280.

[47] O. F. Robinson, *The Criminal Law of Ancient Rome* (London: Duckworth, 1995), p. 80. 关于一手史料，见 p. 80, n. 77。

约瑟夫（*Antiquities of the Jews* 17.42；[Marcus and Wikgren LCL]）记载，在大希律时期，"全体犹太人宣誓效忠凯撒及王的政府"。故此，从凯撒奥古斯都执政起，犹太人就顺应了第一类帝王崇拜活动，每天为了皇帝和帝国人民的福祉，在耶路撒冷圣殿向神献祭和祈祷。[48] 因此，罗马人容忍犹太人以这"特殊形式"（*sui generis*）尊崇皇帝，代替了直接向皇帝的塑像献上敬拜仪式或祭品，而理由是尊重犹太人的 *mos maiorum*。[49] 散居犹太人也通过以下方式，顺应了尊崇皇帝的做法：（1）通过缴纳圣殿税，贡献耶路撒冷圣殿祭祀所需；（2）在会堂内为皇帝祈祷和刻上赞颂铭文。[50] 因此，即使犹太人并不参加皇家庆祝巡游——因为这会涉及第一和第二类帝皇敬拜所举行的异教仪式，他们也没有被视为煽动叛乱。[51] 通过这些举措，犹太人履行了帝王崇拜的公民义务，却仍在

[48] Philo, *Embassy* 157; Josephus, *Against Apion* 2.77. 见上文第 27 页。

[49] Winter, *Divine Honours for the Caesars*, pp. 98–109.

[50] 有关历史证据，见 Justin K. Hardin, *Galatians and the Imperial Cult: A Critical Analysis of the First-Century Social Context of Paul's Letter*, WUNT 2.237 (Tübingen: Mohr Siebeck, 2008), pp. 108–109; Winter, *Divine Honours for the Caesars*, pp. 110–116。

[51] Hardin, *Galatians and the Imperial Cult*, pp. 107–108, 110. 另见 Winter, *Divine Honours for the Caesars*, p. 113。

其一神论的框架之内，无需在信仰上妥协让步。[52] 当这类献祭和祈祷自公元 66 年起在圣殿中终止时，就显然是犹大地区犹太人反抗的表现，而罗马人也如此认为，并导致了六十六至七十年间，第一次犹太人的叛乱和罗马军队的血腥镇压。[53]

第二圣殿时期犹太人对一神论的重视，可以被视为这民族在被掳后，对许多犹太人于被掳前多神主义行径的回应。根据犹太经卷，被掳是神对以色列人的审判，因为他们和祖先在盟约关系上不忠于他们的神，**跟随列国**敬拜其他神明，也没有遵守盟约的规定（如王下 17:7~23；结 20:1~44；但 9:1~19）。因此，在认罪悔改之时，以斯拉和尼希米等被掳后的犹太领袖，藉遵守摩西律法并与**列国**（外族人）分开（如斯 9~10；尼 8~9），坚决委身归向神。由于偶像崇拜是污秽的（结 36:25；37:23），外族人也因偶像崇拜这连带关系而不洁。因此，希罗犹太人与外族人不往来，背后可能的理由是避免自己受到玷污（偶像崇拜和不洁的食物）。

虽然学者对于第二圣殿文献中哪些人构成神的子民的观点各不相同，但桑希尔（Thornhill）指出（1）好些人大力主张，只有部分犹太人才是神的真正子民

---

[52] 另见同上，p. 131。
[53] 同上，pp. 117–123。

（余民神学）；（2）极度强调"律法和割礼的中心地位"，以此作为"身份的标记"；及（3）大多数人认为外族人"邪恶和有罪"，尽管部分人认为他们可能在末世被纳入为神的子民。[54] 在希腊化时期，外族人有机会通过皈信融入犹太群体。沈大卫（David C. Sim）指出，尽管有外族人被犹太人的生活方式所吸引，被称为神的敬拜者或敬畏神的人（参徒 10:2，13:6、50，16:14，17:4、17，18:7)，但仍不被视为神的子民，除非他们透过以下做法完全皈信：（1）专一崇拜神，摒弃偶像崇拜；（2）遵守律法（包括男性受割礼）；及（3）融入犹太社群。[55]

---

[54] A. Chadwick Thornhill, *The Chosen People: Election, Paul, and Second Temple Judaism* (Downers Grove: InterVarsity Press, 2015), pp. 146, 184, 255. 第二圣殿期文献中与此相关的详细资料，见 Thornhill, *Chosen People*, pp. 99–185。另见 David C. Sim, 'Jews, Christians and Gentiles: Observations and Some Concluding Remarks', in David C. Sim and James S. McLaren (eds.), *Attitudes to Gentiles in Ancient Judaism and Early Christianity*, LNTS 499 (London: Bloomsbury, 2015), pp. 261–263。

[55] David C. Sim, 'Gentiles, God-Fearers and Proselytes', in David C. Sim and James S. McLaren (eds.), *Attitudes to Gentiles in Ancient Judaism and Early Christianity*, LNTS 499 (London: Bloomsbury, 2015), pp. 9–27. 从被掳后时期中明显纯粹的种族方式，至希腊化时期的种族和文化（生活模式）方式，沈大卫追溯了其间外族人融入神圣约子民的发展过程。

第一世纪的敌对行为

介绍过异教和犹太宗教的世界观之后，我们接下来将探讨基督教信仰如何及为何与这二者发生如此强烈的冲突。我们将首先检视是谁逼迫基督徒，然后看看他们为何如此。

虽然希伯来书的作者谈及逼迫这问题，但文本并没有明确指出逼迫者的身份或逼迫背后的原因。因此，我们在下文的讨论中不会包括希伯来书。尽管如此，由于希伯来书作者和受众处于同一环境中，我们可以假设逼迫背后的敌对者和原因大体类同。在随后第二章的篇幅中，我们将看到希伯来书所描述的逼迫形式，并由此作为追查起点，从而提供揭开敌对者可能身份的线索。

谁逼迫了基督徒？

在本节中，我们将详细描述新约所提及的那些逼害者，他们因为基督徒信仰耶稣而逼迫对方。在福音传统中，耶稣曾警告门徒，他们会因为与他的连系而受逼迫（可 13:13 // 太 10:12 // 路 21:17；约 15:18~21）。虽然马可和马太保留了耶稣的教导，表明逼迫甚至会来自直系亲属，但路加却是唯一把亲戚和朋友也包括在内的（路 21:16；参可 13:12 // 太10:21）。此外，耶稣预言门徒将在执政掌权者前受审判，例如犹太会堂、地方议会、总督和君王（可 13:9 // 太 10:17~18 // 路 12:11，21:12）。[56] 在这预言中，没有详细说明向非犹太人执政者指控门徒的，是犹太人还是外族人。我们将在下面看到，这些执政者不一定都迫害门徒。然而，约翰福音用上"世界恨你们"这个范围甚广的短语，就足以涵盖犹太人和外族人两方的反对（约 15:18）。[57]

---

[56] *Synagōgē*（会堂）可用作正式司法聆讯的场所。见 Kenneth D. Litwak, 'Synagogue and Sanhedrin', in Joel B. Green and Lee Martin McDonald (eds.), *The World of the New Testament: Cultural, Social, and Historical Contexts* (Grand Rapids: Baker Academic, 2013), p. 266; Anders Runesson, 'Synagogue', in Joel B. Green, Jeannine K. Brown and Nicholas Perrin (eds.), *Dictionary of Jesus and the Gospels*, 2nd edn (Downers Grove: IVP Academic, 2013), p. 904。在福音书和使徒行传中，*synhedrion*（议会）主要指犹太地方政府，但于其他希腊文献中，也泛指各地方议会，其中包括罗马参议院。Peter J. Rhodes and Beate Ego, 'Synhedrion', in Hubert Cancik and Helmuth Schneider (eds.), *Brill's New Pauly*, vol. 14 (Leiden: Brill, 2019), pp. 26–28。罗马的高级省级官员（如检察官）也经常冠上 *hēgemōn*（"总督"）一词（如徒 23:24）。

[57] 另见 Lars Kierspel, *The Jews and the World in the Fourth Gospel: Parallelism, Function, and Context*, WUNT 2.220 (Tübingen: Mohr Siebeck, 2006), p. 127。

恩伯格（Jakob Engberg）提醒我们，不同反对群体的动机不尽相同，并可能采用不同的反对形式。因此，虽然我们将反对者分为两大类 —— 犹太人和异教徒，但我们也要留意恩伯格所建议的反对者分布光谱：

(1) 中央政府（皇帝）；
(2) 区域政府（罗马省级官员）；
(3) 地方政府（市议会［包括犹太议会］）；和
(4) 个人［或团体］反对者（基督徒的亲属和非亲属）。[58]

此外，我们会从教内人的角度论及第三个分类——"撒但的反对"，而这并不见于教外人角度的外部数据之中。

虽然多封保罗书信提到保罗和其他信徒遭遇逼迫，但众所周知，其中部分反对者的身份难以确定。[59] 哥林多前书十六章 9 节、哥林多后书一章 8 至 10 节、腓立比书一章 28 节、加拉太书三章 5 节和四章 29 节，均

[58] Engberg, *Impulsore Chresto*, pp. 18–19. 由于恩伯格（Engberg）的研究只处理来自异教徒逼迫，我在相关之处把犹太反对者也包括在内。非统治阶层的反对者甚少单独行动，纵然其中或有具影响力的个人引领该反对活动（如分别见于徒 7:58~8:3 和 19:24~25 中的扫罗和底米丢）。

[59] 诠释历史的例子，见 Jerry L. Sumney, 'Studying Paul's Opponents: Advances and Challenges', in Stanley E. Porter (ed.), *Paul and His Opponents*, PS 2 (Leiden: Brill, 2005), pp. 7–58。

暗示保罗和信徒因信仰而面临敌对和苦难，但他没有
表明这些反对者是谁。[60] 对方既可是犹太人，也可是异
教徒，又或两者皆是。即使提摩太后书四章 14 节点名
亚历山大为保罗的反对者，我们仍然不清楚他是犹太
人还是外族人。[61] 因此，在下文中，我们将仅讨论那些
清楚表明反对者是犹太人或异教徒的保罗书信经文。

---

[60] 在腓立比书和加拉太书二者中，犹太及外邦反对皆
有可能。关于腓 1:28，见 Jerry L. Sumney, *'Servants of Sa-
tan', 'False Brothers' and Other Opponents of Paul*, JSNTSup
188 (Sheffield: Sheffield Academic Press, 1999), pp. 174–175;
John Reumann, *Philippians: A New Translation with Introduc-
tion and Commentary*, AYB 33B (New Haven: Yale Universi-
ty Press, 2008), p. 288。加 3:5 中的 *paschō* 或可指到人对圣
灵的经验（BDAG, p. 785, 1; 如 Longenecker, Martyn）或
来自逼迫的苦难（如 Moo, Schreiner）。虽然加 3:1~5 论
证的发展方向较为偏向经历圣灵之说，但指向逼迫的可
能性仍不能轻易撇除（参加 4:29; 6:12）。Richard N. Lon-
genecker, *Galatians*, WBC 41 (Dallas: Word, 1990), p. 104;
J. Louis Martyn, *Galatians: A New Translation with Introduc-
tion and Commentary*, AB 33A (New York: Doubleday, 1997),
p. 285; Thomas R. Schreiner, *Galatians*, ZECNT (Grand
Rapids: Zondervan, 2010), p. 185; Douglas J. Moo, *Galatians*,
BECNT (Grand Rapids: Baker Academic, 2013), p. 185.

[61] 学者曾就这位亚历山大的身份提出数个可能（徒
19:33~34; 提前 1:20），却无法下定论。见例子如 William D.
Mounce, *Pastoral Epistles*, WBC 46 (Dallas: Word, 2000), p.
593; Raymond F. Collins, *1 & 2 Timothy and Titus: A Com-
mentary*, NTL (Louisville: Westminster John Knox, 2012), pp.
284–285。

犹太反对者

耶稣死而复活后，门徒开始在犹太人中间传道，因此他们的第一批反对者很自然是犹太人。在马太和马可福音中，耶稣在世之时，犹太人的敌对行为总是针对耶稣，而非其门徒。然而，在描述犹太领袖反对耶稣时，路加有时会把门徒也纳入其敌对范围之内（路5:30；6:2）。[62] 同样地，根据约翰福音，犹太领袖已经发出威胁，要把那些承认耶稣是基督的人从会堂驱逐出去（约9:22；12:42）。[63]

---

[62] 正如甘宁翰所指出的，在可2:16和太9:11中，犹太领袖质问门徒，耶稣为什么要与税吏和罪人一起吃饭；相对这些经文，路加则将他们描绘成直接跟门徒对抗："你们为什么跟税吏和罪人一同吃喝（esthiete kai pinete）呢？"（5:30）路加还使用了更强烈的字词"发怨言"（gongyzō），而不是像马可和马太所用的"说"（legō）。在路6:2中，法利赛人指责门徒违反了安息日，而不是就门徒的行为将指摘加诸耶稣（可2:24；太12:2）。Cunningham, *Through Many Tribulations*, p. 71. 但是，我们需要注意的是，反对在此并没有导致逼迫。

[63] 学者们争论约翰福音中，门徒被驱逐出犹太教堂，究竟是历史性的事件，还是时代错置的映射。见例子如 Barnabas Lindars, 'The Persecution of Christians in John 15:18–16:4a', in *Suffering and Martyrdom in the New Testament* (Cambridge: Cambridge University Press, 1981), pp. 48–69; J. Louis Martyn, *History and Theology in the Fourth Gospel*, 3rd edn, NTL (Louisville: Westminster John Knox, 2003); Edward W. Klink III, 'The Overrealized Expul-

尽管如此，在使徒行传中，路加描述了门徒只在宣告耶稣复活后，才开始受到犹太地方政府迫害。这些犹太领袖包括法利赛人、文士（法律专家）、撒都该人、祭司长和长老（如徒 4:5）。这些领袖通常也是犹太公会的成员（由大祭司、祭司长、撒都该人和法利赛人组成），是耶路撒冷的地方政府，类似罗马帝国其他城市的议会。[64]

路加在使徒行传中继续描绘犹太人的敌对表现，

---

sion in the Gospel of John', in Paul N. Anderson, Felix Just and Tom Thatcher (eds.), *John, Jesus, and History*, vol. 2: *Aspects of Historicity in the Fourth Gospel*, SBLSym 44 (Atlanta: SBL, 2007), pp. 175–184; John S. Kloppenborg, 'Disaffiliation in Associations and the Ἀποσυνάγωγος of John', *HTS* 67.1 (2011), pp. 1–16; Jonathan Bernier, *Aposynagōgos and the Historical Jesus in John: Rethinking the Historicity of the Johannine Expulsion Passages*, BibInt 122 (Boston: Brill, 2013); 'Jesus, Ἀποσυνάγωγος, and Modes of Religiosity', in R. Alan Culpepper and Paul N. Anderson (eds.), *John and Judaism: A Contested Relationship in Context*, RBS 87 (Atlanta: SBL, 2017), pp. 127–134; Craig A. Evans, 'Evidence of Conflict with the Synagogue in the Johannine Writings', in R. Alan Culpepper and Paul N. Anderson (eds.), *John and Judaism: A Contested Relationship in Context*, RBS 87 (Atlanta: SBL, 2017), pp. 135–154; J. Andrew Doole, 'To Be "an out-of-the-Synagoguer" ', *JSNT* 43.3 (2021), pp. 389–410。但是，一如上文第 6 页所述，本研究描述的是新约作者的观点，而不是调查事件的历史性。

[64] Litwak, 'Synagogue and Sanhedrin', pp. 268–270.

如下所记载。彼得和约翰，包括其他使徒，被犹太执政者逮捕和监禁，当时众使徒因宣告耶稣复活而引起关注（徒 4:1~3），而且越来越多的人因他们的宣告，以及他们所行的神迹奇事而信主（徒 5:12~18）。

同样值得注意的是，即使在最早的日子里，从散居之地回归居住在耶路撒冷、讲希腊语的犹太人中也出现了反对声音（徒 6:9）。他们跟司提反作对，并将他带到犹太公会面前（徒 6:12）。在这些讲希腊语的犹太人中，有大数的扫罗（徒 7:58），他在耶路撒冷发起了第一波猛烈迫害（徒 8:1~3）。扫罗甚至请求犹太公会发出批文，让他追捕可能从耶路撒冷逃到大马士革的门徒（徒 8:1，9:1~2）。扫罗是独立的个人敌对者，他寻求更高权力的帮助，要消灭这场耶稣运动。在这最初期，使徒受到地方级别的犹太公会所指控和审判。

扫罗成为耶稣的信徒后，就开始宣讲他早前反对的信息 —— 耶稣是弥赛亚和神的儿子（徒 9:20~22），令大马士革的犹太人都十分惊讶。离开大马士革后，保罗回到耶路撒冷宣扬耶稣的名，并在该地与讲希腊语的犹太人辩论（徒 9:29）。这很可能是他早前所属的同一群体。结果，在大马士革和耶路撒冷反对保罗的犹太人密谋要杀他（徒 9:23、29）。

随后，在宣教旅程中（徒 13~19），无论保罗在哪里向散居的犹太人传讲福音，都会面对一些说希腊

语的犹太人所反对 —— 在彼西底的安提阿（13:45、
50）、以哥念（14:1）、帖撒罗尼迦（17:5）、哥林多（18:6）
和以弗所（19:9）。这些讲希腊语的犹太人，在地域
交通往来的能力很强，因为他们中间有人从彼西底的
安提阿和以哥念去到路司得（14:19），从帖撒罗尼迦
去到庇哩亚（17:13），甚至有一些来自亚洲地区的去
到耶路撒冷（21:27）反对保罗。

在耶路撒冷圣殿时，正是这些散居的犹太人煽动
群众反对保罗，引发骚乱，因而导致罗马"千夫长
（英文为指挥官）"（*chiliarchos*）将保罗拘留（徒
21:27~34）。虽然一些犹太公会的法利赛成员没有认
定保罗犯有任何罪行，但却有人不同意并爆发了激烈
的争执（23:9~10）。后来，一些犹太人与公会密谋杀
害保罗，导致罗马千夫长将他秘密转移到该撒利亚的
罗马总督那里（徒 23:23~35）。犹太公会的代表曾两
次试图在总督面前控告保罗，但都无法定罪；一次在
腓力斯（Felix）掌政期（徒 24:1~27），另一次在非
斯都（Festus）掌政期（徒 25:1~26:32）。

保罗在书信中见证自己以前如何迫害耶稣的追随
者（加 1:13~14、23；腓 3:6；提前 1:13~16）。他的
好些信件则详细说明他和其他信徒，在犹太反对者手
中遭受的迫害。在帖撒罗尼迦前书二章 14~15 节中，
保罗提到他和犹太地的信徒（即犹太基督徒）都遭受
了自己同胞的迫害。在哥林多后书十一章 23~26 节中，

保罗对他所遭受的逼迫留下了最详细的描述，提到自己被犹太人鞭打了五次（11:24）。[65]

在加拉太书中，保罗将他的反对者和迫害者，描绘成提倡严守律法和行割礼的人（加 4:29；参腓 3:2、18）。这些反对者很可能是耶稣的信徒，却对如何将外族人纳为神的子民持不同看法，因此是基督徒内部的争论。[66] 有趣的是，尽管路加将基督徒和非基督徒犹太人都描绘成在割礼和接纳外族人上反对保罗（徒 21:21、27~28，22:21~22），他只将非基督徒犹太人描绘成逼迫保罗的人。相比之下，保罗声称他受到迫害是因为他不传讲割礼（加 5:11），暗示双方都是逼迫他的人。因此，保罗显然并不在意将反对者区分为基督徒或非基督徒犹太人。相反，他认为自己受到犹太人的逼迫，是由于双方在遵守律法（如割礼、遵守特定日子）、接纳外族人为神的子民，以及他作为神的使徒这身份的真伪（如加 1:11~12，2:1~9，4:10）上有分歧。

---

[65] 这些鞭打很大可能在会堂内发生。George H. Guthrie, *2 Corinthians*, BECNT (Grand Rapids: Baker Academic, 2015), p. 556. 有关犹太会堂的功能，见上文注 56。

[66] 对于这些遵守律法的倡导者是犹太人还是外族人，学者们意见不一，但大多数人都同意反对者是耶稣的信徒。少数学者认为这些反对者是非基督徒犹太人。相关的全面概览，见 Ian J. Elmer, *Paul, Jerusalem and the Judaisers: The Galatian Crisis in Its Broadest Historical Context*, WUNT 2.258 (Tübingen: Mohr Siebeck, 2009), pp. 3–26.

在启示录中有一群反对者，耶稣标签他们为"那自称是犹太人……其实他们不是犹太人"和"撒但会堂"。这些人在士每拿亵渎圣徒，并被形容为说谎者（启 2:9，3:9）。[67] 对于这群体是犹太种族的非认信者，还是归化犹太的外族人，众学者意见不一。[68] 一方面，

---

[67] 相仿地，昆兰团体将犹太内部反对者标签为"彼列的集会"('ădat bĕlîa'al) (1QHᵃ X, 22) 和"欺诈的集会"('ădat šāw') (1QHᵃ XV, 34)。在 LXX 中 Yāhad 经常被翻译为 synagōḡē（犹太会堂）（如出 12:3；利 4:13；民 1:2）。另见 Craig R. Koester, *Revelation: A New Translation with Introduction and Commentary*, AB 38A (New Haven: Yale University Press, 2014), p. 296。

[68] 这些"犹太人"所指的是谁，有不同观点，可概括如下：(1) 士每拿和非拉铁非的犹太社群，他们因为耶稣跟随者宣告耶稣的所是而反对（如 Koester, Mayo, Beale）；(2) 教会内的反对者，诸如巴兰和耶洗别的跟随者，及尼哥拉党人（如 Frankfurter, Kraft）；和 (3) 在会堂寻求庇护以逃避迫害的基督徒（如 Wilson, Murray）。Koester, *Revelation*, pp. 275–276; Philip L. Mayo, *'Those Who Call Themselves Jews': The Church and Judaism in the Apocalypse of John*, PTMS (Eugene: Pickwick, 2006), pp. 53–62; G. K. Beale, *The Book of Revelation: A Commentary on the Greek Text*, NIGTC (Grand Rapids: Eerdmans, 1999), pp. 240–241, 286–288; David Frankfurter, 'Jews or Not?: Reconstructing the "Other" in Rev 2:9 and 3:9', *HTR* 94.4 (2001), pp. 403–425; Heinrich Kraft, *Die Offenbarung des Johannes*, HNT 16a (Tübingen: Mohr, 1974), pp. 60–61; S. G. Wilson, *Related Strangers: Jews and Christians, 70–170 C.E.* (Minneapolis: Fortress, 1995), p. 163; Michele Murray, *Playing*

启示录的叙述将耶稣的忠心追随者和"那自称是犹太人……其实他们不是犹太人"区分开来，前者就是暗示的"真犹太人"，他们要继承耶路撒冷，并在神的圣殿中被带到他面前（参启 12:17，14:1，21:1~3、7、22）。[69] 另一方面，把所有其他人（不信的犹太人、异教徒和不忠的叛教者）[70] 都纳入后一个类别似乎太笼统。更有可能的是，后者指的是反对耶稣追随者的犹太人，就如士每拿和非拉铁非教会遭受的逼迫所表明的情况。[71]

---

a Jewish Game: Gentile Christian Judaizing in the First and Second Centuries CE, SCJ 13 (Waterloo, Ont.: Wilfrid Laurier University Press, 2004), pp. 73–81.

[69] 另 见 Steven J. Friesen, 'Sarcasm in Revelation 2–3: Churches, Christians, True Jews, and Satanic Synagogues', in David L. Barr (ed.), *The Reality of Apocalypse: Rhetoric and Politics in the Book of Revelation*, SBLSymS 39 (Atlanta: Society of Biblical Literature, 2006), pp. 137–144; Beale, *Revelation*, p. 241。

[70] "叛教"在此表示拒绝真理或真神的基督徒观点（参多 1:14；来 12:25）。用现代社会学术语来说，这种与宗教信仰"脱离关系"的现象被称为"去除皈信"。见 Heinz Streib, 'Deconversion', in Lewis R. Rambo and Charles E. Farhadian (eds.), *The Oxford Handbook of Religious Conversion* (Oxford: Oxford University Press, 2014), pp. 271–296。

[71] 笔者不同意达夫（Duff）的看法，他认为启示录中并不存在不信的犹太人施加逼迫的证据，而约翰是故意在给士每拿和非拉铁非的信中虚构了有关"假犹太人"和"撒但会堂"的描述，以阻止信徒透过加入犹太会堂寻求

异教反对者

在使徒行传中，第一个伤害耶路撒冷教会领袖的外族人是希律（亚基帕一世）。[72] 他杀死约翰的兄弟雅各，并曾一度将彼得关进监狱（徒 12:1~4）。然而，这场逼迫并没有持续多久，因为彼得奇迹地越狱，希

从逼迫中脱身。Paul Duff, 'The "Synagogue of Satan": Crisis Mongering and the Apocalypse of John', in David L. Barr (ed.), *The Reality of Apocalypse: Rhetoric and Politics in the Book of Revelation*, SBLSymS 39 (Atlanta: SBL, 2006), pp. 147–168. 达夫诉诸沉默的论点不能令人信服，因为在启示录于安那托利亚（Anatolia）成书（假设是一世纪晚期）之前（徒 13~14）和之后（伊格纳修、波利卡普），均有证据表明基督徒出于类似原因受到犹太人的迫害。因此，其间的数十年，也很可能有类似情况发生。

[72] 尽管以土买人自哈斯蒙尼时期起就接受割礼，并采用了各种犹太人的生活方式（Josephus, *Antiquities* 13.257–258），但在相当多的第二圣殿犹太史料中，都拒绝视以土买人为犹太人，即使他们已受割礼。见 Matthew Thiessen, *Contesting Conversion: Genealogy, Circumcision, and Identity in Ancient Judaism and Christian* (Oxford: Oxford University Press, 2011), pp. 87–110。马沙克（Marshak）还指出，一些学者认为以土买人的割礼是一种"政治适应"而非"文化转型"。Adam Marshak, "Idumea", in John J. Collins and Daniel C. Harlow (eds.), *The Eerdmans Dictionary of Early Judaism* (Grand Rapids: Eerdmans, 2010), p. 760. 此外，众希律王于崇拜实践上实为异教徒，如大希律王为异教和帝王崇拜建造庙宇。见 Winter, *Divine Honours for the Caesars*, pp. 96–97。

律也死了（徒 12:5~23）。相反，在司法聆讯上，亚基帕一世的继任者亚基帕二世未曾表现出对保罗的敌意，而事实上，他认为保罗没有犯任何该死或监禁的罪行（徒 26）。

使徒行传的叙述布局将城市中讲希腊语的犹太人，描述为发起大多数反对活动的人，他们经常挑动群众或有影响力的外族人反对保罗（徒 13:50，14:2、19，17:5、13）。使徒行传中第一次由外族人发起、反对保罗的事件发生在腓立比（16:19），第二次在雅典（17:32），第三次则在以弗所（19:24~27）。尽管如此，在雅典发生的反对比较温和，雅典人只是嘲笑保罗，并没有发起其他行动阻止他宣讲。我们将在下一节探讨这三种反对表现背后的原因。这三次事件都由非官方的个人发起。

彼得前书还有证据显示，外族人的反对很可能由个人发起（彼前 2:12，4:3~4）。[73] 有些基督徒很可能

---

[73] 彼前 2:12 和 4:3 用上"外族人"（ethnoi）一词，泛指未信之人。见 Paul J. Achtemeier, *1 Peter*, Hermeneia (Minneapolis: Fortress, 1996), p. 177; Karen H. Jobes, *1 Peter*, BECNT (Grand Rapids: Baker Academic, 2005), p. 267; Williams, *Persecution in 1 Peter*, p. 93。虽然彼前 4:4 所描述的行为在外族人中十分常见，但这并不代表没有犹太人沉溺在这些活动中。于一手史料中的可能证据，见 Jobes, *1 Peter*, p. 268。无论如何，就本研究目的而言，认识到彼得前书中，"外族人"主要以异教徒为主就足够了。

直接被控告者带到官员前（参彼前 3:15），[74] 尽管从文本本身并不清楚这些官员是否也曾迫害他们。而对奴隶和妻子的劝告（彼前 2:18~3:6），可能表明他们因信基督而受到来自家庭成员的压力或迫害。[75]

路加在使徒行传中所勾画的罗马（外族）当局，特征取态并不单一 —— 从敌对到善意援助。犹太人曾煽动彼西底的安提阿"领袖"（徒 13:50），他们很可能是该市的裁判官，有权将保罗和巴拿巴驱逐出城。[76] 腓立比的"裁判官"（*stratēgoi*）执法不当，在审讯前惩罚保罗，侵犯了他作为罗马公民的权利（徒 16:22~24）。在帖撒罗尼迦，暴徒找不到保罗和西拉，就抓住耶孙和其他信徒，将他们带到"地方官"（*politarches*）面前，而后者在取保后就释放了他们（徒 17:5~9）。在哥林多，犹太人试图在亚该亚的"省长"（*anthypatos*）迦流面前控告保罗。迦流驳回这

---

[74] 威廉姆斯（Williams）提供了充分的论证，表明在安那托利亚，个人纠纷可能会提交给公民法院解决。罗马安那托利亚的法律程序，基本上"由当地居民的私人提控所启动"。回答控诉的言词并不局限于非正式场合，也可以扩展到司法聆讯之中。见 Williams, *Persecution in 1 Peter*, pp. 138–178, 303–136。

[75] 另见同上，pp. 301–303, 317–322。

[76] C. K. Barrett, *A Critical and Exegetical Commentary on the Acts of the Apostles*, ICC (London: T&T Clark, 2004), vol. 1, p. 659.

案，因为他认为这是一场宗教纠纷而非犯罪行为（徒 18:14~16）。甚至群众在迦流面前殴打管会堂的所提尼，他也毫不在意（徒 18:17）。[77] 在以弗所，银匠底米丢煽动城里的人反对保罗，他们抓住保罗的同伴该犹和亚里达古，将他们带到剧场（徒 19:23~34）。在这事件中，一些"官员"（Asiaarches）是保罗的朋友，试图阻止他进入骚乱的人群，并且后来是城里的"书记官"（grammateus）镇定并驱散了人群（徒 19:35~41）。最终，当耶路撒冷的人群和密谋的犹太人试图伤害保罗时，罗马千夫长吕西亚一再保护保罗免受伤害（徒 21:31~35，23:17~23）。[78]

路加在使徒行传中对罗马官员的描绘，似乎表明他们本质上并不是因为基督徒信仰耶稣而反对基督徒，而只是履行维护法律和秩序的职责。[79] 即使他们对待囚犯的某些做法有问题（例如未经审讯就殴打），但他们对任何人都一向如此。使徒行传中关于罗马官

---

[77] 所提尼的身份，以及他是否是基督徒乃有争议。见 Eckhard J. Schnabel, *Acts* (Grand Rapids: Zondervan, 2012), p. 765; Keener, *Acts*, vol. 3, p. 2778。

[78] 关于官员在以弗所和耶路撒冷帮助保罗的过程（徒 19, 23 章），另见 Cunningham, *Through Many Tribulations*, p. 266。

[79] 另见 Maier, *New Testament Christianity*, p. 77; Engberg, *Impulsore Chresto*, p. 117。

员的布局从敌对转向帮助，[80] 并强调保罗没有犯上任何罪行而被判相应惩罚。这与路加在对观福音书中的独特侧重点相吻合，即耶稣也没有被罗马官员本丢彼拉多认定为犯上任何应受惩罚的罪行（路 23:4；参约 18:38）。[81] 这些对罗马官员的人物刻画和布局转折，可能是他针对外族受众（包括罗马人）护教的表现。这展示出他的神学思想，即基督徒所面临的逼迫并非由于他们犯上任何罪行，而是应验了耶稣的预言，即其追随者会因为与他的关系而受迫害（路 21:17）。

在保罗书信中，帖撒罗尼迦信徒包括犹太人和外族人，他们很明显都面对来自同胞的逼迫（帖前 2:14），哥林多后书也描述了保罗受到外族人的迫害。他三次被棍打（林后 11:25；参徒 16:20~22），而这正是罗马官员惯常采用的刑罚。[82] 有一次他被掷石头几乎至

---

[80] 另见 Cunningham, *Through Many Tribulations*, p. 266. 甘宁翰注意到，在以弗所拯救了门徒（徒 19:35~41）的，及在耶路撒冷拯救了保罗的（徒 21~23），均是罗马官员。尽管如此，恩伯格指出，耶路撒冷的罗马官员救了保罗，只因保罗是罗马公民，并非因为他信仰基督。见 Engberg, *Impulsore Chresto*, p. 121。

[81] Cunningham, *Through Many Tribulations*, pp. 285–286.

[82] Guthrie, *2 Corinthians*, p. 557; Margaret E. Thrall, *A Critical and Exegetical Commentary on the Second Epistle of the Corinthians*, 2 vols., ICC (London: T&T Clark International, 2000), vol. 2, p. 739.

死，暴徒很可能由路司得的外族人和犹太人组成（参徒 14:19~20）。[83] 保罗还描述了自己逃出大马士革的过程，当时他被放在筐子里，从城墙的窗户缒下去。然而，保罗将大马士革的迫害归因于亚哩达王（外族人）的总督，而路加却将犹太人描述为迫害者（徒 9:23~25）。有学者指出，犹太人很可能与城里的官员勾结以除掉保罗，就像路加叙述的大多数情况一样（如徒 13:50，14:5，17:5~9，18:12~13），或者保罗也可能在拿巴提人（Nabatean）中传道，并引发他们的敌意（参加 1:17）。[84]

在启示录中，约翰用象征性用语提到了逼迫的四个来源——巨大的红蛇、[85] 分别来自大海和陆地的两只兽，以及淫妇巴比伦（启 12~13；17:1~19:3）。笔

---

[83] Guthrie, *2 Corinthians*, p. 558; Thrall, *Second Epistle of the Corinthians*, vol. 2, p. 738.

[84] 就前一个观点，见 Colin G. Kruse, 'The Price Paid for a Ministry Among Gentiles: Paul's Persecution at the Hands of the Jews', in Michael J. Wilkins and Terence Paige (eds.), *Worship, Theology and Ministry in the Early Church*, JSNTSup 87 (Sheffield: JSOT Press, 1992), p. 266, n. 1; Guthrie, *2 Corinthians*, p. 575。就后一个观点，见 Keener, *Acts*, vol. 2, pp. 1681–1683。有关保罗在拿巴提（Nabatea）传道招来反对的可能性，见 Richard Bauckham, 'What if Paul Had Travelled East Rather Than West?', *BibInt* 8.1–2 (2000), pp. 171–184。

[85] 就使用"蛇"而非"龙"的理据分析，见下文注 96。

者将于下一节，在"撒但类反对者"分题下讨论这条"巨大的红蛇"。在约翰的描述中，来自海中的兽被赋予权力，管理"各支派、各民族、各语言群体、各邦国"，且要与圣徒作战并打败他们（启 13:7）。其后，"凡住在地上的人"都要拜这兽，而另一头来自陆地的兽则让这膜拜变本加厉，以致牠们可以令所有拒绝拜兽的人都被杀害。众所周知，犹太经卷（如但 7:2~8）和天启文学（如《以斯拉四书》11.1）以从海中升起的兽，象征压迫人民的帝国及其统治者。[86] 对应但以理书七章 2~8 节的暗示，再加上"全世界"拜兽的描述，使该意象很可能指向罗马帝国的统治者、帝王崇拜和那些鼓吹及强制执行帝王崇拜的人。通过这个意象，约翰将帝国统治者，及表现出以上特征的官员，描绘成逼迫神圣徒的人。[87]

---

[86] 见例子如 G. K. Beale, *The Use of Daniel in Jewish Apocalyptic Literature and in the Revelation of St. John* (Lanham: University Press of America, 1984), pp. 220–248; Steve Moyise, *The Old Testament in the Book of Revelation*, JSNTSup 115 (Sheffield: Sheffield Academic Press, 1995), pp. 52–54; Koester, *Revelation*, pp. 568–569。

[87] 学者争论此意象是否指涉特定时期的皇帝统治（例如尼禄或图密善），还是纯粹指当时被认为是逼迫，但不反映成书时的历史时期。有关这些观点的综览和评论，见 Pieter G. R. de Villiers, 'Persecution in the Book of Revelation', *AcT* 22.2 (2002), pp. 47–70。德维利耶（de Villiers）认为这两种观点都过于狭隘，并未阐明该书卷的文学性质。

　　另一个意象是大淫妇巴比伦，她被描绘成喝醉了圣徒和为耶稣作见证者的血（启 17:6）。她不仅屠杀了神的圣徒和先知，还杀害了全地所有被杀的人（启 18:24）。从叙述的人物刻画来看，大淫妇巴比伦与羔羊的新娘形成对比和对立。[88] 因此，这象征的意思显而易见，就是指那些不属于羔羊并反对其忠实追随者的所有"他者"。虽然众学者对大淫妇巴比伦可能指称谁的意见不一，[89] 但它很可能就是"他者"的象征——

故此，他主张约翰虽然可能受所处的历史环境激发，但也意识到神的子民受迫害的悠久历史，因而描述了受众当时和日后可能面临的"范例性"处境。由于本研究侧重于描述新约作者的神学，因此有关历史中指涉对象的详细讨论远超过了我们的探讨范围。关乎启示文学中象征符号的多重性，我同意德维利耶的观点，即约翰所写可具有"多层面"指涉，超越单一的历史时期。

[88] 请特别注意启 17:1~3 和 21:9~10 中的文学平行结构。其叙事还对比了两座城市 —— 大巴比伦和新耶路撒冷。"女人"和"城市"的意象都是人类群体的象征。有关犹太经书和希罗世界中类似象征意义的细节，见 W. Gordon Campbell, 'Bride-City and Whore-City', in *Reading Revelation: A Thematic Approach* (Cambridge: James Clarke, 2012), pp. 225–260; Adela Y. Collins, 'Feminine Symbolism in the Book of Revelation', in Amy-Jill Levine and Maria Mayo Robbins (eds.), *A Feminist Companion to the Apocalypse of John*, FCNTECW 13 (London: T&T Clark, 2010), pp. 125–126。

[89] 有关大淫妇巴比伦的诠释历史，见 Koester, *Revelation*, pp. 637–641。

反对神圣徒的整体（希罗）社会。[90] 就我们的研究目的而言，足以将外族反对者和迫害者包括其中。

我们必须注意，在现实世界中，并非所有"他者"都是迫害者，但约翰使用了二元框架和文学手法中的对比，将自己所属的群体与其他群体区分开来。[91] 由于历史证据倾向于在一世纪后期所出现局部和零星的迫害，部分学者怀疑在约翰时代，曾否发生如启示录意象所描绘的广泛逼迫。[92] 事实上，这七封信中提到

---

[90] 有关讨论的细节，见孙洁炜，〈胜过偶像崇拜：约翰对大淫妇巴比伦异象的文学创作及用意〉（神学硕士论文，新加坡神学院，2020）。

[91] 在本书中，我采用了包衡（Bauckham）对"二元论"（dualism）的定义，即"使用在犹太和基督教文献中，各种形式的善恶两极"，而"二元性"（duality）是"将现实分为对比，但不对立两个类别的思维方式，例如造物主和受造界"。Richard Bauckham, *Gospel of Glory: Major Themes in Johannine Theology* (Grand Rapids: Baker Academic, 2015), p. 123。"二元"这形容词可以用来赋予上述两重涵意，启示录中的"二元论框架"包括"二元论"和"二元性"。

[92] 如 Leonard L. Thompson, *The Book of Revelation: Apocalypse and Empire* (New York: Oxford University Press, 1990), pp. 95–115; Adela Y. Collins, *Crisis and Catharsis: The Power of the Apocalypse* (Philadelphia: Westminster, 1984), pp. 84–110。汤普森（Thompson）主张当时几乎没有任何逼迫，而高莲诗（Collins）则认为那是约翰认为有如此程度的逼迫。正如德席瓦尔（deSilva）所指出的，虽然汤普森以民众"自下而上"的进路，将神圣名号归属图密善，很大可

的逼迫，很可能描绘了受众的现状，印证了这方面的历史证据。然而，重要的是要注意天启文学的性质包括预测成分，启示录本身就表明了这一点（启 1:1b；22:6b）。因此，虽然对约翰最初的受众而言，当前逼迫可能并非遍及整个帝国，但约翰的异象却警告他们，未来情况会加剧。

撒但类反对者

撒但（有时被称为"魔鬼"或"那恶者"）作为神和他子民的敌对者，在福音传统中已甚为明显。然而，撒但只被描绘为引诱信徒反对神旨意的诱惑者（如，彼得试图阻止耶稣死在宗教领袖手下），而不是逼迫的煽动者。[93] 在路加福音十章 18 节中，神的国藉驱鬼等神迹奇事被宣扬时，撒但就被形容为从天上被驱赶下来（路 10:1~20）。此外，路加和约翰将犹大的背叛解释为受到撒但怂恿。[94] 路加和约翰均将那

能是正确的观点，但他"低估了基督徒所经历的敌意"。David A. deSilva, *Seeing Things John's Way: The Rhetoric of the Book of Revelation* (Louisville: Westminster John Knox, 2009), p. 51.

[93] 可 1:13（参太 4:1–11 // 路 4:1–13）；可 4:15 // 太 13:19 // 路 8:12；可 8:33 // 太 16:23；路 22:31。另见徒 5:3。

[94] 可将路 22:3；约 6:70–71, 13:2、27，跟可 14:10 和太 26:14–15 相互对比。

些反对耶稣和门徒福音信息的人，描绘成"魔鬼的儿女"（约 8:44；徒 13:10），唯独马太将假门徒描绘为属魔鬼的（太 13:24~30、36~43，25:41）。[95] 保罗也将他的对手与魔鬼的工作联系起来（林后 11:4；提后 2:25~26），并认为魔鬼就是令信徒放弃信仰的诱惑者（帖前 3:5）。

启示录最全面地展现出撒但作为逼迫的煽惑者这概念。犹太经卷中的先知传统会使用古代近东神话中的蛇状混沌生物来象征压迫神子民的帝国统治者（如耶 51:34 指的是尼布甲尼撒；结 29:3 指的是法老），[96] 然而这条巨大红蛇却被认定为是那远古的蛇，称为魔鬼或撒但（启 12:9）。当神的国度和基督的权能降临（启 12:7~10），牠就会从天上被扔下，而这传统很可能与路加福音十章 18 节提及的景象有关。牠要迫害那妇人、她儿子和她其余的后裔（启 12:4~6、13~17）。这蛇的意象与犹太先知传统有相似之处，并且构成一个极有可

---

[95] 另见 Gundry, *Matthew*, pp. 261–265, 271–275, 511–515。

[96] 这个生物的希伯来词是 *tannîn* 或 *liwyātān*，在 LXX 中经常被翻译为 *drakōn* 或 *ophis*（如诗 74:13~14 MT // 73:13~14 LXX；赛 27:1；耶 51:34 MT // 28:34 LXX；结 29:3）。在古代近东和希罗神话中，也有蛇形的生物，跟启 12 中的意象相近。见 Koester, *Revelation*, pp. 555–559。因此，笔者更倾向将启 12 中的 *drakōn* 译作"蛇"而非"龙"，因为后者往往会令现代读者联想到中世纪欧洲龙，又或东亚龙的形象（两者都像蜥蜴而不像蛇）。

能的文本互涉连系，首次暗示即使在约翰以先的远古时代，神子民所受的压迫也与它背后的邪恶势力有关。[97]

这蛇也将权柄赋予海兽（启 13:4），而后者又将权柄赋予地兽（启 13:12）。蛇和兽共同具有七头十角的意象（启 12:3，13:1，17:3），显示了牠们之间的密切联系。这共同意象和最终从蛇获得的权柄，一起表明这两只兽迫害圣徒背后，有撒但的力量和怂恿。世人对兽与对大红蛇的崇拜息息相关（启 13:4）。[98]

基督徒为什么会面临逼迫？
教内人和教外人的观点

在本节中，我们将首先关注教内人士的观点 —— 新约作者如何看待和描绘他们的迫害者。这首个观点将直接左右我们如何描述他们面对逼迫的神学。此后，我们将根据新约和外部历史资料，尝试了解教外人的观点 —— 反对者如何描绘基督徒，以及反对基督徒的原因。而以这第二观点作为背景，将帮助我们了解

---

[97] 另见 Beale, *Revelation*, pp. 632–634, 686。

[98] 正如科斯特所指，犹太人认为偶像崇拜等同于拜魔鬼（如申 32:17；参《以诺壹书》19.1，99.7–9；《禧年书》22.17；2Q23 1, 7–8；《约伯遗训》3.3–4），而这概念也反映于保罗写作中（林前 10:19~21）。见 Koester, *Revelation*, p. 571。

迫害基督徒的动机和形式，而同时兼视这两观点，将帮助我们了解基督徒的各种回应（见下文第二章）。

教内人观点

福音传统清楚地说明，门徒将因与耶稣的联系而面临迫害（可 13:13 // 太 10:12 // 路 21:17；约 15:18~21）。根据约翰的说法，逼迫起源于拒绝耶稣的教导（约 8:37，15:20）。在福音书中，这些被拒绝的教导，主要围绕着遵守安息日和耶稣的言论。他的反对者将部分言论，诠释为耶稣自称为神：他是神的儿子和弥赛亚。[99] 就马太和路加而言，不信的以色列人将逼迫宣扬耶稣国度信息的门徒，就像他们的祖先逼迫众先知一样（太 23:29~35；路 11:47~51）。[100] 神

---

[99] 有关安息日的争议，见可 2:23~3:6；太 12:1~14；路 6:1~11，13:10~17，14:1~6；约 5:1~16，7:21~24，9:14~16。被视为自称为神的事例包括：（1）（可 2:7 // 太 9:1~3 // 路 5:21）；（2）他先存早于亚伯拉罕（约 8:59）；（3）耶稣把自己看成圣殿，但也同时被人视为毁坏现有物质圣殿的威胁（可 14:58 // 太 26:61；约 2:19~21）；（4）耶稣作成他父神的工（约 5:17~18）；及（5）承认自己是弥赛亚和神的儿子（约 14:61~64 // 太 26:63~66 // 路 22:67~71）。

[100] 黑尔（Hare）论证道，马太只关注于将以色列的"顽梗"描述为逼迫的神学原因，并且"虽然马太清楚认为妥拉上的争论，为教会与犹太堂会之间的摩擦点，却并未当

通过使者呼吁众人悔改, 却碰上他们的顽梗叛逆, 而这正是众使者面临逼迫的原因。

在约翰福音中, 任何承认耶稣是弥赛亚的人, 都有被犹太当局迫害的危险 (约 9:22, 12:42)。四本福音书都指出, 对于犹太人来说, 这项认信相当于亵渎, 应该被处死 (可 14:61~64 // 太 26:63~66 // 约 19:7; 参路 22:67~71)。[101] 在耶稣公开谴责犹太领袖之时, 敌意也随之产生。[102] 此外, 约翰提及耶稣对迫害背后原因的解释: "人要把你们赶出会堂, 而且时候将到, 凡杀你们的还以为是在事奉神。他们这样做, 是因为没有认识父, 也没有认识我。"(约 16:2~3)。[103] 经文第三节描绘了教内人的观点, 第二节则陈明教外人的看法。虽然直接的上下文是指犹太反对者, 但正如我们将于下文从教外人士角度看到的, 对于异教反对者来说也同样如此。

在使徒行传的叙述中, 路加经常提供逼迫背后的原因。耶稣死后, 门徒 (包括保罗) 开始宣告耶稣的

为逼迫的因由"。Hare, *Jewish Persecution of Christians*, pp. 144–145。对黑尔来说, 这是因为马太只关注于提出逼迫的神学原因, 而非社会学方面的原因。

[101]　关于第一世纪犹太一神主义的部分, 见上文第 34–35 页。

[102]　可 11:15~18, 12:1~12 (// 太 21:33~46); 路 4:28; 约 8:44。

[103]　除了特别标示外, 圣经引文均取自《新译本》。

复活，及他是神于圣经中应许的弥赛亚。[104] 正如在福音书中，耶稣弥赛亚身份的宣称仍然是犹太人反对的主要原因。在门徒的宣告中，还指控犹太领袖犯了杀害耶稣的罪（徒 3:15b，7:52，10:39，13:27~28；参帖前 2:15）。耶稣复活的信息（徒 4:1~2）和需对他的死负责的指控（徒 5:28），让犹太领袖恼火万分。撒都该人并非唯一不相信复活的群体（徒 23:8）；部分雅典人也不相信（徒 17:32）。

根据路加的观点，许多犹太人无法接受外族人不必行割礼和不必遵守摩西律法，仍可成为神子民的信息。不论对于相信耶稣的犹太人（徒 15:1、5），或不信耶稣的犹太人来说都是如此。[105] 路加提到有传言，指保罗教导散居的犹太人不必行割礼，或遵守摩西律法（徒 21:21）。这会激怒热衷于律法的犹太人。保罗教导称义是靠相信基督，而非靠守律法（加 2:15~3:29；罗 2:1~5:2）印证了路加的记载。事实上，保罗认为自己受迫害，因为他没有传讲称义必须受割礼（加 5:11；参 5:6，6:15）。这些犹太反对

---

[104] 有关宣告耶稣的复活，见徒 3:13~15a，4:8~12，7:2~50，10:40，13:29~31，17:3、18，23:6，24:15，26:23。有关耶稣作为圣经中神应许的弥赛亚，见徒 3:18~26，9:20~22，10:41~43，13:16~26、32~41，17:2~3，18:28，26:6、22，28:23。

[105] 见上文第 37–38 页。

者可能误解了保罗，或故意歪曲他的教导去制造反对他的力量。在耶路撒冷，当保罗开始用亚兰语说话，人群就安静下来聆听（徒 21:40），但当提到神差遣他到外族人那里去，群众突然开始大喊并反对他（徒 22:22~23）。这突如其来的负面反应，表明犹太人对接纳外族人这想法多么反感。在帖撒罗尼迦前书二章 16 节中，按保罗自己的观点来看，犹太反对者正在阻止自己向外族人宣扬救恩的信息。

在路加眼中，除了不赞同耶稣是弥赛亚和接纳外族人外，当许多人成为耶稣的跟随者，犹太反对者还因此嫉妒彼得（徒 5:17）和保罗（徒 13:45、50，17:5）。[106] 这并不单单令他们失去大量的追随者（徒 13:43，17:4），还有其他严重后果——失去尊荣和经济利益，笔者将于下文从教外人的角度讨论。

在路加的描述中，这些犹太反对者迫害保罗和耶稣追随者，动机完全是自私的（嫉妒、失去尊荣和经济利益）；相比之下，保罗在与耶稣相遇前迫害耶稣追随者，则被描述是为神大发热心（徒 22:3）。路加缕述了保罗的个人见证，其中保罗称自己确信这些追随耶稣的人是错误的，因此他想尽一切办法遏止这

---

[106] 基纳提到"把嫉妒说为自己敌人的动机是常见的"。有关古代的例子，见 Keener, *Acts*, vol. 2, pp. 1206–1207, 2094。

场运动（徒 26:9~11）。再者，保罗在加拉太书一章
13~14 节和腓立比书三章 6 节的个人见证中，提及他
以前对祖先传统的错误热衷，也印证了路加的说法。
此外，提摩太前书一章 13~16 节指出，保罗对他过去
的自我评价是"亵渎者"、"迫害者"、"暴虐的人"
和"罪魁"，而他迫害的原因是"不明白、不信"。

根据路加分析，自私自利的政治原因也使部分外
族人施加迫害。希律为了取悦犹太人，就逼迫教会
及其领袖雅各和彼得（徒 12:3）。[107] 同样，犹太地
区总督腓力斯也偏袒犹太人，将保罗长期囚禁（徒
24:27）。路加揭露了这不公的长期监禁背后，另一出
于私利的原因 —— 腓力斯希望保罗会因渴望获释而
贿赂他（徒 24:26）。

在彼得前书中，基督徒遭受逼迫源于三个理由：
（1）行坏事的指责（彼前 2:12）；[108]（2）他们所作
的善事（彼前 2:20，3:14、17）；及（3）放弃以往
罪中的生活方式（彼前 4:4）。然而，经文并没有详

---

[107]　有关使徒行传中未直接反映的其他可能历史原因，
见 Schnabel, 'Persecution of Christians', pp. 531–534。
[108]　我们应该留意，彼得前书认为，人因盗窃、谋杀或
其他刑事罪等不当行为受惩罚是应当的（彼前 4:15），但
认定人为基督的名和作为基督徒而受苦是光荣和不应得的
（彼前 4:14、16），相当于因"行善"而受苦（彼前 2:20，
3:14、17）。因此，按笔者的定义，后两者可以看成是逼迫。

细说明基督徒被指控行了哪些坏事，或者哪些善行导致逼迫。同样值得注意的是，彼得前书将"善行"看为敌意的起因和回应（彼前 2:12、15，3:16，4:19）。在提摩太后书三章 12 节中，保罗宣称，"凡立志在基督耶稣里敬虔度日的，也都将受迫害"。作为迫害的导因，保罗所提的敬虔生活类近彼得前书的善行。在教外人眼中，教内人视为"善行"和"敬虔生活"的，却可能被看成邪恶。因此，我们于下文需要从教外人的角度来考究背后的因素。笔者也将在接续下来的第二章中，探讨"善行"怎样成为对逼迫的回应。

如上文所述，只有启示录把撒但描绘为逼迫的煽动者。在宇宙大战中，撒但（即"蛇"）的失败和他被逐出天堂，标志着"妇人"和"她其余的儿女"（启 12:13~17）面对大逼迫的起点，[109] 而后者

---

[109] 尽管各学者对"妇人"的所指有不同看法，但"妇人"很可能是神历代子民的象征。笔者认为"神的子民"比"犹太人"或"以色列"更适合描述所指对象，因为后者往往带有种族和政治色彩。但即使在旧约中，神的子民也是依据他们对耶和华的忠诚来界定，与其种族或政治无干。从太初到末后的日子，神的子民是由他们对耶和华的信、而非其种族来界定，其中既有雅各的忠信后裔，也包括"与耶和华联合"的"万国群体"（参创 35:11；亚 2:11；例如路得）。见 Chee-Chiew Lee, 'Gôyim in Genesis 35:11 and the Abrahamic Promise of Blessings for the Nations', JETS 52.3 (2009), pp. 467–482。

具体所指的是"那些遵守神的命令，并持守他们为耶稣作见证的人"（启 12:17）。[110] 蛇与圣徒"作战"（poiēsai polemon）（启 12:17），因为牠之前多番尝试不果，始终无法瓦解神给妇人的保护而"发怒"（启 12:14~16）。兽后来能够与圣徒"作战"（poiēsai polemon），并征服他们，是因为蛇赋予了他这方面的能力（启 13:2、7）。这异象明显从属灵角度描写出逼迫背后的原因。

教外人的观点

为了理解新约作者给受众在面临逼迫时该如何应对的劝告，我们必须了解教外人的观点，并以此作为思考背景。在教外人眼中，应当反对基督徒的原因如下：

---

[110] 逼迫神的子民背后的宇宙战争概念，源于犹太第二圣殿期的传统，其中人间的战争是宇宙战争的展现（参但 10:1~21），而天使长米迦勒则是神的子民的保护者（但 10:13、21）。关于"王子"一词应用到天使之上，见 John J. Collins, *Daniel: A Commentary on the Book of Daniel*, Hermeneia (Minneapolis: Fortress, 1993), pp. 374–375; Carol A. Newsom and Brennan W. Breed, *Daniel: A Commentary*, OTL (Louisville: Westminster John Knox, 2014), pp. 332–333。另见以斯帖记希腊文本：Addition A LXX vv. 1–5 [NRSV 11:1–10]; Addition F LXX v. 4 [NRSV 10:7]，其中两条斗争的蛇（*drakontes*）这异象则指向末底改和哈曼；后者在整个波斯帝国迫害犹太人，而前者则与哈曼对抗作战。

（1）对珍视传统价值观的威胁

（2）经济损失的威胁

（3）（据传）对反对者的诽谤

（4）社会动荡的威胁

尽管冲突的内容可能有所不同，但以上原因对非基督徒犹太人和异教徒来说，却是共通的。[111]

（1）对珍视传统价值观的威胁

柯鲁斯（Kruse）从犹太反对者的角度，在保罗书信中辨析出保罗受逼迫的五个原因。[112] 第一，既然保罗并非唯一曾试图除灭那些宣扬基督信仰者的人，他如今宣扬同样的信仰，那些像他以往一样的人会迫害他，也就不足为奇了。由于他以往曾与大祭司结盟（徒9:1~2），难怪这些犹太领袖会因为他改变立场而逼迫他。第二，与他同时代的犹太人认为对信仰和身份至关重要的事情，即割礼、种族、按祖先传统遵守律法，保罗现在却视为"有损的"（*zēmia*）而非"有益的"（*kerdē*）（腓3:7~8）。这就会挑起怒火和暴力反对。第三，保罗坚持行律法不会使人称义，这说法会被视

---

[111] 另见宾尼的研究（Penner, *Shadow of the Cross*, p. 162），他提出了以下几方面的原因：宗教、政治、社会、经济和情绪。

[112] Kruse, 'Price Paid for a Ministry', pp. 267–271.

为教唆人忽视摩西律法，及鼓吹犯罪（参加 2:17）。第四，保罗否定在人称义上"行割礼的必要性"，因而会"冒犯"犹太人（参加 5:11）。最后，部分信徒不道德的行为（如林前 5:1~2，6:12~20）可能被认为是因保罗宣扬免行律法的福音而"放宽了道德要求"的结果（参罗 3:7~8）。

柯鲁斯提出的第二至第四个原因，反映了第一世纪的犹太人如何将基督教所传的信息视为威胁，认为会危害他们所珍视的传统价值观。第五个原因被视作放弃摩西律法的不良后果。而第一个原因，则是他们觉察到这威胁的反应。其他被视为威胁，会动摇一直拱持的传统价值观的，其中包括直白"质疑"同时代犹太人对圣殿、圣城和安息日的传统理解，又或基督教对这些理解的重新诠释。以上情况都反映于福音书和其他新约著作之中。[113]

从异教的教外人角度来说，还有不少应当强烈反对基督徒的原因。首要原因是基督徒退出异教崇拜（参帖前 1:9，"离弃偶像，归向神来服侍那又真又活的神"），这包括不参与崇拜传统神明和皇帝（关于次要原因，请参阅下文"［据传］对反对者的诽谤"的

---

[113] Hare, *Jewish Persecution of Christians*, pp. 3–6. 例如，耶稣预言，由于犹太人拒绝以他为弥赛亚，圣殿和圣城会被毁（路 19:41~44），耶稣的身体（约 2:19~22），及信徒群体（林前 3:16~17；彼前 2:4~8）为神的殿。

部分）。[114] 这原因有进一步的后果，笔者将于下文先讨论首要原因，并将于"经济损失的威胁"那部分探讨次要原因。

基督徒退出异教崇拜的首个后果，乃是因否定其他神明而被视为极端冒犯而陷入危险（第二个后果，见下文第 79 页）。人们可以轻易在众神中添加新神明供人崇拜，但只崇拜单独一位而排除其他却异常危险。对异教徒来说，这会导致他们尊崇的各神明蒙羞（参徒 19:26~27）。在充斥着荣誉与耻辱的文化中，耻辱是一场"社交灾难"。假如一个成员失去荣誉也会让整个社群蒙受耻辱，[115] 那么受其尊崇的神明若受侮辱，整个社群的耻辱就更难以估量了。不仅如此，否认神明也是对神明恩泽不知感激的可耻行径，会因此激怒神明，为个人或社会带来灾难（自然灾害、疾病等）形式的惩罚。[116] 基督徒不参与这些崇拜活动，

---

[114] 另见 Williams, *Persecution in 1 Peter*, pp. 258–275。威廉斯讲述两种冲突的"行为起因"：退出社交和为了"善事"／"行善"而受苦。退出社交包括不参与自发协会和异教（包括帝皇）崇拜。

[115] Richard L. Rohrbaugh, 'Honor: Core Value in the Biblical World', in Dietmar Neufeld and Richard E. DeMaris (eds.), *Understanding the Social World of the New Testament* (Milton Park: Routledge, 2009), p. 112.

[116] 例如，苏维托尼乌斯（Suetonius, *Nero* 56–57; *Domitianus* 15.3–6）认为尼禄和图密善都因过度崇拜一位神明、忽视其他神灵（*superstitio*）而受到惩罚。

很容易就会被指为造成这些灾难的原因。[117] 同样地，不参与帝王崇拜和否认皇帝的神性，（至少）等于对皇帝恩泽不存感谢之心，或（最坏的情况）由于宣扬凯撒以外的"主与神"，被判定为叛国。对于异教徒来说，不知感恩可能导致守护神或皇帝撤回恩惠，这后果本已甚为糟糕；然而，叛国就更严重，也极危险，因为会招致罗马的军事镇压和杀戮。我们由此就可以想象到，地方政府为何热衷宣扬帝王崇拜，并且严惩不服从的人（参启 13:11~17）。

值得注意的是，早期教会用于耶稣的一些神圣名衔（如神的儿子、伟大的大祭司、主和神），跟罗马皇帝统治下臣民使用的几乎完全相同 —— 奥古斯都和其继任者被称为"（一个）神明之（孙）子"和"伟大的大祭司"（pontifex maximus；希腊文译作 archiereus；参来 4:15, 6:20）；革老丢被称为"全人类的救世主"（参约 4:42；提前 4:10）；尼禄被称为"世界之主"。[118]

考虑到这一点，当保罗和西拉被指控"违背凯撒的命令，说另有一个王耶稣"时，帖撒罗尼迦的官员

---

[117] 另见 Williams, *Persecution in 1 Peter*, p. 256。这也在第二世纪后期的著作中反映出来；如 Tertullian, *Apology* 40.2。

[118] 关于铭文和文献证据，见 Winter, *Divine Honours for the Caesars*, pp. 62–77。有关神圣称号"神的儿子"的含义，另见 Peppard, *Son of God*, pp. 31–49。

和全城"惶恐"就完全可以理解了（徒 17:7）。[119] 奥古斯都 (Dio Cassius 56.25.5–6) 和提庇留（Dio Cassius 57.15.8）二人早前都曾下令，在现任皇帝统治期间，禁止任何有关新统治者的宣告或预言。公元四十一年，革老丢向亚历山大地区犹太人颁布法令，警告他们不要与来自埃及或叙利亚的犹太革命者勾结，否则将要迎来帝国的惩罚（*P.Lond.* 1912, ll. 96–99）。这些可能正是使徒行传十七章 7 节中提到的法令。保罗和西拉被指控煽动帖撒罗尼迦人，将他们的效忠从凯撒转向耶稣（即拒绝凯撒的统治），相当于叛国，因此应受惩罚。这一指控并非完全没有根据，在下文中我们就会明白。

保罗写信给帖撒罗尼迦人时，提到他们已经"离弃偶像，归向神，要服侍那又真又活的神"（帖前 1:9）。这不仅包括放弃对传统神明的崇拜，还包括不再参与帝王崇拜 —— 这外在表现会被视为叛逆。保罗还宣称这位耶稣是"从天降临［的儿子］"，而他将要再来（帖前 1:10）。此外，保罗还提到"不法之人"，这人将自己尊为神，凌驾所有其他神明之上，并在神的圣殿中受崇拜（帖后 2:3~4）。[120] 虽然保罗没有点

---

[119] Keener, *Acts*, vol. 3, pp. 2552–2555.

[120] 正如温特所说，这用语听起来与官方铭文的用语非常相似，其中奥古斯都和革老丢等皇帝被称为"最伟大的"或"最神圣的"神明。Winter, *Divine Honours for the Caesars*, p. 261.

明这句话所指是谁，但我们可以合理地推断为各个被奉为神圣的罗马皇帝，尤其指向在公元 41 年左右，卡利古拉（Caligula）试图在耶路撒冷设立他的塑像但失败的举动。[121] 此外，虽然保罗的末世论主要从犹太人的天启意象发展而来，但他使用的一些词汇与帝皇背景中的用语重叠，例如基督的"来临"和"显现"（*parousia, epiphaneia*；帖前 4:15；帖后 2:8），"相会"（*apantēsis*；帖前 4:17），"平安稳妥"（*eirēnē kai asphaleia*；帖前 5:3a）。[122] 无论保罗是否有意使用这些词汇批评罗马帝国，对帝皇用语敏感的受众定会如此理解。正如温特所指出的，尽管这些用于耶稣的称号和词汇主要来自犹太经卷和传统，但与帝国用语"不幸的巧合"，却对早期基督徒构成巨大挑战。[123]

此外，温特指出，保罗使用"所谓的"（*hoi legomenoi*）这词来指称异教的神明（帖后 2:4；参林前 8:5），这词"也于国王、哲学家和诡辩家就其实际身份作虚

---

[121] James R. Harrison, *Paul and the Imperial Authorities at Thessalonica and Rome: A Study in the Conflict of Ideology*, WUNT 273 (Tübingen: Mohr Siebeck, 2011), pp. 85–95; Gary S. Shogren, *1 and 2 Thessalonians*, ZECNT (Grand Rapids: Zondervan, 2012), pp. 281–282.

[122] 有关帝皇背景的文献和铭文来源，见 Harrison, *Paul and the Imperial Authorities*, pp. 56–63。

[123] Winter, *Divine Honours for the Caesars*, p. 93.

假声明时使用"。[124] 这用词反映出保罗的一神论神学，及他认为这些其他神明被误以为是神的见解。同样地，启示录也展示出对异教崇拜（包括传统的神明和帝王崇拜）的强烈抵制，及鲜明的反罗马情绪（启 2:12~29，13:1~14:13）。

这种将基督徒视为威胁的看法，似乎在二世纪后期的罗马历史学家（苏维托尼乌斯和塔西佗）讲述尼禄对基督徒迫害时反映出来。[125] 根据苏维托尼乌斯（Suetonius, *Life of Nero* 16.2 [Rolfe]），基督徒被认为是"某类投身于崭新又闹事 [*maleficus*:'邪恶、有害'][126] 的非传统极端宗教 [*superstitio*] 人士"。塔西佗（Tacitus, *Annals* 15.44 [Jackson]）提到基督徒"因其恶行而被人厌恶"，他们"有害的非传统极端宗教 [*superstitio*]"就像一种疾病，从犹太蔓延到罗马，"在那里让世间一切可怕或可耻的事情"变得流行；

---

[124] 同上，pp. 212–213。

[125] 尼禄处决基督徒被视为逼迫，因为尼禄使基督徒成为罗马大火的替罪羊，令他们受到不公和残酷的对待。尽管如此，从塔西佗的描述可以清楚看出，尼禄并非因为基督徒的信仰而迫害他们，而是趁机利用这个早已是罗马民众深恶痛绝的基督徒社群。另见 Harrison, 'Persecution of Christians', pp. 288–289。

[126] James Morwood (ed.), *Pocket Oxford Latin Dictionary: Latin–English*, 3rd edn (Oxford: Oxford University Press, 2005), s.v. 'maleficus'.

他们最终以"仇恨人类"的罪名受到惩罚。

"邪恶、有害、可怕和可耻的恶行"和"仇恨人类"指的可能是什么？根据笔者对第一世纪背景和上述新约文本的分析，这些"邪恶、有害、可怕和可耻的恶行"，极有可能是指他们摈弃和不参与异教和帝王崇拜。[127] 这"仇恨人类"指的则很可能是（1）基督徒由于抽离社交生活而与社会疏离，其中主要涉及异教崇拜，[128] 而笔者将在下文更详细地讨论；及（2）被视为激怒众神的危险。对罗马人来说，基督教习俗是一种 *superstitio*——由于他们对单一神的极度崇敬和绝对忠诚，因而否定其他神明，就将 *religio* 推至极端了。

从上文我们可以看出彼得前书的收信人被指控犯了什么样的错，以及什么样的好行为（见上文第 66–67 页）可能导致"因基督之名"（*en onomati Christou*）及"作为一个基督徒……因为此名字"（*hōs christianos ... en tō onomati toutō*）[129] 可能引致的逼迫（彼前 4:14、

---

[127] 另见 Smith, 'Book of Revelation', p. 344, n. 68。

[128] "仇恨人类"类似塔西佗指控犹太人鄙视外族人（Tactitus, *Histories* 5.5）。

[129] 拜占庭抄本上读文为 *en tō merei toutō*："在此处境"（P 307. 642. 1448. 1735 Byz），但所有其他抄本则是 *en tō onomati toutō*："由于这名字"（$\mathfrak{P}^{72}$ ℵ A B Ψ 5. 33. etc.），并且有早期译文支持（latt sy co; Cyr）。基于一面倒的外证，*onomati* 大有机会是更真确的读文。

16）。[130] 我们必须从犹太教与基督教和希罗传统中理解"好行为"。[131] 从彼得前书的文本来看，"好行为"

---

[130] "为基督的名"（彼前 4:14）而受苦源于福音传统（见上文第 39–40 页），意味着基督徒因与耶稣的联系，以及其反对者拒绝福音信息而遭遇迫害。鉴于彼前 4:14 "为基督的名受辱骂"和 4:16 "因是基督徒而受苦"这两个词组相似，一些学者认为后者是指因生活与神的福音一致而受苦。见例子如 Earl Richard, *Reading 1 Peter, Jude, and 2 Peter: A Literary and Theological Commentary*, RNTS (Macon: Smyth & Helwys, 2000), p.194; Jobes, *1 Peter*, p. 290。然而，威廉斯主张"基督徒"（*christianos*）这名称在法庭上是一项可指控的罪名。这是因为（1）该短语与其他刑事罪行并列，例如"杀人、偷窃、行恶、或因为好管闲事"（《环》NET; *phoneus ē kleptēs ē kakopoios ē hōs allotriepiskopos*）；（2）*christianos* 这名称在尼禄时代被定为刑事罪，因此即使基督徒没有被追缉，只要有人向他们提出指控，仅仅宣认这名称就足以受罚；及（3）第二世纪基于承认作"基督徒"这名称而定罪的做法，是第一世纪的延续。见 Williams, *Persecution in 1 Peter*, pp. 179–236, 275–297。尽管如此，正如艾略特（Elliott）所指出的，威廉斯的论点仍然只是一个可能性，因为没有历史证据支持这在第一世纪是常规作法。见 John H. Elliott, review of *Persecution in 1 Peter: Differentiating and Contextualizing Early Christian Suffering* by Travis B. Williams, *BTB* 46.4 (2016), pp. 211–212。

[131] 虽然其圣经引文和暗引显示出犹太传统的影响，但彼得前书的受众包括犹太人和外族人。见例子如 Jobes, *1 Peter*, pp. 23–24; Lewis R. Donelson, *I & II Peter and Jude: A Commentary*, NTL (Louisville: Westminster John Knox, 2010), pp. 9–10。因此，"好行为"的概念很可能不仅反

似乎包括（1）在末世审判中被神认可为善的行为和做法（参 2:12）；（2）被希腊和犹太文化视为良好的道德行为（如爱、服从、荣誉；2:14~15、17，3:2、4、8~12）；及（3）禁戒不道德的行为（2:1、11）。[132]

根据彼得前书三章 10~12 节所引用的诗篇三十四篇 12~16 节，好行为大多被描述为美德的表现。尽管如此，对于第二圣殿期的犹太人来说，好行为开始添加上履行摩西律法的意义，包括德行、帮助他人的善行，以及藉不参与偶像崇拜，展现对神的忠诚，而这份理解更一直延伸到新约之中。[133] 因此，从基督徒（教内人）的角度来看，不参与偶像崇拜是一种"好行为"和"敬虔生活"，在异教徒（教外人）的角度，却会被视为"不法行为"，从而导致反对和逼迫。[134]

映了犹太人的理解，并且还以受众于希罗情境中可以理解的方式表现出来。

[132] 在彼得前书中，在描述这些"好行为"时，用上 *agathos* 和 *kalos* 等形容词，以及其名词和动词的词形。见 Travis B. Williams, *Good Works in 1 Peter: Negotiating Social Conflict and Christian Identity in the Greco-Roman World*, WUNT 337 (Tübingen: Mohr Siebeck, 2014), p. 3.

[133] 同上，pp. 105–162。

[134] 关于"好行为"被视为"不法行为"，于基督徒和非基督徒两者的后数世纪外部史料，都提及有异教徒指控基督徒的不道德表现（包括乱伦）、食人恶行和害人的魔法活动。这些可能是对基督徒互称兄弟姐妹、主餐和使徒行神迹的误解或蓄意诽谤。游斯丁、特土良和俄利根等

总括而言，异教徒肯定会认为基督教信息和崇拜生活模式的改变（否认传统神明和拒绝帝王崇拜）具颠覆性——威胁他们对神明敬虔的传统价值观（*mos maiorum*），以及对施恩主的尊崇与 *pax deorum* 的维持。

（2）经济损失的威胁

基督徒退出异教崇拜的第二个后果，是放弃对传统神明的敬拜，将令以供应异教习俗需用品谋生的人受到经济损失（第一个后果，见上文第71页）。[135] 例如，制作各个异教神龛的工匠，还有为祭祀提供牲畜和其他用品的农民和商人。故此，在以弗所，银匠底米丢及他所属为亚底米打造神龛的公会决心反对保罗，就毫不为奇了（参徒 19:24~27）。

顺带值得一提的是在腓立比，使女的主人（徒 16:19）在保罗将占卜的灵从她身上驱赶后，蒙受了巨大的收入损失。从异教的角度来看，占卜的灵并不邪

基督徒护教士也曾大力就此捍卫基督教信仰。更多相关细节，见 Stephen Benko, *Pagan Rome and the Early Christians* (Bloomington: Indiana University Press, 1984)。只是，不道德的指控却可能有一些依据，正如新约书信如哥林多前书、彼得后书和犹大书所反映的，有自称基督徒的人在基督群体内行为放荡。由于很难确定这些指控是否起源于一世纪，我们将不在本研究中详细讨论。

[135] 另见 Williams, *Persecution in 1 Peter*, p. 256; Harrison, 'Persecution of Christians', p. 296。

恶（从基督徒角度看则属于恶魔的），而是神圣的存在体。[136] 由于丧失了占卜的能力，主人可能会根据罗马法律状告保罗，就"财产损失"索偿。[137]

信徒脱离会堂社群也可能给会堂带来经济损失。在帖撒罗尼迦和庇哩亚接受保罗信息的人中，有不少敬畏神的希腊人和数位显赫的妇女（徒 17:4、12），后者更很可能是给予会堂捐赠的赞助人。[138]

值得注意的是，在二世纪初（约公元 110–111 年），[139] 小普林尼（Pliny the Younger）曾写道，在他努力遏制基督教传播之前，民众几乎不在市场购买祭

---

[136] 庄诗敦（Johnston）指出，古希腊人认为"众神找到更直接向凡人说话的方法，就是通过神明短暂'掌控'被拣选的妇女发声"，就如达尔菲（Delphi）的皮提亚占卜者。Sarah I. Johnston, 'Oracles and Divination', in Esther Eidinow and Julia Kindt (eds.), *The Oxford Handbook of Ancient Greek Religion* (Oxford: Oxford University Press, 2015), p. 478. 路加记述那使女身上有一个"皮提亚的灵"（*pneuma pythōna*；徒 16:16）。

[137] Ivoni R. Reimer, *Women in the Acts of the Apostles: A Feminist Liberation Perspective* (Minneapolis: Fortress, 1995), pp. 174–178.

[138] Carolyn Osiek, '*Diakonos* and *Prostatis*: Women's Patronage in Early Christianity', *HTS* 61.1/2 (2005), pp. 347–370, 363; Keener, *Acts*, vol. 2, p. 2095; vol. 3, pp. 2542–2543.

[139] John G. Cook, *Roman Attitudes Toward the Christians: From Claudius to Hadrian*, WUNT 261 (Tübingen: Mohr Siebeck, 2010), p. 146.

品肉类，因为许多在庇推尼和本都（Bithynia-Pontus）的人已经成为基督徒（Pliny, *Letters* 10.96.10）。这肯定意味着异教徒肉类销售商的收入大减。

在教外人眼中，这些经济损失不是"私利"上的损失，而是正常收入的流失，威胁着异教徒的生计和犹太人会堂的经费。

(3) （据传）对反对者的诽谤

我们将在下文检视各方为何认为自己被反对者所诽谤，在教外人的眼中尤其如此。异教徒反对的第二个原因，可能是信徒摒弃了以往不道德的生活方式（参彼前 4:4）（主要原因见上文"对珍视传统价值观的威胁"一节）。在第一世纪的地中海世界中，众人加入自发协会和行业公会，以此作为他们主要的社交平台很是常见。[140] 虽然这些协会和公会的好些活动或会涉及醉酒和放荡，但其他活动却有较好的监管。[141] 不

---

[140] S. G. Wilson, 'Voluntary Associations: An Overview', in John S. Kloppenborg and Stephen G. Wilson (eds.), *Voluntary Associations in the Graeco-Roman World* (London: Routledge, 1996), pp. 14–16; Michael S. Moore, 'Civic and Voluntary Associations in the Greco-Roman World', in Joel B. Green and Lee Martin McDonald (eds.), *The World of the New Testament: Cultural, Social, and Historical Contexts* (Grand Rapids: Baker Academic, 2013), pp. 152–153.

[141] 有关各项逾轨行为和对此加以约束的尝试，见例子

过，由于当时宗教与日常生活在各个方面都高度融合，这些协会和公会在聚会中总会涉及异教崇拜活动。因此，醉酒和放荡就与异教崇拜相连起来。

在基督徒的眼中，这些活动必须避免，因为无节制的欲望会导致不道德行为和偶像崇拜。因此，彼得前书四章 3~4 节提到，部分基督徒已从过往的生活方式中抽身，而这些生活方式分别被形容为"放荡无度的行为"（hē tēs asōtias anachysis）和"可憎的偶像崇拜"（athemitos eidōlolatria）。[142] 假如异教徒得知这些描述是断绝往来的原因，那么仍从事这些活动的异教徒感到被冒犯是可以理解的，因为他们被贴上了不道德

如 Philo, *Against Flaccus* 136; *On Drunkenness* 22–25, 29; 拉努维奥古城（Lanuvium）出土铭文上的规章 'Regulations of the Worshippers of Diana and Antinoüs' (Campania, Italy; dated AD 136)，见 Richard S. Ascough, Philip A. Harland and John S. Kloppenborg, *Associations in the Greco-Roman World: A Sourcebook* (Waco: Baylor University Press, 2012), pp. 194–198, esp. 198；也同时被引用于 Robert L. Wilken, *The Christians as the Romans Saw Them*, 2nd edn (New Haven: Yale University Press, 2003), pp. 36, 39。

[142] 亚德迈耶（Achtemeier）指出 *athemitos* "意味着基本上与神或人类所订下的相违"；如于徒 10:24 所使用的。如在彼前 4:3，其通常被理解为"肆意、恶心、不体面"；如 BDAG, p. 24, 2。因此，从一神论的基督徒角度来看，偶像崇拜是"不合律法的"。见 Achtemeier, *1 Peter*, p. 282, n. 77; Mark Dubis, *1 Peter: A Handbook on the Greek Text*, BHGNT (Waco: Baylor University Press, 2010), p. 134。

的标签，他们的异教崇拜被称为"可憎"。[143] 正如亚德迈耶（Achtemeier）所指出的，"偶像崇拜"是第一世纪犹太人和基督徒独有的概念，异教徒甚至不曾使用过"可憎的偶像崇拜"等词语，来描述他们不赞同的异教习俗。[144] 这就可以解释异教徒也以"诽谤"（blasphēmeō；彼前 4:4）报复反击。因此，如彼得前书四章 4 节所述，在社交上抽离这些从前的生活方式，就成了迫害的原因。

在约翰福音八章 44~51 节，当耶稣说那些犹太人的父亲是魔鬼时，我们观察到也有类似的反应。同样地，由于约翰将犹太裔的反对者称为"撒但的会众"（启 2:9, 3:9《汉》），并将帝国掌权者描绘成与魔鬼结盟（启 13），[145] 一旦犹太裔和异教徒反对者听闻这些描述，也会报复反击。

在希罗世界，以修辞方式诽谤对手是常见的做法。一些学者指出，虽然新约作者也使用这策略，但与许多其他人相比，他们相对温和，并且在描画反对者与

---

[143] Achtemeier, *1 Peter*, p. 282.

[144] 另见 Jobes, *1 Peter*, p. 267。

[145] 同样地，保罗把反对者跟撒但联系在一起（林后 11:12~14），又以"犬类"标签对方部分的人（腓 3:2）。有关在保罗书信与启 2:9 和 3:9 中反对者的身份，见上文第 41 页。

其历史真确性之间，存在一定的关联。[146] 笔者于本文目的，并非要判断修辞方式诽谤的做法，在道德上是否可以接受，又或者谁的观点方为正确。但必须谨记一点，我们已留意到这些基督徒的神学观点（包括伦理和属灵方面的）会极度冒犯其反对者。正如基督徒或会觉得敌对者诽谤和冤枉他们（参彼前 2:12，4:4；启 2:9），非基督徒犹太人和异教徒也很可能同样认为基督徒诽谤了他们。故此，（据传）诽谤敌对者就成为了逼迫的导因。

（4）社会动荡的威胁

基于上文提到的前三个原因，犹太人或异教徒很容易联合起来，以暴徒行为攻击基督徒，或向地方政府控告他们，例如在以哥念（徒 14:5）、腓立比（徒 16:22）和耶路撒冷（徒 22:24）中有关保罗的案件。这也可以解释罗马皇帝在公元 49 年发布的法令，将犹太人驱逐出罗马：[147]"由于犹太人在克列斯托斯（Chrestus）的怂恿下不断制造骚乱，他〔革老丢皇

---

[146] 见例子如 Luke T. Johnson, 'The New Testament's Anti-Jewish Slander and the Conventions of Ancient Polemic', *JBL* 108.3 (1989), pp. 419–441; Andreas B. du Toit, 'Vilification as a Pragmatic Device in Early Christian Epistolography', *Bib* 75.3 (1994), pp. 403–412。

[147] 有关把这法令的签发年份判定为公元 49 年的论证，见 Engberg, *Impulsore* Chresto, pp. 90–99。

帝］将他们逐出罗马"（Suetonius, *Life of Claudius*
25.4）。[148] 从使徒行传中描述犹太人反对的模式来看，
关于犹太人耶稣是否是弥赛亚基督的类似争论，很可
能在罗马的犹太人中引起了持续的动荡。革老丢敕令
的目的是平息这场影响所有犹太人的动乱，不论他们
是否相信耶稣是基督。

　　鉴于以上四个原因，教外人认为反对基督徒既必
要又正当。与之前出于政治或道德原因，镇压埃及伊
希斯教和酒神教一样，[149] 罗马的地方和区域政府认为
镇压基督教崇拜是维护传统价值观和社会秩序的必要
举措。在第一世纪，中央政府（革老丢和尼禄）只是
间接参与对基督教崇拜的镇压。对革老丢来说，在罗
马犹太人中造成的动乱上，难以辨认出基督教的元素，
而对尼禄来说，基督徒更是罗马大火的替罪羊。

---

　　[148] 关于"克列斯托斯"是谁，有三种可能性：（1）
当地一个名叫"克列斯托斯"的犹太煽动者；（2）"克
列斯托斯"作为当地犹太煽动者的弥赛亚宣称；或（3）
一些犹太人声称耶稣是基督（Christus）。正如恩伯格
（Engberg, *Impulsore Chresto*, pp. 100–102）所指，即使苏
维托尼乌斯或其资料来源将"Christus"误认为"Chrestus"，
上文中的（3）仍很可能是在罗马犹太中引发动荡的原
因。另见 Cook, *Roman Attitudes Toward the Christians*, pp.
15–22。
　　[149] 见上文第 29 页。

神学观点概要

本章先从社会、宗教和政治世界观这三方面，简要介绍了第一世纪的历史背景，以便我们更好地了解早期基督徒所面临的冲突和受逼迫的原因。笔者现在将概述新约作者对谁在逼迫他们，及为何遭遇迫害的神学理解。

四部福音书都保留了耶稣警告门徒会因为与他相连而受逼迫的传统。尽管对观福音保留了耶稣的预言，即逼迫甚至会来自个人的直系亲属，但这情况仅反映于彼得前书对奴隶和妻子的劝告中。他们很可能因信仰而面临来自所属家庭的压力。迫害是来自拒绝福音信息的犹太人和异教徒两方面。

除了启示录的作者外，新约作者大多未有将罗马政府描述为他们的迫害者。反对主要来自个人，然后煽动其他人与自己联合。在路加的描述中，除了希律亚基帕一世（徒 12 章）外，当个人（犹太人或异教徒）或犹太地方政府（公会）指控某些基督徒时，异教地方政府和罗马当局基本上是在履行职责，以维持和平与秩序。[150] 路加不止一次描述，罗马当局在这些基督徒被指控时帮助他们。除了犹太地方政府（犹太宗教

---

[150] 另见 Engberg, *Impulsore Chresto*, p. 89。

领袖），其他地方和区域政府似乎并没有直接敌视基督徒，直到启示录中方出现直接敌视的描述。

从教内人的角度来看，多位新约作者都反映了福音传统，指出信徒为耶稣的名受苦是逼迫的根本原因（如徒 5:41，9:16；腓 1:29；彼前 4:14）。路加在其福音书和使徒行传中的叙述，都清楚强调耶稣和保罗（分别是基督教信仰的创始者和代表性宣扬者）并没有犯任何罪行。[151] 连同门徒和保罗被指控并被带到地方和区域政府面前的叙述，路加将这情景描绘为应验了耶稣在路加福音二十一章 12 与 17 节中的预言。[152] 从约翰福音和使徒行传的角度而言，犹太人施加迫害的主要原因，是基督徒认信和宣扬耶稣是所应许的弥赛亚。路加还铺陈与犹太反对者争执导致逼迫的其他方面：他们宣告（1）耶稣复活；（2）犹太领袖要为耶稣之死负责；及（3）外族人不必受割礼和遵守摩西律法，也可被接纳为神的子民。保罗书信更显示第 3 点乃双方的主要争论点。[153] 总而言之，虽然基督徒从犹太人继承了对弥赛亚盼望、末世论、天启思想和一神论的许多圣经诠释，但诸多争执和迫害却正是由于他

---

[151] Cunningham, *Through Many Tribulations*, pp. 242, 281.

[152] 另见同上，p. 28。

[153] 这可能是由于帖撒罗尼迦前书、加拉太书、罗马书和腓立比书信的环境状况。其他保罗书信提到受迫害，却很少包含有关原因的细节。

们将这些圣经文本挪用到拿撒勒人耶稣身上所触发。[154]

路加也察觉到逼迫的其他动机：犹太人的嫉妒、异教徒的经济损失和部分统治者自私的政治动机。教外人不大可能承认嫉妒和自私这类动机。教内人认为那份因对手成功所生的嫉妒，很可能被教外人视为对祖先传统的热衷，路加也曾就扫罗的情况承认这一点。但教外人很难认同保罗视以往错误的热心是无知的剖白。同样地，彼得前书和提摩太后书认为的"好行为"和"敬虔生活"，在对方眼中，却很可能是坏行为，因而导致迫害。

虽然大多数新约作者将撒但描绘成引诱信徒对神不忠，而敌对之人则属于撒但，但启示录的作者却独一无二地将撒但描绘成各权力组织施加逼迫背后的煽动者和因由。在宇宙争战中撒但被神击败后，他就大举报复，展现为对地上圣徒的迫害。

对新约作者而言，基督徒忠心宣讲福音信息，以及与福音一致的敬虔生活方式，乃是那些拒绝福音信息的人施加逼迫的起因。从教外人的角度看，犹太人和异教徒（时而以暴力）敌对基督徒，并不纯粹因为后者信仰耶稣，而是因为基督徒给社会带来真实或被视为的威胁。

---

[154] 另见 Hare, *Jewish Persecution of Christians*, pp. 8–18。

套用我们当代的说法，导致冲突和逼迫的因素，既复杂又分属多个层面：意识形态冲突、误解、接受基督教信仰和生活方式的负面影响。教外人认为这些表现是对他们珍视的传统价值观和经济繁荣的威胁，以及（据称来自）基督徒的诽谤。在某些例子中，这些冲突升级为社会动荡。教内人认定的神学真理（例如，耶稣是弥赛亚和神的儿子；拒绝崇拜其他神明和皇帝，视之为偶像崇拜；敌对者背后存在邪恶灵界力量），对教外人来说均属极度冒犯（例如，声称凡人耶稣是神圣的，因而亵渎犹太教的神；对作为施恩主的异教神明和皇帝毫不敬虔和感恩；中伤诽谤）。教内和教外的观点对我们了解新约基督徒面对逼迫时的各种回应至关重要。正如我们将在第二章中看到的，部分新约作者在其回应中，似乎觉察到某些教外人的观点。

第2章
当时发生了何事：对逼迫的不同回应

在不少人的印象中，大多数早期基督徒面对逼迫时，都坚定不移地持守信仰。但这符合实情吗？在新约早期基督徒面临逼迫时，究竟发生了何事？本章将探查这些早期基督徒所遭遇的逼迫形式，并检视他们如何以不同方式应对逼迫。

逼迫的不同形式

我们在此有必要再度审视"逼迫"的定义，以便更好研究新约提及构成逼迫的敌对形式。笔者将采用田士臣的定义，[1] 当中包括下列要素：（1）不公行为；
（2）主要基于宗教信仰的敌意；（3）造成伤害（或
意图伤害）；及（4）从受害者的角度。逼迫是反对
者用来遏制基督信仰继续实践和传播的手段。通过剖
析逼迫的形式，笔者也将试图澄清早期基督徒从何时
起遭受官方逼迫。

策略与计谋

　　在使徒行传中，路加记录了犹太和异教反对者对
付早期基督徒的策略。常见的是个别人士煽动其他人
合力反对基督徒。这情况可以有两种形式：（1）影
响有影响力的人（徒 6:12，13:50）；或（2）煽动群
众（徒 6:12，14:2、5、19，16:22，17:5，19:28~29，
21:27），而这可能涉及数量相当的人。这些反对者有
时会与自己同一类人（例如其他犹太人，徒 18:12；
或相关行业的合作伙伴，徒 19:25）或与其他人连手。
讽刺的是，素常不与外族人交往的犹太反对者，竟与
异教徒连手反对基督徒（如徒 14:5，17:5），尤其当
时的早期基督徒传教士（如保罗）也是犹太人。[2] 一

---

[1] 见上文第 3 页。
[2] 另见 Keener, *Acts*, vol. 2, p. 2175；他指出这些犹太
反对者"与偶像崇拜者携手反对一神论的传教士"，此举
极具有讽刺意味。

如我们将在下文看到的，在众多案例中，他们的目标是向执政掌权者指控基督徒，令后者受惩罚或被驱逐。

在耶路撒冷，犹太公会对基督徒的指控包括未经授权宣扬耶稣为弥赛亚及他的复活（徒 4:7，5:28，23:6）、亵渎神和摩西（徒 6:11，21:28b）、玷污或毁坏圣殿（徒 6:13~14，21:28b）。他们的目的显然是压制基督信仰的传播及惩罚那些宣扬这信仰的人（徒 4:17~18，5:28）。

在散居地区中，反对者的目标大多是将外来的基督徒传教士逐出自己城市。他们使用的法律手段，是向地方政府控告基督徒。有时候，反对者会升级行动向区域政府提出指控。在哥林多，犹太反对者就将保罗带到省长迦流面前（徒 18:12）。犹太公会也曾在总督腓力斯面前控告保罗（徒 24:1~9）。基督徒在其他异教地方或区域政府前面对的指控，包括煽动叛乱（徒 16:20，17:6，19:26，24:5）、叛国罪（徒 17:7；参 25:8c）、宣扬违反（罗马）法律（徒 16:21，18:13）和违反与犹太信仰有关的事情（律法、圣殿、复活；徒 18:13，24:6，25:8a、19，26:7~8）。[3]

---

[3] 另见 Schnabel, 'Persecution of Christians', p. 547。笔者不同意席纳博（Schnabel）的看法，所以没有将诽谤他族神明（徒 19:26~27）列为指控之一，因为这并未成为正式的提控（徒 19:38~39）。另见 Darrell L. Bock, *Acts*, BECNT (Grand Rapids: Baker Academic, 2007), p. 610。

在此过程中，其他基督徒也被牵涉在内。帖撒罗尼迦的犹太反对者前往接待保罗和西拉的耶孙家。当他们没有找到保罗等人，就将耶孙和其他一些信徒拉到当地长官那里（徒17:5~6）。同样地，在以弗所，群众找不到保罗，就抓住了他的旅伴该犹和亚里达古（徒19:29）。保罗和同伴最终出于不同原因离开了各个城市，包括自愿（如徒14:6、20，17:10、14）、被请求离开（徒16:39）和被驱逐（徒13:50）。

在使徒行传的叙述中，路加揭露了一些反对者用以达到目的的卑鄙手段。第一，使用假证人。这可以在最初期犹太地区中看到。当时反对司提反的希腊化犹太人安排了假证人，好在犹太公会面前控告他（徒6:11~14）。其次，采用衍生自或偏离原初争论点的政治指控。例如，遭受经济损失的女奴主人指控保罗"传我们罗马人不准接受、不可实行遵守的规例。"（徒16:19~21）。[4] 这可能是因为较难以"财产损失"起诉保罗，因为皮提亚之灵被驱除时，并未涉及身体损伤。因此，他们偏离最初的原委，改以公共罪行替代私人侵害指控保罗。[5] 同样地，帖撒罗尼迦的犹太反

---

[4] 另见 Ben Witherington III, *The Acts of the Apostles: A Socio-Rhetorical Commentary* (Grand Rapids: Eerdmans, 1998), p. 496; 他指出这指控"遮掩了行动的真正原委"。

[5] Keener, *Acts*, vol. 3, pp. 2470–2471.

对者指控保罗"违背凯撒的法令，说另外还有一个王耶稣"；但原初冲突却呈现另一个画面，事件被描述为一场关乎耶稣是否弥赛亚的争论，而反对者的动机则是嫉妒（徒 17:3、7）。在哥林多，犹太反对者共同提出控诉，指保罗"教唆人不按着律法敬拜神"（徒18:13）。这指控的表述有点模棱两可：既可能指犹太法律或罗马法律，但更有可能指犹太反对者希望省长判定保罗所犯的罪行，是宣扬同时违反罗马人和犹太人祖先习俗的新宗教。[6] 尽管如此，省长迦流认为这是犹太人内部对犹太法律的争论，并驳回了此案（徒18:15）。值得注意的是，犹太人的宗教纠纷并不构成罗马官员眼中的刑事罪（徒 18:14~15，25:18~19，26:30~31），但引起骚乱、煽动叛乱和叛国罪却完全符合条件。[7] 因此，难怪这些反对者会将指控加上政治包装，将之定性为公共罪行，将基督徒告上法庭。

同样值得注意的是，路加将犹太反对者描述为多

---

[6] Joseph A. Fitzmyer, *The Acts of the Apostles: A New Translation with Introduction and Commentary*, AB 31 (New York: Doubleday, 1998), p. 629; Schnabel, *Acts*, p. 762; Keener, *Acts*, vol. 3, p. 2768; Harrison, 'Persecution of Christians', p. 296.

[7] Winter, *Divine Honours for the Caesars*, pp. 194–195. 就煽动及叛国罪作为公共罪行，见 Richard A. Bauman, *Crime and Punishment in Ancient Rome* (London: Routledge, 1996), p. 2。

次密谋对付保罗的人，但一切都只是徒劳，而他还记录了保罗本人对此的见证（徒 20:19）。这些阴谋包括对方在希腊反对保罗（徒 20:3），在以哥念苦待他又向他施以石刑（徒 14:5），在大马士革（徒 9:23~24）和犹太地区（徒 23:12~23, 25:3）密谋杀害他。有一次，他们在路司得成功了。当时来自安提阿和以哥念的犹太人煽动群众以石刑对付保罗（徒 14:19）。

官方和非官方的惩罚

在约翰福音中，犹太地方政府被描述为逼迫耶稣门徒的人，威胁要将任何承认耶稣为弥赛亚的人赶出会堂（约 9:22, 12:42, 16:2）。[8] 耶路撒冷内外的犹太会堂具有多种功能：权力机构（政治和司法；类似市议会）、宗教（礼仪和灵性；类似祭礼 / 庙宇）和社会（类似自发协会）。[9] 斯坦博（Stambaugh）和巴

---

[8] 就耶稣时代逐出会堂之历史真确性的论据，见 Bernier, *Aposynagōgos*; Klink, 'Overrealized Expulsion', pp. 175–84。尽管如此，仍很难确定这种驱逐属于暂时，还是永久。

[9] Lee I. Levine, *The Ancient Synagogue: The First Thousand Years*, 2nd edn (New Haven: Yale University Press, 2005), pp. 135–173; Anders Runesson, *The Origins of the Synagogue: A Socio-Historical Study*, CBNTS 37 (Stockholm: Almqvist & Wiksell, 2001), pp. 237–476. 在散居群体中，犹太会堂往往主要具有宗教和社会功能，因为市政权已由市议会掌握。

尔奇（Balch）指出，"犹太会堂有一重要社会功能，就是提供归属感并促进联系"。[10] 因此，被赶出犹太会堂意味着被整个社群——家人、朋友，甚至包括贸易伙伴——所排斥。[11] 在强调群体多于个人的荣辱社会中，这类社群纪律处分极为严厉，也会造成极大的耻辱（参约 12:42~43）。

路加福音也描绘犹太地方政府反对耶稣及其门徒，但他们在使徒行传时代才开始正式逼迫门徒。他们逮捕了使徒，在审讯前先关押他们（徒 4:3, 5:18）。起初，他们只能威胁使徒，无法惩罚他们，因为群众正为彼得医好瘫子而赞美神（徒 4:21）。其后，他们想处死使徒，却被迦玛列劝阻，他们就改为鞭打使徒（徒 5:33~40）。在司提反的审讯中，由于司提反指责他们

[10] John E. Stambaugh and David L. Balch, *The New Testament in Its Social Environment*, LEC 2 (Philadelphia: Westminster, 1986), p. 49.

[11] Andreas J. Köstenberger, *John*, BECNT (Grand Rapids: Baker Academic, 2004), p. 288; Marianne Meye Thompson, *John: A Commentary*, NTL (Louisville: Westminster John Knox, 2015), p. 215. 斯坦博和巴尔奇（Stambaugh and Balch）指出，稍后数世纪的考古和文献证据表明，犹太会堂中的座位以行业为标志（如金属匠、布料制造商），由此各人可以在小区中互相支持。因此，他们认为，于第一世纪中，可能也有类似的功能，而保罗也由此得以与哥林多的帐篷制造商联系。见 Stambaugh and Balch, *New Testament in Its Social Environment*, p. 49。

像其祖先一样——后者有逼迫神先知的历史，这些人就冲上去，将他拖出城外以石刑砸死他（徒 7:51~60）。司提反死后，犹太当局授权让人系统性地逼迫在耶路撒冷的基督徒（徒 8:1）；这主要由扫罗执行，他挨家按户搜捕基督徒，后来更将范围从犹太扩展至大马士革。扫罗囚禁了他们，并威胁要处死他们（徒 8:3，9:1~2，22:3~4）。在叙述的下文中，他亲自作证他如何将这些基督徒带到犹太会堂接受惩罚，并强迫他们否定对耶稣的信仰（徒 26:10~11）。[12] 路加报告了在耶路撒冷发生了两宗逼迫致死的事件：（1）司提反被犹太反对者用石头砸死（徒 7:59~60）；及（2）约翰的兄弟雅各被希律用刀杀了（徒 12:1~2）。[13]

就散居犹太人的情况，路加描述了个人和团体反对者向基督徒施加的身体及语言暴力。身体暴力包括殴打（徒 18:17，21:30、32）[14] 和以石头砸死（徒 14:19），而这些经常与暴徒行为有关。言语暴力主要

---

[12] 在使徒二十六章 11 节中，路加让保罗以回顾角度指出否认耶稣为弥赛亚乃是"亵渎的话"，见 Schnabel, *Acts*, p. 1007。

[13] 由于希律是罗马的附庸国君，他可以使用罗马官方的方式以剑处决。见下文注 28。

[14] 就在使徒行传十八章 17 节中所提尼的身份，见上文第一章注 77。假如这位所提尼是基督徒，或者跟哥林多前书一章 1 节提及的为同一人，这次殴打就是不公和残忍的对待，相当于逼迫。

涉及"诽谤"或其他"辱骂性语言"（blasphēmeō；徒13:45，18:6）。保罗自己在书信中的见证（林前4:11，林后6:5、8~9，11:25），证实了路加对这些官方与非官方不同形式逼迫的说法。

鞭笞和石刑这些刑罚方式，与犹太地方政府有关。彼得森（Peterson）指出，"犹太公会或会堂官员下令鞭笞是对违法者的严重惩罚"（参徒22:19；林后11:24）。[15] 用石头砸死是摩西律法就多项罪行所规定的死刑，其中包括亵渎（利24:14、16），而这解释了为什么犹太反对者会用石头打司提反和保罗。然而，石刑并非罗马正式的刑罚。尽管罗马法律收紧了犹太地方政府处决罪犯的权限（参约18:31），但并不能阻止无视法律的人（犹太人或希腊人）这样做。[16] 因此，用石头砸死是一种暴徒行为，也许犹太人会自我辩解为合法行为，却不是罗马官方认可的惩罚方式。[17]

---

[15] David Peterson, *The Acts of the Apostles*, PNTC (Grand Rapids: Eerdmans, 2009), p. 227.

[16] Schnabel, *Acts*, p. 391; Keener, *Acts*, vol. 2 p. 1453. 就石刑作为刑罚的犹太背景，及希罗历史资料中以石刑为暴徒行为，见 Keener, *Acts*, vol. 2, pp. 1453–1455。

[17] 马修斯（Matthews）认为，路加以"卑劣"形容犹太地方政府的司法系统，虽然其看似遵循程序，却接纳假证人作供，并在司法聆讯过程中，失控而造成暴徒杀害司提反。Shelly Matthews, 'The Need for the Stoning of Stephen', in *Violence in the New Testament* (New York: T&T

地方政府获权以（公开）殴打惩罚导致社会动荡的不当行为，有时会在殴打前剥去被告衣服（徒16:22~23，22:24~25），以及在等候聆讯时监禁（徒16:24）相关人士。[18] 在帖撒罗尼迦，地方政府让耶孙和其他当地信徒支付押金，然后才放走他们。由于主家要为客人的行为负责，耶孙也为保罗和西拉斯支付这笔押金，保证他们不会引起进一步骚乱或会离开那城。[19]

除了使徒行传外，希伯来书、彼得前书和启示录都提到早期基督徒因信仰而面临类似形式的言语和身体暴力。希伯来书十章32~34节提到，收信人还遭受公开谴责和苦难、监禁、没收财产等形式的苦难。然而，希伯来书作者也指出，没有人因逼迫而死（来12:4）。"公开谴责"（*oneidismos*）是古希罗时期

Clark, 2005), pp. 124–139。然而，席纳博却主张，公会允许暴徒接管，因为他们认为司提反理当因亵渎神受石刑而死。Schnabel, *Acts*, pp. 390–391。

[18] 就等候审讯时的关押，见 Bauman, *Crime and Punishment*, p. 11。就裁判官给予违反公共秩序者的处分，见 Christian Gizewski, 'Coercitio', in Hubert Cancik and Helmuth Schneider (eds.), *Brill's New Pauly* (Leiden: Brill, 2006), vol. 3, pp. 508–509。

[19] 这也可解释信徒为何当晚就送保罗和西拉离开（徒17:10），而保罗则认为他并非自愿离开帖撒罗尼迦（参帖前2:17）。见 Schnabel, *Acts*, p. 709, n. 20。

一种羞辱受责者的形式，[20] 目的是迫使受辱者再度遵循主导群体的价值观，并阻吓其他人偏离。[21] 虽然监禁是官方惩罚形式，但文本并未清楚表明这公开谴责和扣押财产，是否仅限于官方（在当局面前谴责和没收）形式的逼迫，或是属非官方（在公共场所辱骂和抢劫）形式，还是两者皆有。[22] 他们部分人当时仍然被监禁和苦待（来 13:3）。与使徒行传一样，官方形式的惩罚不一定等于官方逼迫。因此，尽管希伯来书清楚地表明基督徒面临某种逼迫——至少属于来自非官方的，却不清楚是否包括官方逼迫。

彼得前书的受众遭受言论攻击，并很可能要于政

[20]　Craig R. Koester, *Hebrews: A New Translation with Introduction and Commentary*, AB 36 (New York: Doubleday, 2001), p. 459; Luke T. Johnson, *Hebrews: A Commentary*, NTL, (Louisville: Westminster John Knox, 2012), p. 269.

[21]　David A. deSilva, *Honor, Patronage, Kinship and Purity: Unlocking New Testament Culture* (Downers Grove: InterVarsity Press, 2000), pp. 35–36.

[22]　关于不同的公开责备，就于掌权者面前被谴责，见徒 16:19~21，就于公共场合中被辱骂，见徒 13:44~45。另　见 Koester, *Hebrews*, p. 460; Johnson, *Hebrews*, pp. 270–271。有关充公财物作公共罪行的罗马官方刑罚，见 Lesley Adkins and Roy Adkins, *Handbook to Life in Ancient Rome*, updated edn (New York: Facts on File, 2004), p. 391。笔者不同意温特（Winter, *Divine Honours for the Caesars*, p. 267）的看法，他理解这一切均属官方刑罚。

府当局前面对指控。[23] 他们受到侮辱（彼前 4:14）和诽谤（彼前 2:12、15，3:9、16，4:4），并因"行善"而受苦（彼前 2:20，3:14）。基督徒妻子可能会被不信的丈夫视为不顺服，并在这些紧张的处境中惶恐不安（彼前 3:1~6）。[24] 总言之，这些基督徒充满恐惧，并受威吓（彼前 3:14）。在被问及基督徒盼望的缘由上，他们更要随时准备"答辩"（apologia），而这可能包括官方法庭聆讯或非官方场合（彼前 3:15）。[25] 然而，对于要因作"基督徒"（彼前 4:16）而受苦，是否意味着"基督徒"这名称一如在二世纪初那样，相当于刑事罪，众学者就意见不一。[26] 故此，彼得前书同样清楚地交代了非官方形式的逼迫，但对官方形式的逼迫则并不甚明确。

在启示录中，约翰形容自己由于为基督作见证，

---

[23] 威廉斯（Williams, *Persecution in 1 Peter*, pp. 322–326）还提出一些猜测性的逼迫形式（例如经济压迫、社会排斥和心灵痛苦）。但是，由于文本没有明确提及这些内容，笔者就不会列入讨论之中。

[24] 另见 John H. Elliott, *1 Peter: A New Translation with Introduction and Commentary*, AB 37B (New York: Double-day, 2000), p. 574; Jobes, *1 Peter*, p. 203。

[25] Achtemeier, *1 Peter*, p. 231; Williams, *Persecution in 1 Peter*, pp. 309–316. 基于更广阔的历史背景及使徒行传的记载，艾略特（Elliott）似乎无需把官方法庭聆讯排除在外。见 Elliott, *1 Peter*, p. 627。

[26] 见上文第一章注 30。

在拔摩岛上受苦（启 1:9）。他被流放当地，很可能
是官方的惩罚形式。[27] 他还描述基督徒不仅遭受诽谤
等的语言攻击（启 2:9），及监禁（启 2:10）等的肉
体折磨，而且还面对迫在眉睫的死亡威胁（启 2:11；
参 13:15）。他们被迫放弃他们的信仰（启 2:13，3:8），
安提帕等基督徒已经为信仰而死（启 2:13；参 6:9~11，
17:6，18:24，20:4)。约翰在预示其他基督徒将因信仰
被杀（启 11:7，13:10、15）之际，也清楚预示信徒将
因拒绝参与帝王崇拜，面临于启示录十三章 10 节（被
刀杀）和二十章 4 节（斩首）中记述的官方逼迫形式（启
13:15）。用剑斩首则是罗马人对严重公共罪行施以极
刑的官方形式之一。[28]

众多学者仍在争论，于启示录写作期间，官方曾
否系统地逼迫基督徒。[29] 早期教父声称在一世纪末至

---

[27]　众多学者对约翰是否被流放有所争论。相关讨论的
详情，见 David E. Aune, *Revelation 1–5*, WBC 52A (Dallas:
Word, 1997), pp. 77–80; Koester, *Revelation*, pp. 242–243。

[28]　Adkins and Adkins, *Life in Ancient Rome*, p. 391.

[29]　众学者经常凭借以下因素判定启示录的写作日期：
（1）早期教会教父的评论（例如亚历山大的克莱门、爱
任纽、优西比乌）；或（2）试图将异象的某些细节（例如，
启 11:1~2 中测量圣殿；13:3 中从致命伤中复活；13:18
中兽的数字；17:10~11 中兽头的描述）跟尼禄和哈德良
（Hadrian）统治期间的具体事件联系起来。就相关的诠释
历史，参 Koester, *Revelation*, pp. 71–79。然而，以上所有
的解释都各具缺点。科斯特（Koester, *Revelation*, p. 79）

二世纪初，皇帝颁令官方广泛逼迫信徒，却并未有其他较早期的确证来源。[30] 但值得注意的是，根据我们对历史背景的考察，启示录第十三章并没有描述海兽要求人民敬拜，反而将民众描述为敬拜皇帝的人群（启 13:8），而区域或地方政府则是鼓吹和执行帝王崇拜的源头（启 13:12~15）。因此，启示录十三章中的异象可能反映了基督徒在一世纪末面临的来自地区或地方政府的现有或迫在眉睫的威胁，他们可能会因不参与帝王崇拜而偶尔遭当局实施官方形式的惩罚，例如处决（如启 2:13 提及的安提帕）。[31] 鉴于天启文学的预言性质，以及约翰自称为先知（参启 1:3，

正确指出，"帝王崇拜只是启示录处理的问题之一。这书卷还讨论关于调适希罗宗教习俗的争议和因财富自满的现象 —— 这些问题可能在不同时期出现。另一个问题……是启示录的意象很能激发联想。撒但的宝座和兽的意象无法让人与特定人物或结构一对一地关联起来。"因此，科斯特（同上，p. 79）主张这书卷可能在第一世纪最后数十年（公元 80–100 年）内写成，反映了"持续的社会模式"而非"特定事件"。

[30] Harrison, 'Persecution of Christians', pp. 298–299.

[31] 另见 Smith, 'Book of Revelation', p. 353。少数学者主张安提帕被公开处决，见 Aune, *Revelation 1–5*, p. 178; Brian K. Blount, *Revelation: A Commentary*, NTL (Louisville: Westminster John Knox, 2009), pp. 56–57。介词 *para* 的与格具有空间距隔紧密的意思；所以安提帕 *apektanthē par' hymin* "在你面前被杀"（即"在你视线内"）。

22:9)，[32] 所以即使在那时代没有系统和大规模的官方逼迫，他仍可以预料到以上情况将不日发生，而这确实在第二和第三世纪以零星但强烈的方式爆发，并最终在戴克里先皇帝时期（Emperor Diocletian，公元303–312 年）发展为广泛的逼迫。

从以上我们观察到，在使徒行传中，路加描绘了在犹太地和散居社群中一段相当长的时期内，来自犹太个人和地方政府有系统而持续的敌对表现。个别异教徒也有零星的反对行为。他们对基督徒采取的行动是不公的，并且往往既卑鄙又残忍，目的是对基督徒造成身体伤害。这敌对情况源于基督徒的信仰实践和宣告。按照上文所下的定义，这一切显然都构成了逼迫。

异教徒地方或区域政府对保罗和其他早期基督徒判处官方惩罚，是因为后者引起骚乱，而非直接由于其基督信仰或宣言。虽然路加没有将异教徒政权描述为逼迫基督徒，但他记述某些地方和区域政府滥用权力的情况：（1）在审判之前惩罚被告（徒 16:22，22:24~25）；[33]（2）在审判中对被告进行身体上的攻

---

[32] 另见 Beale, *Revelation*, pp. 35–36。

[33] 虽然罗马公民（例如保罗）受到保护，免受武断的身体惩罚，非公民却没有这项权利。Tristan S. Taylor, 'Social Status, Legal Status and Legal Privilege', in Paul J. du Plessis, Ando Clifford and Tuori Kaius (eds.), *The Oxford Handbook of Roman Law and Society* (Oxford: Oxford University Press, 2016), p. 350.

击（徒 23:1~3）；[34] 和（3）非法监禁被告以谋取私利（徒
24:26~27）。不论宗教信仰和习俗为何，这些滥权行
为也会发生在其他人身上，但在以上方面，基督徒确
实遭受到不公待遇。

虽然早期的基督徒很明显面临非官方的逼迫，但
疑问仍然存在：可有官方的逼迫？从新约作者的角度来
看，答案颇为复杂。在约翰福音和使徒行传时代的初期，
官方逼迫来自犹太当局，而希律（亚基帕王）则是唯
一逼迫早期基督徒的外族地方政府。在使徒行传中，
其他地方政府对基督徒进行惩罚，不是因为其信仰，
而是因为他们造成社会动荡。因此，路加在使徒行传
中并没有指明出现了异教徒政权的官方逼迫。希伯来
书和彼得前书的文本对官方逼迫则不甚清楚。尽管如此，
启示录描述了基督徒拒绝参加帝王崇拜所面对的官方惩
罚形式，而根据我们的定义，这就构成了官方逼迫。

不尽相同的基督徒回应

现在我们要检视新约作者笔下基督徒的各种回应
及其评论。在某些方面，这不同于他们如何勉励受众

---

[34] 有关亚拿尼亚和其他大祭司腐败和滥用权力的各种
犹太历史参考数据，见 Keener, *Acts*, vol. 3, pp. 3268–3270.

按所期待的方式回应逼迫。我们将于本章中主要关注前者，于第三章关注后者。

抵抗与坚持

路加在使徒行传中描绘了信徒对逼迫的各种回应。首先，使徒明白他们为基督受苦是作门徒的必然部分。在三重传统中，耶稣曾说过他的门徒必须"背起十字架跟从他"（可 8:34 ∥ 太 16:24 ∥ 路 9:23）。[35] 在双重传统中，那些不愿背起自己十字架跟随他的人不"能"（dynamai；加 14:27）或"配"（axios；太 10:38）成为他的门徒。因此，众使徒满心欢喜，因为"他们被算是配"（katēxiōthēsan）为耶稣的名"受辱"（徒 5:41）。[36] 不少学者注意到这里的矛盾：因为基督而受辱是一种荣幸。[37] 在路司得、以哥念和安提阿，

---

[35] 路加福音九章 23 节对"每天"（kath'hēmeran）背起十字架的描述是独一无二的。甘宁翰（Cunningham, Through Many Tribulations, p. 87）指出，这可能意味路加要强调"蒙受逼迫是门徒身份不可分割的一部分"。

[36] 虽然路加福音十四章 27 节没有使用"配得"（axios）这字词，但可能仍是众门徒非常熟悉的传统，并因而反映在使徒行传五章 41 节之中。有趣的是，此处用上被动语态（katēxiōthēsan），却没有表明施事者。那认为他们配得上的，可以是其他门徒，又或更重要的，可以是神。

[37] 见例子如 Barrett, Acts, vol. 1, p. 300; Bock, Acts, p. 252; Schnabel, Acts, p. 319.

保罗和巴拿巴告诉门徒："我们进入神的国，必须经历许多苦难。"（徒 14:22）。

在升天之前，复活的耶稣差派门徒，在他们接受了圣灵并获得能力后，到世界的尽头作他的见证人（徒1:7；参 4:33）。因此，路加毫不意外地将彼得、众门徒、司提反和保罗描述为"被圣灵充满"，即使遭受逼迫仍大胆宣讲耶稣（徒 4:8、13、31，7:5、8、55~56，9:17~22、28，13:45~46，14:3；参 5:42）。当门徒听到这些逼迫，就祈求力量与拯救（5:24~31，12:5）。他们也将逼迫理解为应验了圣经的预言（如徒 5:25~28中的诗 2:1~2）。

因为他们对复活耶稣的经历是真实的，所以众使徒不能违背神的差派，也不能遏止自己为耶稣作见证（徒 4:20，5:30~32；参 9:1~6、15~17，26:15~19）。彼得和使徒两次声称他们只服从神、不会服从"人"，即敌对的掌权者（徒 4:19，5:29）。路加生动地描绘了保罗对遭受逼迫之苦的见证，以及他不顾逼迫坚持作证的经历。保罗告诉以弗所的长老：

> ［我］怎样服事主，凡事谦卑，常常流泪，忍受犹太人谋害的试炼……［我］只知道在各城里圣灵都向我指明，说有捆锁和患难在等着我。但我并不珍惜自己的性命，只求跑完我的路程，完成我从主耶稣

所领受的职分，为神恩惠的福音作见证。

（徒20:19、23~24）[38]

通过以上内容，路加表明保罗将完成神的使命置于保存自己性命之前。保罗在亚基帕王面前作证时，同样的信念再次出现；他宣称，尽管结果是遭受逼迫，他却没有"违背这从天上来的异象"为耶稣作见证，（徒 26:19~21）。保罗不仅愿意被拘禁，他甚至愿意为主而死（徒 21:13）。

其次，按照耶稣在福音传统中的指示（路 21:12~13；参可 13:9 // 太 10:18），众使徒抓紧机会在地方和区域政府的审讯中为耶稣作见证。彼得、众使徒、司提反和保罗在犹太公会前为耶稣作见证（徒 4:8~12，5:29~32，7:1~53，23:1~9），而保罗也在腓力斯和非斯都两位总督，以及亚基帕王前作见证（徒 24:10~21，25:6~7，26:1~23）。在路加福音二十一章 14～15 节中，耶稣指示门徒不要预先考虑怎样就指控申辩，因为他自己会给门徒"口才、智慧 [sophia]，是你们所有的敌人不能抵抗 [antistēnai]，也不能驳

---

[38] 我们有足够的证据表明，使徒行传中的演讲，虽然不是逐字逐句，但基本上反映了讲者所说的内容。对于这立场的广泛讨论和论证，见 'Speeches in Acts' in Keener, *Acts*, vol. 1, pp. 258–319。

倒的。"。[39] 从这个传统发展开来，路加在使徒行传中展示了这应许如何在彼得、司提反和保罗身上实现。犹太公会成员惊讶彼得竟能如此勇敢说话，而且他们"无话可驳"，因为无法否认治愈瘫痪者的神迹（徒4:13~14）。

事实上，彼得在犹太公会前的答辩显示出惊人的智慧。基纳指出，彼得的答辩展示了反讽的修辞技巧。[40] 讽刺的是，彼得和约翰因给予恩助（治愈瘫痪者）而受指控（徒4:9）。正如基纳所指出的，"一个人的善行……理应使证据的比重有利于发言者的正面品格，从而反映那人的清白"。[41] 施恩主应该被尊重，而在互惠文化中不如此履行，是不可接受和可耻的。[42] 说施恩主的坏话或损害对方就更不堪。因此，彼得很快将焦点转移到耶稣之上，点明耶稣是控诉者（公会

---

[39] 马可和马太彼此相似，但两者跟路加的不同之处在于勉励门徒不要"事先焦虑"（promerimnaō；可13:19）或"焦虑"（merimnaō；太10:19），并且强调圣灵（可13:11）或天父的灵（太10:20）将会在法庭上通过门徒说话。马可和马太的文本也没有字句点明获赐话语的后果。然而，彼得和司提反在法庭上发言时，路加仍然描述为圣灵赋予他们能力（徒4:8，6:10），因此所发生的一切与马可和马太传统没有太大区别。

[40] Keener, *Acts*, vol. 2, pp. 1145–1148. 相关一手史料的参考来源，请看内中的细节。

[41] 同上，p. 1145。

[42] Schnabel, *Acts*, p. 239.

成员）杀害的施恩主（徒 4:10）。[43] 这逆转的局面使他们不知所措，因而无法惩罚彼得和约翰（徒 4:16、21）。像彼得这样"没有学问"（agrammatos）和"未受过训练"（idiōtēs）的发言者，怎会晓得运用享有盛名的修辞技巧，作出如此有效而明智的答辩（参徒 4:13a）？[44] 难怪当局会大感惊讶（徒 4:13b），而这正是重点所在。这表现必然是被圣灵充满的结果（徒 4:8），应验了耶稣在福音传统中的应许。

这也应验于司提反在犹太公会前的聆讯上。他"靠着圣灵和智慧 [antistēnai tē sophia] 说话，他们 [译注：他的敌对者] 就抵挡不住"（徒 6:9~10）。根据耶稣的教导和榜样（参太 5:44；路 6:28，23:34），[45] 司提

---

[43]　见同上。

[44]　就 agrammatos 解作"未受过教育"、idiōtēs 解作"未受过训练"，也就是非专业之意，见 Barrett, Acts, vol. 1, p. 233; Bock, Acts, p. 195。

[45]　好些重要古抄本（𝔓75 ℵ¹ B D* W Θ）在路加福音二十三章 34 节中并没有耶稣的祈祷。然而大多数学者有充分的内证与外证（其他抄本见证）判定原稿包含这片断。见例子如 Darrell L. Bock, Luke, 2 vols., BECNT (Grand Rapids: Baker, 1994), vol. 2, pp. 1867–1868; François Bovon, Luke, tr. James E. Crouch, 3 vols., Hermeneia (Minneapolis: Fortress, 2002), vol. 3, pp. 306–307; David E. Garland, Luke, ZECNT (Grand Rapids: Zondervan, 2012), pp. 921–922; John T. Carroll, Luke: A Commentary, NTL (Louisville: Westminster John Knox, 2012), p. 466。多名学者留意到耶稣与司提反之间多项平行叙述，包括 Witherington, Acts, p. 253; Keener, Acts, vol. 2, pp. 1294–1295。

反在死前为逼迫他的人祈祷，以免神追究对方用石头砸死他的罪责（徒 7:60）。[46]

保罗在法庭上的答辩也显示出智慧。他请求罗马指挥官给他机会，让他在耶路撒冷反驳群众的指控（徒 21:39）。他选择用亚兰语（巴勒斯坦犹太人的贴心语言）说话，[47] 好使他们更愿意聆听，而从对方安静下来这反应中可以看到效果（徒 21:40~22:2）。他分享了自己以前如何逼迫真道，以得到他们的认同（徒 22:3~5）。然而，他也利用这一点解释他为什么改变以前的信念，以便在他们面前为耶稣作见证（徒 22:6~21）。在犹太公会前，他聚焦撒都该人和法利赛人在复活教义上的差异，致使法利赛人站在他的那边（徒 23:6~9）。在腓力斯和非斯都面前，保罗为自己的清白辩护，并试图证明原告的指控毫无根据（徒 24:10~21，25:8~12）。犹太原告也无法证明他们对保罗的指控属实（徒 25:7）。保罗在亚基帕王面前，善用亚基帕熟悉犹太人的习俗和争议，向他解释福音（徒

---

[46] 另见 Keener, *Acts*, vol. 2, pp. 1461–1462; Schnabel, *Acts*, pp. 392–393；他们认定 *tautēn tēn hamartian* "这罪"，乃是向司提反施行不公的极刑。

[47] 在徒 21:40 中，*hebrais dialektos* "希伯来方言"可意指亚兰语或希伯来语。见 Schnabel, *Acts*, p. 898。然而，保罗在此较有可能使用亚兰语，就是比希伯来语更常用的口语。另见 Barrett, *Acts*, vol. 2, p. 1027; Bock, *Acts*, p. 658。

26:2~29）。亚基帕显然觉察到保罗正努力向他作见证
（徒 26:28）。

值得注意的是，保罗两次在地方政府面前行使罗
马公民的权利，每次都以略有不同的方式，展示出他
面对不同情况的智慧。在腓立比的首个例子中，他
是在被殴打后第二天才提到自己罗马公民身份（徒
16:37）。然而，在耶路撒冷的第二个例子中，在百
夫长即将鞭打他之前，保罗就立即表明公民身份（徒
22:25）。基纳指出，未经审判就惩罚罗马公民是刑事
罪行。因此，在第一宗事件中，官长已滥用职权，也
因此感到害怕（徒 16:38），因为假如保罗将此事提
请罗马高级官员注意，他们大有机会被免职。[48] 在这
情况下，保罗就占了上风，可以确保自己和西拉获释。[49]
正如基纳指出的，"形势已经逆转"——地方裁判官
试图安抚他们并恳求他们离开（徒 16:39）。保罗和
西拉因公开殴打和监禁而受辱，这必对其基督教宣教
工作造成严重负面影响。因此，地方裁判官公开承认
曾侵害其罗马公民的权利，将让两位宣教士重拾一些
尊严。[50] 在第二个例子中，保罗为何直接表明其公民
权利？这或许由于罗马鞭刑造成的伤害，比地方裁判

---

[48] Keener, *Acts*, vol. 3, pp. 2517, 2527–2529.

[49] 同上，p. 3248。

[50] 同上，pp. 2526, 2529–2530。

官用的棍棒殴打严重得多，甚至可能致命。[51] 正如基纳所说，保罗很可能

> 已经学会了将草率官员（他们通常假设犹太人不是罗马公民）置于尴尬局面的价值（16:37~39）……保罗将自己的身份信息以外交方式表达为一道问题，没有正面挑战百夫长的身份地位……比起直接要求，他以对话方式将更容易获得对方善待。[52]

基纳对这两个例子的分析和推论清晰合理，显示出保罗行使公民所享有的公平审讯权利的智慧，让他取得优势。

第三，按照马太福音十章 23 节中的福音传统，门徒从受逼迫之处逃到其他地方，无论他们走到哪里，都为基督作见证（徒 8:2、4，12:17）。保罗和同伴也这样行（徒 9:23~25、29~30，13:50~51，14:6、20，17:10、14~15）。通过保罗的见证，路加透露

---

[51] 见 Fitzmyer, *Acts*, p. 711，他指出类似的罗马鞭具（拉丁文：*flagrum*），不仅能够撕开皮肉，还足以打断骨头。罗马鞭具上的皮条织入金属碎片或骨块，能轻易撕开受刑者的皮肉，造成令人残障或致命的伤害（*Digesta* 48.19.8.3; *Martyrdom of Polycarp* 2.1）（Keener, *Acts*, vol. 3, pp. 3247–3248）。

[52] Keener, *Acts*, vol. 3, pp. 3249–3250.

耶稣曾于不久前指示保罗逃离耶路撒冷的逼迫（徒22:17~18；参9:26~30）。当保罗因对方排斥而不得不离开某个城市，就会跺掉脚上（徒13:51）或抖掉衣服上尘土（徒18:6）的做法，也反映出福音传统（可6:11 // 太10:14 // 路9:5）。从使用背景来看，这行为象征那些拒绝福音信息的人，需为自己将因此受审判而负责（太10:15；参见徒18:6b）。[53] 尽管如此，有时保罗在逼迫下仍然留下来，例如在哥林多和以弗所（徒18:11，19:10）。在哥林多的那一次，是因为主在异象中向保罗保证了他的安全，而且在那座城"有许多属［主］的人"，这意味着很多人会通过保罗继续在那里作工而信主（徒18:9~10）。[54] 保罗一方面回避到马其顿，因为知道有针对他的阴谋（徒20:3）；另

---

[53] 根据罗杰斯（Rogers）的说法，"跺掉脚上尘土"这习俗需在好客文化背景下解读 —— 不好客被视为应受惩罚的罪行。"沾满尘土"的脚意味着主人没有提供清水让陌生人洗脚，相当于不热情好客。当某城镇拒绝接待福音使者，就相当于拒绝其信息。因此，"跺掉脚上尘土"是对拒绝福音信息这种冷待的抗议，不殷勤待客的主家极可能面对审判。参 T. J. Rogers, "Shaking the Dust off the Markan Mission Discourse", *JSNT* 27.2 (2004), pp. 169–192。"抖动衣服"则可能暗指尼希米记五章13节所记载的习俗，象征着对违反圣约的惩罚。因此，犹太人对福音信息的拒绝就相当于类似的违约表现，要为招致神审判而负责。另见 Bock, *Acts*, pp. 466, 579。

[54] Schnabel, *Acts*, pp. 760–761.

一方面，尽管得悉耶路撒冷正有逼迫等待着他，但他还是去了（徒 21:10~14）。这两者似乎互相矛盾，却又可能同时反映保罗确信自己应该前往耶路撒冷（徒 19:21，20:3）。因此，他首先避开了马其顿，以免危及耶路撒冷之行。在第二次中，他继续前进，因为他确信自己无论如何也应该在耶路撒冷。同样地，当保罗知悉有人密谋要杀自己，他就精心安排将此事汇报罗马指挥官（徒 23:16~22），因为他知道那不是他殉道的时候。这可能是因为保罗在早前看到的异象中，耶稣指示他要在罗马作见证（徒 23:11）。

第四，与耶稣在福音传统中所作的相似（可 12:9~11 // 太 21:42 // 路 20:17），路加描绘彼得和司提反因犹太逼迫者拒绝耶稣为弥赛亚，同样运用圣经指斥他们（徒 4:11，7:39~51）。[55] 事实上，彼得引用了耶稣曾用过的同一段经文（参诗 118:22），以表明神早已预言警告过这样的拒绝。[56] 路加还描绘门徒从

---

[55] 保罗在使徒行传二十八章 25~27 节中，也引用了以赛亚书六章 9~10 节的话，以此反驳罗马的犹太人，因对方拒绝了他所传讲关于耶稣的信息。这与耶稣出于同一目的，与使用以赛亚书同一段落的福音传统一致（可 4:12 // 太 13:13~14 // 路 8:10；参约 12:40）。然而，路加并没有将罗马城不信的犹太人描绘成逼害保罗的人。

[56] 另见 I. Howard Marshall, 'Acts', in G. K. Beale and D. A. Carson (eds.), *Commentary on the New Testament Use of the Old Testament* (Grand Rapids: Baker Academic, 2007), p. 551。

圣经证明耶稣确实是所应许的弥赛亚（如徒 2:16~36，3:12~26，17:2~6，26:22~23）。虽然这是为了说服一般受众，但也同时为了回应反对者（如徒 18:28）。

使徒行传反映了基督徒在逼迫下的各式回应，显示他们面对妥协压力时的坚持抵抗，以及即使饱受逼迫，仍然流露的韧性和忍耐。接下来，我们将看看保罗书信、彼得前书和启示录所反映的类似回应。

在帖撒罗尼迦前书中，保罗赞扬了收信人，他们尽管面临逼迫，仍坚持信仰。他们的坚忍是"因盼望我们主耶稣基督"而产生的（帖前 1:3）。尽管受到严重逼迫，他们仍效法保罗、西拉和提摩太，"带着圣灵的喜乐"（帖前 1:6）。帖撒罗尼迦的基督徒已经"离弃偶像归向神，要服事这位又真又活的神"（帖前 1:9），这将意味着他们退出所有与异教崇拜有关的活动，并忍受由此产生的逼迫。[57] 不仅如此，他们还积极分享福音信息（帖前 1:8）。[58] 他们的正面榜样为其他地区

---

[57]　见上文第 71–72 页和 Jeffrey A. D. Weima, *1–2 Thessalonians*, BECNT (Grand Rapids: Baker Academic, 2014), p. 108，他于其中解释这行为在什么情况下可能招致逼迫。

[58]　*Ho logos tou kyriou* "主的道"涵盖福音信息及相关教导（参徒 8:25；13:44、49，15:36 等）。在部分使徒行传抄本的不同读文中，与 *ho logos tou theou*（"神的道"）交替使用。另见 M. Eugene Boring, *I & II Thessalonians: A Commentary*, NTL (Louisville: Westminster John Knox, 2015), p. 68; Weima, *1–2 Thessalonians*, pp. 105–106; Shogren, *1 and 2 Thessalonians*, pp. 70–71。

的信徒树立了榜样，例如马其顿和亚该亚（帖前 1:7）。事实上，保罗后来向哥林多人作证，即使经历严峻考验，马其顿的基督徒也充满喜乐（林后 8:1~2）。[59] 保罗建立的众教会所表现出的这份喜乐，与耶路撒冷使徒的喜乐相似（徒 5:41）。

由于保罗担心帖撒罗尼迦的基督徒可能因逼迫而放弃信仰，他差派提摩太从雅典到帖撒罗尼迦劝勉他们坚忍（帖前 3:2~5）。随后，提摩太对帖撒罗尼迦人坚守信心爱心的美好报告，给身处逼迫而承受痛苦煎熬的保罗，带来了莫大的鼓舞和确证（帖前 3:6~7），[60] 以至于他甚至在其他教会前，为帖撒罗尼迦人于逼迫下仍在信仰上成长而自豪（帖后 1:3~5）。

保罗不止一次宣称：（1）为基督受逼迫是预定的，因此任何信徒都不可避免（腓 1:29；帖前 3:3~4；提后 3:12）；及（2）他不以自己为基督受苦为耻（腓 1:20；提后 1:12）。因此，他书信的收件人不仅见证了保罗为基督受苦，也与他一同受苦（参林前 1:7；腓 1:30；帖前 1:6）。

------

[59] 虽然 *thlipsis* "试炼" 可表示范围广泛的苦难，包括逼迫和基督教宣教工作中其他困难，但其中肯定包括逼迫（参徒 16:16 ~ 17:15）。另见 Thrall, *Second Epistle of the Corinthians*, vol. 2, p. 522; Guthrie, *2 Corinthians*, p. 394。

[60] 另见 Shogren, *1 and 2 Thessalonians*, p. 140; Boring, *I & II Thessalonians*, p. 122。

保罗经常提到尽管面临逼迫，他仍坚持宣讲福音。他告诉帖撒罗尼迦人，他和西拉如何勇敢地向对方宣讲福音信息，尽管他俩先前在腓立比经历了苦难和羞辱（帖前 2:2~6；参徒 16:19~40）。[61] 保罗提醒提摩太自己在加拉太（比西底的安提阿、以哥念、路司得等地方）所面临的逼迫（提后 3:11）。他告诉哥林多人自己在亚西亚遭受的逼迫（林后 1:8a）。其中的苦难大大超出他的承受能力，以至他觉得自己快要丧命（林后 1:8b~9）。然而，他将这些痛苦的经历理解为神教导他的途径，让他不依靠自己，反要依靠神（林后 1:9）。事实上，他将神支撑他的力量比作"宝贝放在瓦器里"，以表明"这极大的能力是属于神，不是出于我们。我们虽然四面受压，却没有压碎；心里作难，却不至绝望，受到迫害，却没有被丢弃；打倒了，却不至死亡。"（林后 4:7~9）。因此，他甚至"喜欢"（eudokeō）这些苦难，表示神的恩典够他软弱时所用。唯有在软弱时，他才会因神的恩典变得刚强（林后 12:9~10）。

---

[61] 尽管面对逼迫，保罗的传教努力显示了他的正直操守。如果他有不可告人的动机（如贪婪），是不会愿意受逼迫的。另见 Thomas R. Schreiner, *Paul, Apostle of God's Glory in Christ: A Pauline Theology*, 2nd edn (Downers Grove: IVP Academic, 2020), pp. 86–87, 内文提到与其他贪婪巡回传教士相比，作者注意到保罗的正直，而后者则诉诸欺骗和奉承，以便从受众身上获利。

保罗公开表达他在苦难中的情绪："似乎**忧愁**，却是常常**喜乐**的"（林后 6:10《环》）。他指出，"我们从前到了马其顿的时候，身体一点安宁也没有，反而处处遭受患难，外面有争战，里面有**恐惧**。"（林后 7:5）。尽管如此，提多和他所带来的好消息，就是哥林多人对保罗深切关注，让他感到安慰（林后 7:6~7）。

林氏恰切总结了保罗在哥林多后书中如何看待他个人的苦难，尤其是四章 7~10 节：

> 保罗在谈到他受苦的实况时，并没有把困厄的影响缩减到最小，也没有暗示神的大能取消了加在他身上的困厄……〔在 4:8~9〕这四组对比并不在于突出保罗的美好品德、他在逆境中的自足或坚定勇气，甚或在困难中的忍耐。这些也不单单是展示神将保罗从困厄中拯救出来的大能。神的大能不是神的能力在人软弱时显露，从而取代人的软弱，而是保罗在软弱中经历了神所赋予的能力，使他能够继续传教活动，并在神复活大能的彰显中，成为耶稣事迹活生生的体现。[62]

---

[62] Kar Yong Lim, *'The Sufferings of Christ Are Abundant in Us' (2 Corinthians 1:5): A Narrative-Dynamics Investiga-*

保罗将其苦难视作身为神仆人就使徒身份上的鉴定和佐证（参林后6:4，11:23~29）。[63] 他从神过往自逼迫之厄解救他的经历，得到了对将来获解救的希望和信心（林后1:10；腓1:19b；提后3:11；4:17~18）。他经常恳求代祷的支持，好能从这些危难中得到解救（罗15:31；林后1:11；腓1:19a；帖后3:1~2）。

保罗还谈到他如何回应逼迫他的人："被人咒骂，我们就祝福；遭受迫害，我们就忍受；被人毁谤，我们却好好地劝导"（林前 4:12b~13a）。这似乎反映出他是个"言行一致"的人。他劝告罗马基督徒也要这样做（罗 12:14~21）——按照福音传统听从耶稣的劝告，"爱你们的仇敌"（太 5:44；路 6:27）并"祝福诅咒你们的人"（路 6:28）。[64]

尽管如此，上述的回应似乎与其他事例并不一致。在使徒行传中，路加描述了保罗斥责术士以吕马的话："你这充满各种诡诈、各样奸恶的人哪，你这魔鬼的

---

tion of Paul's Sufferings in 2 Corinthians, LNTS 399 (London: T&T Clark, 2009), p. 106.

[63] Kelhoffer, *Persecution, Persuasion, and Power*, pp. 30–93. 但恩（Dunne）进一步提出，保罗将为基督的缘故受苦视为神真正子民的"另一身份标记"。John A. Dunne, *Persecution and Participation in Galatians*, WUNT 2.454 (Tübingen: Mohr Siebeck, 2017), pp. 4–7, 193–195.

[64] 就罗马书十二章 14~21 节与福音传统的详细讨论，见下文第 194–195 页。

儿子，一切公义的仇敌！"（徒 13:10~11《环》）。当大祭司亚拿尼亚滥用职权，在审讯中殴打保罗，路加描绘了保罗对他的骂斥，说："你这粉饰的墙啊，神要击打你！你坐堂要按着律法审问我，现在你竟然违背律法吩咐人打我吗？"因此，保罗因侮辱神的大祭司受责备（徒 23:3~4）。保罗回答说他不知道这个人是大祭司，然后引用出埃及记二十二章 28 节承认他不应该对那人恶言相向。然而，部分学者怀疑他是否真的不知道，暗示保罗以讽刺语气回应，反指大祭司自己没有遵守摩西律法。[65] 在他书信记述的某些场合中，保罗的情绪颇为激烈，巴不得其加拉太敌对者被阉割，又指称腓立比的敌对者为"狗"、"作恶的"和"割损身体的人"（加 5:12；腓 3:2《环》）。

各学者对保罗的行为提出了不同解释。一些人认为他在信中使用了一种常用的修辞技巧，以贬损对手来表达自己的观点。[66] 保罗只是向收信人陈述事件，

---

[65] 例如 Bock, *Acts*, p. 670; Mikeal C. Parsons, *Acts*, Paideia (Grand Rapids: Baker Academic, 2008), p. 315; Richard I. Pervo, *Acts: A Commentary*, Hermeneia (Minneapolis: Fortress, 2009), p. 573; Schnabel, *Acts*, p. 927。佩尔沃（Pervo）认为保罗的表现乃"天真直率"，而其他人则认为他在讽刺。

[66] 例如 du Toit, 'Vilification as a Pragmatic Device', pp. 403–412; Lauri Thurén, *Derhetorizing Paul: A Dynamic Perspective on Pauline Theology and the Law*, WUNT 124 (Tübingen: Mohr Siebeck, 2000), pp. 66–67; D. Francois Tolmie, *Per-*

并没有直接辱骂他的敌对者。其他人则主张这是保罗的"古怪个性"。[67] 这些不同观点并不相互矛盾，反而能从多方面说明保罗行为的种种可能原因。一方面，保罗确实个性易怒，以至于他与巴拿巴为约翰马可争吵（徒 15:37~40），又曾公开责备彼得（加 2:11~14）。我们也不应忽视保罗书信中常用的修辞手法。另一方面，有趣的是，提摩太后书二章 24~25 节将他描绘为随着年龄增长而更温和的人，他说：

> 主的仆人却不可争论，总要待人温和，
> 善于教导，存心忍耐，以温柔劝导那些
> 对抗的人，或许神给他们悔改的心，可
> 以认识真理……

又或者，保罗跟我们每个基督徒都一样：晓得圣经定立的标准，在某些事件上成功持守住这些标准，但在其他事件上由于软弱而失败，并随年日增长，有机会

suading the Galatians: A Text-Centred Rhetorical Analysis of a Pauline Letter, WUNT 2.190 (Tübingen: Mohr Siebeck, 2005), pp. 40, 183。

[67] John G. Gager with E. Leigh Gibson, 'Violent Acts and Violent Language in the Apostle Paul', in Shelly Matthews and E. Leigh Gibson (eds.), *Violence in the New Testament* (New York: T&T Clark, 2005), pp. 13–21.

转化及成长至基督的样式。此外，众所周知，圣经在描绘其人物的优点和缺失时均会直话直说，并没意图把所有这些描述都用作该效仿的榜样。

在腓立比书一章 12~14 节中，保罗视自己因逼迫所受的苦难，在两方面成为推广福音的契机：（1）在守卫和其他一切知晓他被囚的人前作见证；及（2）成为其他信徒的榜样，以致他们即使面对逼迫，也会放胆宣扬福音。[68] 提摩太后书三章 9~10 节也记述了类似的信念：保罗虽然受捆绑，神的道却不被捆绑，并因此鼓舞保罗坚定不屈，好叫被拣选的圣徒因他坚持宣扬福音而领受救恩。故此，保罗认为自己的苦难，会给那些听闻而相信的人带来救恩和生命的好处（林后 1:6，4:12~13）。[69] 于此，保罗运用了两个祭祀上

---

[68] 另见 Charles B. Cousar, *Philippians and Philemon: A Commentary*, NTL (Louisville: Westminster John Knox, 2013), pp. 33–34. *Praitōrion*（希腊文）／ *praetorium*（拉丁文）指的是省长的官邸；见 BDAG, p. 859. 腓立比书一章 13 节提及在 praetorium 内工作或居住的守卫。保罗很有可能在被囚之时——于罗马（参徒 28 章）或于该撒利亚（参徒 23:25）撰写此书信给腓立比人。见 Reumann, *Philippians*, pp. 171–172. 类似情况也发生于使徒行传十六章 25~34 节。

[69] 另见 Lim, *Sufferings of Christ*, p. 43; J. Ayodeji Adewuya, 'The Sacrificial-Missiological Function of Paul's Sufferings in the Context of 2 Corinthians', in Trevor J. Burke and Brian S. Rosner (eds.), *Paul as Missionary: Identity, Activity, Theology, and Practice*, LNTS 420 (London: T&T Clark, 2011), pp. 90–

的比喻，描绘其事工乃是透过个人牺牲成就他人益处而献给神的祭品：（1）他是基督的香气（即烧香）（林后 2:14）；及（2）他是被浇奠的（即奠祭）（腓 2:17；提后 4:6）[70]

在罗马书五章 3~4 节中，保罗讲述苦难带来的好处：它可以生出坚毅、品格和盼望。虽然他并未明确指出是哪些苦难，但从他论述更广的上下文中，有证

94; Schreiner, *Paul, Apostle of God's Glory*, pp. 83–100。在哥林多后书中，保罗所展示的苦难范围比源于逼迫的更为广阔；他把一切与使徒事工相关的苦难都包括其中，诸如来自强盗和海难的危险、无眠的长夜和饥饿、贫穷等（林后 6:4~10，11:23~30）。林氏（Lim, *Sufferings of Christ*, p. 43）指出，"保罗将自己因使徒身份所受的苦难，解释为对哥林多人有益，并具中介作用。在此基础上，保罗邀请哥林多人参与在他这使徒事工的受苦叙述及耶稣的故事中。"

[70] 学者在此意见分歧，未能确定这香气是指战胜巡行的香祭（如 Barrett, Guthrie），还是旧约的献祭（如 Thrall, Harris, Matera）。但无论是哪一种说法，这两个祭祀习俗均是献祭的方式之一。见 C. K. Barrett, *A Commentary on the Second Epistle to the Corinthians*, BNTC (London: Black, 1973), p. 98; Thrall, *Second Epistle of the Corinthians*, vol. 1, p. 198; Frank J. Matera, *II Corinthians: A Commentary*, NTL (Louisville: Westminster John Knox, 2003), pp. 73–74; Murray J. Harris, *The Second Epistle to the Corinthians: A Commentary on the Greek Text*, NIGTC (Grand Rapids: Eerdmans, 2005), p. 248; Guthrie, *2 Corinthians*, pp. 165–170。就奠祭作为献祭方式之一，另见 John Paul Heil, *The Letters of Paul as Rituals of Worship* (Eugene: Cascade, 2011), pp. 151, 175。

据显示逼迫可以是其中之一（参罗 8:35~36）。[71] 这盼望由神的爱所启发，而这爱则是藉着圣灵"浇灌在〔信徒〕心里"的（罗 5:5）。圣灵为受苦的信徒代求，并赐给他们盼望（参罗 8:23~27）。相比将在信徒心中显明、莫大的终末盼望与荣耀，保罗认定现在忍受的苦难是值得的（罗 8:18）。他确信没有任何苦难（源于逼迫或使徒事工上的艰辛）或敌对势力，可以令信徒与神的爱隔绝（罗 8:35~39）。这份信念是他坚持到底的动力。

阿德乌亚（Adewuya）正确地指出，保罗回应逼迫的方法，是找出这些苦难的"内在意义"，而非解释基督徒为何会遭遇逼迫。因此，保罗视受逼迫之苦，是与宣讲福音相连、不可避免的结果；这是参与基督的苦难，而非他冒犯反对者的后果。[72]

面对逼迫时以一种非常温和的回应，见于彼得前

---

[71] 大多数学者认为罗马书八章中的苦难，乃是泛指各种不同的苦难；见例子如 Richard N. Longenecker, *The Epistle to the Romans: A Commentary on the Greek Text*, NIGTC (Grand Rapids: Eerdmans, 2016), p. 718; Douglas J. Moo, *The Epistle to the Romans*, 2nd edn, NICNT (Grand Rapids: Eerdmans, 2018), p. 533; Roy E. Ciampa, 'Suffering in Romans 1–8 in Light of Paul's Key Scriptural Intertexts', in Siu Fung Wu (ed.), *Suffering in Paul: Perspectives and Implications* (Eugene: Pickwick, 2019), p. 20。

[72] Adewuya, 'Paul's Sufferings', p. 98.

书；其表现让霍雷尔（Horrell）称之为"安静顺从"
和"礼貌抵抗"。[73] 我们于上文已指出，彼得前书的
受众采取了近乎完全抽离的进路，不参与任何涉及异
教和帝王崇拜的社交活动。[74] 他们被指控行事邪恶——
所指的很可能是没有向君王和诸神表示敬意，及不顺
从当权者。彼得前书的内容反映作者十分清楚这教外
人的观点，因而提倡以"好行为"作为回应策略（彼
前2:12）。[75] 故此，顺服当权者的主题清晰而响亮：
（1）公民应当顺服在位的掌权者，并且要尊敬他们
（皇帝／君王和总督）（彼前2:13~14、17）；（2）
奴隶应当顺服其主人，不管对方是仁慈还是苛刻（彼
前2:18~19）；及（3）妻子应当顺服丈夫（彼前3）。
顺服的用意在于证明教外人的指控不正确（彼前2:16），
以及使反对的家庭成员改观（彼前3:1）。不仅妻子需

---

[73] David G. Horrell, 'Between Conformity and Resistance: Beyond the Balch–Elliott Debate Towards a Postcolonial Reading of First Peter', in Robert L. Webb and Betsy J. Bauman-Martin (eds.), *Reading First Peter with New Eyes: Methodological Reassessments of the Letter of First Peter*, LNTS 364 (London: T&T Clark, 2007), pp. 133–143.

[74] 见本书上文第66–82页。

[75] 笔者不同意威廉斯（Williams, *Persecution in 1 Peter*, p. 255）的主张；后者主张好行为基本上是逼迫的起因，而非其解决方法。另见 Sean du Toit, 'Negotiating Hostility Through Beneficial Deeds', *TynBul* 70.2 (2019), pp. 221–243；他不赞同威廉斯的见解。

要展露温柔的心灵（彼前 3:4），所有信徒在为信仰答辩时，也得展现出温柔及敬意（彼前 3:15）。

一如众学者指出的，顺服当权者是希罗文化中的社会常规，以致"安静顺从"是面对敌意和逼迫的合适回应。[76] 但卡特（Carter）指出，彼得前书并未解释**如何**"尊敬"帝皇，或**如何**顺服，又同时在个人对耶稣的信仰上不妥协。[77] 尽管如此，正如霍雷尔指出的，

_____

[76] 见例子如 David L. Balch, _Let Wives Be Submissive: The Domestic Code in 1 Peter_, SBLMS 26 (Chico: Scholars Press, 1981), p. 109; Warren Carter, 'Going All the Way?: Honoring the Emperor and Sacrificing Wives and Slaves in 1 Peter 2.13–3.6', in Amy-Jill Levine and Maria Mayo Robbins (eds.), _A Feminist Companion to the Catholic Epistles and Hebrews_, FCNTECW 8 (London: T&T Clark International, 2004), pp. 14–33; Horrell, 'Between Conformity and Resistance', pp. 134–135。巴尔奇（Balch, _Let Wives Be Submissive_, p. 105）提到彼得前书的作者"强调基督徒在家庭关系和社会中寻求和平与和谐的重要性"。

[77] Carter, 'Going All the Way?', p. 14. 虽然卡特（Carter）上述观察正确，但他暗示彼得前书提倡，只要参与者内心对基督为主有内在的承诺，在家庭和协会参加异教及帝国的祭祀和宴会便属正当合理之说却夸大失实了（参彼前 3:15）。卡特主张，不参与其中活动，又重新获得异教反对者认可是不可能的。见 Carter, 'Going All the Way?', pp. 29–30。但卡特忽略了彼得的末世论观点——在审判日，信徒将藉善行（彼前 2:12；4:5、16~19）得以在这些指控上证明清白。另见 Sean du Toit, 'Practising Idolatry in 1 Peter', _JSNT_ 43.3 (2021), pp. 411–430, 他并不同意卡特的见解。

彼得前书二章 17 节清楚表明信徒应当敬畏神和尊敬
皇帝／君王，这就排除了诸如参与帝王崇拜之类的妥
协行径。[78] 因此，信徒面对逼迫时，彼得前书所提倡
的回应，既是"安静顺从"，也同时是"礼貌抵抗"，
而绝非同化（assimilation）。

在启示录中，部分信徒即使面对死亡仍坚守信仰，
没有否定基督或参与异教、帝王崇拜（如启 12:11，
20:4）。为此原故，启示录描述他们获得基督的赞许；
例如以下不同教会的部分成员：以弗所教会（启 2:2~3）、
士每拿教会（启 2:9）、别迦摩教会（启 2:13）、推雅
推拉教会（启 2:19）和非拉铁非教会（启 3:8、10）。

叛教与同化

在福音传统中，耶稣预言他部分跟随者于遭遇逼
迫时会离弃信仰。在撒种的比喻中，那些落在浅土石

---

[78] Horrell, 'Between Conformity and Resistance', p. 135.
霍雷尔提出四个原因，说明卡特的见解（见上文注 77）不
大可能（参彼前 2:13~17）：（1）在位当权者被视作"凡
人的"制度；（2）这因而间接地否定帝皇是神圣的；（3）
基督徒不应当为邪恶原因滥用自由；和（4）帝皇所受的
尊重和其他所有人一样，故不应被敬拜。为此原故，我们
需要指出，虽然许多异教徒并不会依据本体论去界分给予
诸神和皇帝的尊崇（见上文第 24 页），但基督徒必然会
就此作出区别。

地上的，很快就发芽，却在烈日下枯萎。这就比作那些起初欢欢喜喜领受真道，但面临逼迫就很快离弃的人（可 4:16~17 // 太 13:20~21；参路 8:13）。马可福音四章 17 节和马太福音十三章 21 节的用词差不多完全相同，而路加福音八章 13 节表达相近的意思，但似乎更为一般性，并未指认"试验／试探"为"逼迫"，或直接把其当作因为真道而产生的后果（见表 2.1）。

马可福音四章 17 节	"当患难或逼迫因为真道而出现时，他们就跌倒"
马太福音十三章 21 节	"当患难或逼迫因为真道而出现时，［这样的人］就会跌倒"
路加福音八章 13 节	"在试炼之时，他们就放弃"

表2.1
马可福音四章17节、马太福音十三章21节
和路加福音八章13节的文本比较（笔者译）

在橄榄山讲论中，马太进一步指出，耶稣预言在逼迫的日子，许多人会"跌倒"（*skandalizō*）、彼此出卖和憎恨（太 24:10）。[79] *Skandalizō*（太 13:21，

---

[79] 大多数学者认为这背叛出自教会内部。见 Gundry, *Matthew*, p. 479; R. T. France, *The Gospel of Matthew*, NIC-NT (Grand Rapids: Eerdmans, 2007), p. 906; David L. Turner,

24:10；可 8:13）所表达的概念是，逼迫会导致部分门
徒落入放弃信仰的罪中，[80] 而路加所使用的 aphistēmi
（"放弃"；路 8:13）也意味着背弃信仰。[81]

　　毫无疑问，对部分信徒来说，放弃信仰的诱惑
可能很强烈，一如在希伯来书中警告信徒提防叛道
所反映的（2:1~4，3:7~4:13，5:11~6:12，10:19~39，
12:14~29）。[82] 不论他们以往的背景是什么，或是犹
太人（包括敬畏神的外族人），又或是异教徒，均有
可能被试探重返往昔的生活形态。[83] 希伯来书的作者

Matthew, BECNT (Grand Rapids: Baker Academic, 2008),
p. 574; Grant R. Osborne, Matthew, ZECNT (Grand Rapids:
Zondervan, 2010), p. 875。

　　[80] BDAG, p. 926, 1b; France, Matthew, p. 906; Osborne,
Matthew, p. 875.

　　[81] BDAG, p. 157, 1a; Bock, Luke, vol. 1, p. 735.

　　[82] 在逼迫的压力下，当时肯定有基督徒叛道。在二
世纪初，部分被指控者表示自己在数年前"不再是基督
徒"（Pliny, Epistles 10.96.6）。另见 Karen L. King, 'Re-
thinking the Diversity of Ancient Christianity: Responding to
Suffering and Persecution', in Eduard Iricinschi, Lance Jenott,
Nicola Denzey Lewis and Philippa Townsend (eds.), Beyond
the Gnostic Gospels: Studies Building on the Work of Elaine
Pagels, STAC 82 (Tübingen: Mohr Siebeck, 2013), p. 64。

　　[83] 对于希伯来书的受众是犹太基督徒，还是犹太和外
邦基督徒的混合体，各学者意见不一。持前者观点的，
见例子如 Thomas R. Schreiner, Commentary on Hebrews,
BTCP (Nashville: B&H, 2015), pp. 6–10; Ian K. Smith, 'The
Letter to the Hebrews', in Mark Harding and Alanna Nobbs

视叛道为极大的危机，因而写信给其受众，鼓励他们坚守信仰。笔者将于第三章更详细讨论他如何鼓励受众。尽管叛道的威胁真实不过，但希伯来书作者表达对受众的信心，认为对方不曾，也不会离教叛道（来6:9~10，10:39）。

另一方面，其他基督徒并未以叛教回应敌对及逼迫，而是在文化方面同化。在犹太和异教敌对的情况下均是如此。面对异教的敌对，科斯特恰当地总结了当前问题：

> 同化关乎耶稣的追随者能够在非基督徒的做法上作出多大程度的调适，同时仍忠于自己的信仰。调适的原因包括希望与基督徒社群以外的人保持良好的社会和商业关系……宗教节期是公共活动，包括祭祀、宴会和分派祭肉……犹太人

(eds.), *Into All the World: Emergent Christianity in Its Jewish and Greco-Roman Context* (Grand Rapids: Eerdmans, 2017), pp. 184–207. 持后者观点的，见例子如 Koester, *Hebrews*, pp. 64–79; Gareth L. Cockerill, *The Epistle to the Hebrews*, NICNT (Grand Rapids: Eerdmans, 2012), pp. 19–23. 虽然约翰逊（Johnson, *Hebrews*, pp. 36–38）将犹太祭祀界定为很可能是"新吸引力"（对于前异教徒）或"回归"（对于前犹太人），他提醒我们文本本身并没有就受众的种族留下任何暗示。

拒绝跟其他人共享供物和祭肉会令人反感，甚或冒犯（Philostratus, Vita Apollonii 5.33.4），而基督徒拒绝参与也同样会被负面评价……由家庭或协会举行的私人饮宴可能包括尊崇某位神祇的祭礼……商行和专业协会的成员经常分享饮食，而在这些活动中，他们也会向各神明和神明化的皇帝致敬。基督徒或希望参与私人饮宴，好能与家人、朋友和商业同僚维持良好关系，然而这样却会给对方错误印象，以为他们崇敬自己所不信奉的神明。但拒绝参与这些饮宴也有问题，因为会有冒犯别人的风险，而这就会在社交和经济上带来麻烦。[84]

根据科斯特于上文的解释，试图同化本身并不代表基督徒不忠于自己的信仰。关键是同化的**程度**，并且于此造成基督徒之间的争议。事件就变成"基督徒同化多深才算对耶稣不忠心？"正如在前一节所见，部分基督徒的回应是从所有跟祭祀习俗相连的社交活动中退出来。然而，另一些基督徒却抱持不同观点，其中有的来自哥林多（林前8~10）、别迦摩（启2:14~15）和

---

[84] Koester, Revelation, p. 99; 强调部分为笔者外加。

推雅推拉（启2:20）等地教会。这些人主张基督徒可被允许参与这些社交饮宴，以及吃曾献给偶像的祭肉。

启示录提倡信徒在逼迫下采取坚决立场对抗妥协。正如科斯特所指，亚西亚省内的教会正面对三大难题："与教外人的冲突、同化和自满自大"。[85] 与教外人的冲突涉及犹太人和异教徒两方的反对，笔者已在第一章讨论过。同化是为了避免冲突，试图采用反对者接纳的既有社会习俗。自满自大源于透过不道德途径致富的诱惑。避免冲突和财富的试探（包括规避逼迫带来的经济损失；参启13:17）往往涉及与异教和帝王崇拜的社交（私人及公众）饮宴，而这都与福音的教导相违。故此，若信徒于放弃信仰、参与异教祭祀活动或不道德行为上妥协，以上三点皆会导致信徒对基督不忠诚。[86]

就启示录的角度而言，信徒以参与异教及帝王崇拜活动的方式同化，就是对基督不忠，也没有正确持守其信仰。不论放弃信仰，或仍自称为基督徒，那些

---

[85] 同上，pp. 96–103。

[86] 正如奥罗佩萨（Oropeza）指出的，"虽然本书〔启示录〕的主旨是对抗同化和叛教"，但正遭受逼迫、忠心跟随基督的信徒，也会从其信息中得安慰。B. J. Oropeza, *Churches Under Siege of Persecution and Assimilation: The General Epistles and Revelation*, ANTC 3 (Eugene: Cascade, 2012), p. 180.

妥协的人（也就是"非得胜者"）由于参与了帝王崇拜，将来必落入永远燃烧的硫磺湖（启 14:10，19:20）。那些放弃基督信仰的人，都会回到从前异教徒的生活模式，因为当日并没有"自由思想者"或"非宗教人士"。

明显地，好些哥林多基督徒为自己吃祭偶之物辩解，声称既然只有一位真神，异教神明就并非神（林前 8:1，4~6），所以吃这些祭肉也就没有任何问题。[87]他们也许还认定自己"什么事情都可以作"（林前 10:23）。虽然哥林多前书的处境更有可能是关乎社交压力，而不是逼迫，但其他面对逼迫的基督徒也可能抱持类似合理化的辩解。

在回应中，保罗引用经文反驳这论点；他指出（1）参与涉及祭肉的宴会相当于拜偶像（林前 10:1~18；参出 32:6）；及（2）拜偶像与鬼魔崇拜相连（林前 10:19~23；参申 32:17）。[88]保罗既明确遵照耶路

---

[87] 见例子如 David E. Garland, *1 Corinthians*, BECNT (Grand Rapids: Baker Academic, 2003), p. 368; Gordon D. Fee, *The First Epistle to the Corinthians*, rev. edn, NICNT (Grand Rapids: Eerdmans, 2014), p. 396。就保罗引用哥林多人的观点和他对应的反驳，Fotopoulos 提供了列表，见 John Fotopoulos, 'Arguments Concerning Food Offered to Idols: Corinthian Quotations and Pauline Refutations in a Rhetorical Partitio (1 Corinthians 8:1–9)', *CBQ* 67.4 (2005), pp. 618–630。

[88] 哥林多基督徒面对参与帝国节日庆典的压力，这是

撒冷会议关于禁戒祭偶之物的命令（徒 15:29），也指示哥林多人注意其他伦理问题（例如顾及较弱的信徒；林前 8:7~13）和实际问题（例如在出售或提供祭偶之物的市场及私人饮宴中该如何自处；林前 10:23~33）。对保罗来说，只要信徒不晓得（来自市场和私人饮宴）食物是否曾经祭祀偶像，又不会导致任何人跌倒，就大可食用（林前 10:25~32）。对保罗来说，**明知故犯地**参与异教和帝王崇拜等活动是不可接受的，但**无意地**吃到祭偶之物却可以接受。信徒要抵制前者，而后者则是保罗认为不属违背基督信仰的同化形式。

启示录与保罗不一样，并没考虑这类牧养关注，而是断然地禁戒吃祭偶之物。[89] 启示录描画的基督

不可否认的，但保罗似乎是广泛地谈论参与异教崇拜（包括帝王崇拜）。因此，温特把哥林多前书八至十章局限于参与帝王崇拜庆典，把哥林多前书十章 20 节的 *daimoniōn* 局限于各皇帝的守护灵（genii），就似乎过度狭窄了。见 Winter, *Divine Honours for the Caesars*, pp. 215–225。事实上，保罗于哥林多前书十章 20 节引用了七十士译本的申命记三十二章 17 节也表明他将异教神祇看成"鬼魔"，与当时犹太人的理解一致（诗 106:37；赛 LXX 65:3, 65:11；《巴录书》4.7）。另见 Garland, *1 Corinthians*, p. 480; Richard L.-S. Phua, *Idolatry and Authority: A Study of 1 Corinthians 8:1–11:1 in the Light of the Jewish Diaspora*, LNTS 299 (London: T&T Clark, 2005), pp. 137–146。

[89] 另见 Koester, *Revelation*, p. 100；他指出回应的三个

会斥责那些妥协的人，并呼吁他们悔改之际（如启2:14~16a），也会向那些不悔改的倡议者及教会成员宣告审判（启2:16b，21~23）。明显地，保罗和约翰都反对意图在文化上同化以规避因冒犯他人导致逼迫和经济损失的行径。

论到犹太人的反对，一些基督徒（可能犹太人和外族人二者皆有）甚至试图主张外族基督徒应受割礼和遵守摩西五经以避免逼迫。虽然这观点可能出自某些犹太基督徒，他们认为完全皈依是外族人被接纳为神子民的唯一途径（参见徒15:1；另见上文第38页），但加拉太教会中的"扰乱者"（*hoi anastatounte*）（加5:12）提倡这种观点却是出于逃避逼迫的动机（加6:12）。

学者对这些"扰乱者"的身份和他们试图逃避什么逼迫意见不一。尽管他们表面上看似是对律法热心（参徒21:20~21），但保罗指责他们自己却不遵守律法（加6:13），并揭露其动机：他们希望取得"体面"（*euprosōpēsai*），因而"勉强"（*anankazousin*）外族基督徒受割礼，"无非是"（*monon hina*）要逃避逼迫（加

类别：（1）断然地在所有情况下禁戒食用（如徒15:20；启示录）；（2）在大部分情况下都没问题（如在哥林多、别迦摩和推雅推拉的部分信徒）；和（3）除了极少的例外情况，这行为于大部分情况下都是不正确的（如保罗）。虽然我们可以说启示录所描画的比保罗的更严厉，但这并不代表约翰和保罗互相冲突。

6:12）。就本文的目的，只需指出扰乱者的身份并不影响我们认清他们逃避逼迫的动机就足够了。[90]

他们试图逃避什么形式的逼迫呢？从保罗于加拉太书二章 16 节～六章 10 节的论述看来，争议围绕于人可如何被接纳为神的子民（藉着遵守妥拉，还是信靠基督）[91]，以及要如何实行妥拉。故此，当时的情况很可能是，这些人试图与犹太习俗惯例同化，以回避来自不相信耶稣的犹太人的逼迫。[92]

最近，数名学者主张，信中的"扰乱者"试图避免地方政府（异教反对者）的逼迫，方法是：（1）被纳入犹太社群，从而让整个基督教社群取得 *religio licita*（合法宗教）的地位；继而得以避免参与异教形式的帝王崇拜，及可每周合法聚会；[93] 或（2）与群体

---

[90] 就这些反对者（"扰乱者"）身份的不同观点，见上文第一章注 66。

[91] 虽然 *hē pistis Iēsou Christou*（如加 2:16，3:22）这短语可理解为"信靠基督"或"基督的信实"，但笔者认为前者可能性较大。就这证论的细节，见 Chee-Chiew Lee, *The Blessing of Abraham, the Spirit, and Justification in Galatians: Their Relationship and Significance for Understanding Paul's Theology* (Eugene: Pickwick, 2013), p. 20。

[92] 见例子如 James D. G. Dunn, *The Epistle to the Galatians*, BNTC (Peabody: Hendrickson, 1993), pp. 336–337; Schreiner, *Galatians*, p. 377; Moo, *Galatians*, p. 393; David A. deSilva, *The Letter to the Galatians*, NICNT (Grand Rapids: Eerdmans, 2018), p. 505。

[93] 见上文第 35 页。

中未受割礼又没有参加帝王崇拜的外族基督徒分隔开来。[94] 虽然笔者不否认外族基督徒因不参与异教和帝王崇拜而面对压力，但假如这是保罗回应的主要问题，就很难解释他为何在加拉太书中没提及这一点。[95]

对保罗来说，行割礼的要求违反了基督十架的目的和作为（加 2:21, 5:2, 4），并且等同于另一种福音，而这就根本不是福音（加 1:6~7）。对保罗来说，为规避逼迫而在文化上同化，如此妥协是不可接受的。同样值得注意的是，保罗于加拉太书大量援引旧约作支持（见尤其于加 3~4）。这几乎可以确定是他对犹太反对者的回应；后者将他的福音信息视为对传统价值观的威胁，其中包括割礼、遵守妥拉和与外族人的不洁隔离。[96] 他于此努力证明自己宣讲的福音，与神在旧约中所应许的（他和对方共持的权威传统）是一致的。

---

[94] Hardin, *Galatians and the Imperial Cult*, pp. 85–155; A. V. Prokhorov, 'Taking the Jews out of the Equation: Galatians 6.12–17 as a Summons to Cease Evading Persecution', *JSNT* 36.2 (2013), pp. 172–188; Winter, *Divine Honours for the Caesars*, pp. 226–249. 就论点一，见温特；论点二见哈丁（Hardin）。

[95] 另见 Te-Li Lau, review of *Galatians and the Imperial Cult: A Critical Analysis of the First-Century Social Context of Paul's Letter*, BBR 20.1 (2010), pp. 130–131。就针对温特和哈丁在此问题上的公允评论，见 deSilva, *Galatians*, pp. 368–375。

[96] 见上文第 70 页。

调适与适应

彼得三次不认耶稣是众所周知的福音传统，在四部福音书中均有记载（可 14:66~70 // 太 26:69~75 // 路 22:56~62 // 约 18:15~18，25~27）。马可和马太传统指出，耶稣预言在自己被捕时，门徒将会跌倒（可 14:27 // 太 26:31）。然而，彼得却非常肯定，即使别人都跌倒，但他不会（可 14:29 // 太 26:33）。他甚至宣称，就是必须死，也不会不认耶稣，而**所有门徒也**如此说（可 14:31 // 太 26:35）。然而，即使他们带着如此充分的信心和决心，当耶稣被捕时，**所有人**却都逃跑（可 14:50 // 太 26:56b），应验该预言。路加传统只记录了彼得的誓言，表示自己愿意为耶稣入狱，以至于死（路 22:33），却没有提到其他门徒的誓言或最终的逃散。

对观福音指出，彼得在不认主后痛哭，但约翰福音并未有这记载。取而代之，约翰福音记有另一片段，描绘耶稣通过三次询问彼得"你爱我吗？"来重新确立他（约 21:15~17）。[97] 对观福音描绘了一个痛悔的

---

[97] 不少学者认为这片段与约翰福音十八章中彼得不认耶稣有关连。见例子如 D. A. Carson, *The Gospel According to John*, PNTC (Grand Rapids: Eerdmans, 1991), p. 675; George R. Beasley-Murray, *John*, rev. edn, WBC 36 (Dallas: Word, 1999), pp. 404–405; Köstenberger, *John*, p. 595; Edward W. Klink III, *John*, ZECNT 4 (Grand Rapids: Zondervan, 2016), p. 911。

彼得，而我们很有理由假设他和其他逃跑的门徒都有悔改。路加传统提及耶稣为彼得祷告，祈愿后者不致于失掉信心，并在悔改后能坚固他人（路 22:32）。约翰福音则描绘了耶稣施恩接纳彼得的软弱、肯定他的悔改，并预言彼得将殉道而死（约 21:18~19）。

在马可及马太传统中，耶稣设立的标准相当高：任何人若以他和他的话为耻，当人子在荣耀中再临时，也要以这人为耻（可 8:38 // 路 9:26）。双重传统保留了类近的高标准：无论谁在人面前不认耶稣，耶稣在天父面前也将不认他；凡是在人面前承认耶稣的，耶稣也将承认他（太 10:32~33；路 12:8~9）。彼得肯定不是唯一在逼迫压力下一再否认耶稣的信徒。虽然四福音都描述人否认耶稣是个软弱和不理想的回应，但也接纳那些软弱却悔改的门徒。

双重传统和约翰福音保存了耶稣有关不要惧怕逼迫的教诲（太 10:26~31 // 路 12:4~7；参约 14:27）。然而，唯有约翰福音论及来自犹太当局反对者逼迫信徒所产生的恐惧（约 7:13，9:22，19:38，20:19）[98]，

---

[98] 短语 *ho phobos/phobeō tōn Ioudaiōn* "恐惧犹太人" 在约翰福音中出现了四次。就本文目的，"犹太人"在这短语中所指的，乃是反对耶稣为弥赛亚的犹太领袖。约翰福音中出现的其他例子，意思可以是（1）犹大地的居民；或（2）一个种族实体。就更详细的讨论，见 D. Francois Tolmie, 'The Ἰουδαῖοι in the Fourth Gospel: A Narratological

而其方法是描绘出好些人物对此恐惧的回应：瞎子及其父母、那些相信耶稣的犹太领袖、亚利马太人约瑟、尼哥德慕和众门徒。一如上文提及的，敌对的犹太领袖威胁要把任何承认耶稣是基督的人赶出去（约 9:22，12:42；参 16:2）。[99] 本内玛（Bennema）适切地提醒我们，"不应低估这恐惧'犹太人'的情绪，因为公开承认耶稣是弥赛亚的后果十分严重。耶稣甚至警告其跟随者，他们有可能被杀害（16:2）。"[100] 笔者曾于别处阐明约翰福音如何以二元用语描绘信徒面对逼迫，好带出道德和神学含义。[101] 笔者在下文将以相同进路检视这两方面。

不少学者均已指出瞎子及其父母在回应法利赛人上的差别。[102] 当他们被质问儿子如何获得视力，二人

Perspective', in Gilbert van Belle, Jan G. van der Watt and Petrus Maritz (eds.), *Theology and Christology in the Fourth Gospel*, BETL 184 (Leuven: Leuven University Press, 2005), pp. 377–399; Urban C. von Wahlde, 'Narrative Criticism of the Religious Authorities as a Group Character in the Gospel of John: Some Problems', *NTS* 63.2 (2017), pp. 222–245。

[99] 就被"逐出犹太会堂"的社会影响，见上文第 96 页。

[100] Cornelis Bennema, *Encountering Jesus: Character Studies in the Gospel of John*, 2nd edn (Minneapolis: Fortress, 2014), p. 342.

[101] Chee-Chiew Lee, 'A Theology of Facing Persecution in the Gospel of John', *TynBul* 70.2 (2019), pp. 189–204. 上文大部分内容均改编自此专文。

[102] Andy M. Reimer, 'The Man Born Blind: True Dis-

声称"他们知道"儿子确实生来就失明，但"他们不知道"他如何获得视力（约 9:20~21）。不过，约翰揭露他们其实知道儿子如何获得视力，却"因为怕犹太人［领袖］"而隐瞒这真相（约 9:22~23）。他们不敢公开谈论耶稣，因为害怕被指与他或他的弥赛亚宣称有连系。他们如此行虽然回避了被赶出会堂的风险，却"令自己与谎言的一方 —— 黑暗和罪恶 —— 结盟"（参约 8:44）。[103] 跟其父母相比，即使面对法利赛人的羞辱及威吓，那瞎眼的人却公开宣认耶稣由神而来（约 9:24~33）。结果，虽然他在众人面前（极可能是从会堂）被赶出去（约 9:34），[104] 却"使自己与真理的一方 —— 光明和救赎——结盟"。[105]

---

ciple of Jesus', in Steven A. Hunt, D. F. Tolmie and Ruben Zimmermann (eds.), *Character Studies in the Fourth Gospel: Narrative Approaches to Seventy Figures in John*, WUNT 314 (Tübingen: Mohr Siebeck, 2013), p. 437; Bennema, *Encountering Jesus*, p. 255.

[103] Lee, 'Facing Persecution', p. 190. 另见 Raymond E. Brown, *The Gospel According to John*, 2 vols., AB 29 (Garden City: Doubleday, 1966), vol. 1, p. 365。

[104] Klink, *John*, p. 449. 虽然经文没有直接指出那瞎子被赶出会堂，但此情况很可能发生，因为这类法律程序通常在会堂内进行。

[105] Lee, 'Facing Persecution', pp. 190–191. 耶稣宣告跟从他的人将得着"生命的光"（约 8:12）。那瞎子看到真光并相信了耶稣（9:35~38）。另见 Bennema, *Encountering Jesus*, pp. 247–248。

后来在那叙述中，"官长当中也有许多人信了耶稣。但是因为法利赛人的缘故，他们不敢公开承认，免得被赶出会堂"（约 12:42）。约翰揭露这是由于他们爱自己的荣誉过于神的荣誉（约 12:43）。[106] 在约翰福音中，有两名犹太领袖被记下名字：（1）亚利马太人约瑟；和（2）尼哥德慕。他们二人是否都爱自己的荣誉过于神的荣誉呢？约翰如何评价他们呢？

约翰就约瑟提供的信息不多，只表示他"因为怕犹太人，就暗暗地作耶稣的门徒"（约 19:38）。除非受众／读者熟悉对观福音，否则不会晓得约瑟是个犹太人领袖（太 27:57；可 15:43；路 23:50~51）。[107]

---

[106] 有关被排斥的羞辱, 见上文注57。此处的所有格(*tōn anthrōpōn* 和 *tou theou*) 较大可能表达来源（"属于"），而此处的 *doxa* 则更大可能指由于个人地位所产生的"荣耀"（BDAG, p. 257, 3），意即他们更愿意捍卫自己的荣耀而不是神的荣耀。如此，当神的子民否认他时，神就会蒙羞。或者，短语 *he doxa tou theou* 也可能表达"来自神的赞许"，属格表达来源（"来自"），*doxa* 则表达来自神的认可。见 Jouette M. Bassler, 'Mixed Signals: Nicodemus in the Fourth Gospel', *JBL* 108.4 (1989), p. 641.

[107] 虽然约翰的受众可能晓得关于亚利马太人约瑟的其他福音传统，但很难确定他们是否知悉对观福音。见 Wendy S. North, 'John for Readers of Mark?: A Response to Richard Bauckham's Proposal', *JSNT* 25.4 (2003), p. 466; Edward W. Klink III, *The Sheep of the Fold: The Audience and Origin of the Gospel of John*, SNTSMS 141 (Cambridge: Cambridge University Press, 2007), pp. 180–182。此处的重点是我们不必假设约翰预期他的受众知道。

少数解经家认为约翰以负面角度描述约瑟"害怕"和"暗暗"的表现，但约瑟向彼拉多求取耶稣的身体，却显示勇气，并扭转了以上的负面人物特征。[108] 虽然"恐惧犹太人"似乎把约瑟跟瞎子的父母和相信耶稣的犹太人领袖联系起来，但约翰并没有对约瑟写下任何负面的评语。同样地，当门徒由于这同一份恐惧而闭门聚集，约翰也没有负面地评价他们（约20:19）。正如迈克尔斯（Michaels）指出的，在"他［被逮捕］的时候"未到以前，即使是耶稣也于暗中行事（7:1~10，8:59，11:54~57，12:36）。[109] 因此，约翰并没有将恐惧犹太领袖本身描述为负面，而只在门徒于道德品行上妥协时才予以否定。

另一些解经家也指出，请求取得耶稣的身体不一定像众人所想象般危险，因为犹太人领袖不久前也请求在安息日开始前从十架取下耶稣的身体（约19:31）。约瑟也可能被看成犹太人领袖的代表。[110] 然

---

[108] Carson, *Gospel According to John*, p. 629; Beasley-Murray, *John*, p. 358; Köstenberger, *John*, pp. 554–555; Bennema, *Encountering Jesus*, pp. 343–344; Klink, *John*, pp. 817–818.

[109] J. Ramsey Michaels, *The Gospel of John*, NICNT (Grand Rapids: Eerdmans, 2010), p. 979.

[110] William J. Lyons, 'Joseph of Arimathea: One of "the Jews," but with a Fearful Secret!', in Steven A. Hunt, D. F. Tolmie and Ruben Zimmermann (eds.), *Character Studies in*

而，假如犹太人领袖发现他将耶稣埋葬在墓穴之中，而非罪犯的公共墓地，他作为耶稣门徒的身份就会暴露。因此，假如约瑟真的爱"自己的荣誉过于神的荣誉"，他就不会冒此风险了。

约翰就亚利马太人约瑟留下的信息不多，相反，他从一开始就向受众介绍尼哥德慕是个法利赛人和犹太人领袖（约 3:1）。然而，叙述中却没有点明尼哥德慕可有相信耶稣，或是否耶稣的门徒。尼哥德慕在夜间首次见耶稣，或许是为了避免被人看为与耶稣有连系，尤其是耶稣刚于不久前跟犹太人领袖在圣殿发生冲突（约 2:13~25）。其中也可能涉及某种保密的意图。当犹太人领袖在住棚节反对耶稣，尼哥德慕就提醒他们，在未有聆讯下，不应当谴责耶稣。为此原故，法利赛人嘲笑他（约 7:45~52）。此外，在尼哥德慕和亚利马太人约瑟埋葬耶稣时，他就担负起与耶稣有联系的风险（约 19:39~42）。假如尼哥德慕爱自己的荣誉多过神的荣誉，他就不会为耶稣说话，也不会冒这风险。

虽然约翰把瞎子描绘成正面角色，但其父母和信主的犹太人领袖却害怕公开承认而成了负面角色，而

---

the Fourth Gospel: Narrative Approaches to Seventy Figures in John, WUNT 314 (Tübingen: Mohr Siebeck, 2013), p. 652; Bennema, *Encountering Jesus*, p. 344.

对亚利马太人约瑟和尼哥德慕的人物刻画却似乎故意模棱两可。[111] 他没有正面或负面评论约瑟、尼哥德慕或闭门聚集的门徒。正如科斯特所指，这也许正是约翰描写"人生复杂多变"的手法。[112] 因此，约翰并没一刀切地表示，公开宣认相信耶稣就是面对逼迫的理想回应。这也许是约翰的取向：既包容保密的情况，又没有正面肯定。

　　在第一章中，我们提到犹太人和外族人同样尊敬罗马皇帝，方法是为他及帝国的福祉向他们的神／众神献上祷告和祭品。笔者也于早前指出彼得前书教导信徒顺服当权者和尊敬皇帝，只是并未说明如何具体执行。[113]

　　值得注意的是，罗马书十三章 1~7 节紧贴在保罗劝勉信徒如何面对逼迫之后（罗 12:14~21），故此可理解为在回应敌意时行"善"（agathos；罗 12:21，13:3）的其中一个层面。[114] 在这方面，罗马书十三章

---

[111] Lee, 'Facing Persecution', p. 198.

[112] Craig R. Koester, 'Theological Complexity and the Characterization of Nicodemus in John's Gospel', in Christopher W. Skinner (ed.), *Characters and Characterization in the Gospel of John*, LNTS 461 (London: Bloomsbury T&T Clark, 2013), p. 169.

[113] 见上文第 127 页。

[114] 就认为罗马书十二章 14~21 节与罗马书十三章 1~8 节之间有连系的学者，见 James D. G. Dunn, *The Theolo-*

1~7 节跟彼得前书相仿，都劝勉信徒顺服当权者和预备行"善事"，以此回应逼迫。[115] 基于当权者是神施行公义的代理人，罗马书十三章 1~7 节不单提到顺服当权者乃是义务，保罗还以此为理据教导众人交税和尊敬统治者（罗 13:6~7）。[116] 这是对耶稣的教训"凯撒的应当归给凯撒，神的应当归给神"（可 12:17 // 太 22:21 // 路 20:25）的强力回响。[117] 正如保罗将交税和尊敬并列，并称其为欠当权者的"债"（罗 13:7），交税也可被看成向当权者表示敬意的方式。鉴于革老丢此前的驱逐令涉及犹太人的动荡情况（很可能是由于他们有关基督的争论），唐纳（Towner）认为保罗在这章节中有关交税和行善的教导，可能是试图运用现存的社会习俗，好能维持社会稳定及为教会赢得好名声。[118]

---

gy of Paul the Apostle (Grand Rapids: Eerdmans, 1998), pp. 674–680; Harrison, *Paul and the Imperial Authorities*, p. 309; Frank Thielman, *Romans*, ZECNT (Grand Rapids: Zondervan, 2018), p. 601。

[115] 虽然提多书三章 1~2 节跟罗马书十三章 1~7 节及彼得前书相仿，都教导信徒服从当权者和行善，但前者的直接上下文并非针对逼迫的问题。

[116] 见罗马书十三章 5 节中的 *dio*，及罗马书十三章 6 节的 *dia touto*，二者都可理解为"为此原故"。

[117] 另见 Joseph A. Fitzmyer, *Romans: A New Translation with Introduction and Commentary*, AB 33 (New York: Doubleday, 1993), p. 670; Moo, *Romans*, p. 822。

[118] Philip H. Towner, 'Romans 13:1–7 and Paul's Missi-

笔者早前讨论到彼得前书提倡善行作为对逼迫的回应，与及"善行"于希罗及犹太基督世界观的含意。[119] 我们在此处需要再探讨一下这课题。杜图特（Du Toit）指出"在古代世界，做有益他人的事很普遍，并且被认为是一项美德"。[120] 一些学者认为公共慈善可能是罗马书十三章 3~4 节和彼得前书二章 14~15 节所称的"善行"的一部分，因为这两段经文都提到当权者赞许善行，而公共慈善家通常会被公开赞扬。[121] 其他人怀疑这种说法，因为许多基督徒没有经济能力进行公共慈善活动。[122] 然而，杜图特指出，慈善活动

---

ological Perspective: A Call to Political Quietism or Transformation?', in Sven K. Soderlund and N. T. Wright (eds.), *Romans and the People of God* (Grand Rapids: Eerdmans, 1999), pp. 160–169. 唐纳（Towner）补充道，这种稳定也有利罗马教会支持他前赴西班牙的宣教行程。

[119] 见上文第 127 页。

[120] Du Toit, 'Negotiating Hostility', p. 223.

[121] 见例子如 Bruce W. Winter, *Seek the Welfare of the City: Christians as Benefactors and Citizens*, FCCGRW (Grand Rapids: Eerdmans, 1994), pp. 25–40; Towner, 'Romans 13:1–7', pp. 165–166。正如威廉斯所定义的，"希罗世界中的公共慈善（或公益主义）是一种礼物的交换行动，地方或省级精英的成员利用他（或她）的个人财富或权力造福城市、其中的市民或某一群市民，而这人所收到的回报，则是对他这贡献作为善举的认可。" Williams, *Good Works in 1 Peter*, p. 69.

[122] 见例子如 Achtemeier, *1 Peter*, p. 184, n. 64; Williams, *Good Works in 1 Peter*, pp. 68–104。

范围广阔，可能包括个人（例如为某人还清债务）或团体（例如协会为公共目的而捐献）为他人利益所作的行为。[123] 因此，虽然这两个文本似乎都包含更广泛形式的"善行"，但没有必要将此类善行仅限于公共慈善。[124] 根据彼得前书的观点，这种（公开承认的）善行证明基督徒可以造福社会，而非危害社会。

提摩太前书二章 1~2 节劝告信徒"为**万人、君王和一切有权位的**恳求、祷告、代求和感恩，好让我们可以敬虔庄重地过平静安稳的日子。"这与我们之前看到的，即同时期犹太人尊崇皇帝及为他祈祷，以此作为一种帝王崇拜形式的传统非常相似。[125] 这也符合犹太人为外族统治者和国家祈祷的传统（参耶 29:7；《巴录一书》1.11；《马加比一书》7:33）。无论如何，提摩太前书二章 5 节清晰表明"神只有一位，在神和人中间也只有一位中保，就是降世为人的基督耶稣"，

---

[123] 就一手史料的例子，见 du Toit, 'Negotiating Hostility', pp. 222–225。

[124] 见例子如 Moo, *Romans*, p. 817, n. 313; Jobes, *1 Peter*, pp. 175–176。

[125] 见上文第 36–37 页，及 I. Howard Marshall and Philip H. Towner, *A Critical and Exegetical Commentary on the Pastoral Epistles*, ICC (London: T&T Clark International, 2004), p. 422。"犹太传统"是指代代相传的犹太人信仰和习俗——主要由他们对犹太经书的理解所塑造。犹太人的著作、铭文和文物均反映他们同时代的犹太传统。

跟罗马皇帝被视为 *pontifex maximus*—— 众神明与国民之间的"大祭司"这异教概念对比。[126]

我们从以上观察到，保罗书信和彼得前书如何提倡信徒通过采纳当前习俗去应对逼迫，例如通过纳税来尊崇皇帝，为皇帝向神祈祷和感恩，以及行善（施予个人或公共的慈善举动）履行他们作为好公民的社会和公民责任，同时又不损害自己对基督的忠诚。这些回应试图证明基督徒不会对社会福祉构成威胁，即便教外人普遍有此看法。[127]

神学观点概要

从新约文本中，我们观察到各种形式的逼迫，反映当时存在官方和非官方两方面的逼迫。在最初期，除了希律亚基帕一世之外，所有官方逼迫都源自犹大地区犹太当权者反对耶稣门徒的行为。虽然犹太人和异教徒的非官方逼迫从一开始就存在于犹太人散居之地，但直到将近一世纪末，官方的异教徒逼迫才开始变得更明显。使徒行传和保罗书信反映了前者，启示

---

[126] 见上文第 27 页。
[127] 见上文第 69–85 页。

录主要反映了后者，而希伯来书和彼得前书很可能同时反映了二者。同样值得注意的是，官方形式的惩罚不能过早被确定为官方逼迫，因为前者可能仅反映了异教徒官员的行动，只是在于个别犹太人或异教徒反对者指控基督徒时行使权力去解决社会动荡。

路加在使徒行传中的叙事技巧非常出色，我们可以从中推断出他面对逼迫的神学。[128] 虽然路加描绘了犹太和异教徒反对者使用类似策略对付早期的基督徒（例如煽动群众，以原初的宗教或经济冲突为幌子，向当局提出政治指控），但他也描述一些犹太反对者曾使用卑鄙的手段，例如假证人和行凶杀人的计划。尽管如此，路加同时还诚实公正地描述了其他没有逼迫门徒的犹太反对者（如徒 28 章中的罗马犹太人）。

总体来说，路加以非常正面的画面描绘了早期基督徒对逼迫的回应。门徒及其领袖（彼得、司提反和保罗）回应逼迫的方式，与耶稣就门徒当如何面对逼迫的教导相一致。（1）他们认为，为基督受苦是门徒身份不可或缺的一部分，因此借着圣灵所赋予的能

---

[128] 笔者提到路加为了说服受众在面对逼迫害时坚守信仰而细心编写叙事，但这并不表示路加曾以任何方式捏造了任何部分的叙事。相反的，笔者肯定使徒行传的历史性，同时也承认所有对历史事件的叙述都自然而然是主观的，即使他们一直显示出客观性和准确性，都仍是反映着叙述者的观点。

力，他们以喜乐、勇气和毅力面对逼迫。司提反按照耶稣的教导为逼迫他的人祈祷。（2）每次在掌权者面前受审，教会领袖都会抓住机会为基督作见证，通过圣灵的工作表现出基督所应许的非凡智慧。（3）虽然他们逃离逼迫所在，但无论到达何处，他们都继续传扬福音。（4）他们诉诸圣经权威，不仅要证明耶稣就是应许中的弥赛亚，更要表明耶稣被拒绝和随之从神而来的审判均早已被圣经所预言。路加还描绘了保罗以各种方式（例如逃跑或留守）来应对逼迫的风险，而这取决于当时环境和他直接从主得到的确信。尽管如此，从我们当代的角度来看，保罗在使徒行传中有可能以相当冒犯的言论回应一些反对者。然而，路加并没有负面评论保罗的行为。这些在使徒行传中的描述表现出路加的神学，具体阐明（1）他的见解——信徒在面对逼迫时应有的模范与理想的回应；及（2）他的目的——表明门徒确实能够按照耶稣在福音传统中就应该如何面对逼迫的教导而活。

这积极的景象也反映和被证实于下列之中：保罗书信（有关保罗本人和他发信的教会：帖撒罗尼迦人、腓立比人）、彼得前书（信徒放弃以往的生活方式时遭遇逼迫）、希伯来书（好些信徒失去财产并被监禁）和启示录（在写给七个教会的书信和各个异象中，均描述到某些忠心的圣徒甚至在死亡面前坚持见证和受苦）。尤其是保罗，他总是乐于公开分享自己的情

绪 —— 在遭受逼迫时的喜乐、恐惧和痛苦。保罗坚毅不屈的动力根源，乃是他坚信神呼召他，以及他经历了神的信实与神所赐予的能力和拯救。保罗认定自己为基督受苦是值得的，因为这（1）将福音和救恩带给那些聆听他信息的人；（2）是其他门徒仿效的榜样和动力；（3）生出品德和盼望；及（4）让他有份于基督的苦难，并且是他的荣幸。这些价值取向激励他坚持不懈。

　　相比之下，新约其他著作与使徒行传不同，并不总是正面地描绘信徒忍受逼迫时的回应。害怕受逼迫及其后果（例如失去名誉和经济利益，有时甚至是死亡的威胁）导致基督徒以各种方式回应：保密、否认、文化方面的同化或叛教。希伯来书作者描绘了受众面临叛教的威胁，但他没有指出其中任何人确实叛教。鉴于耶稣在撒种比喻中提到的多石浅土，即使新约作者很少提及叛教，但真有这类实例也毫不为奇。[129] 使徒行传和希伯来书中的这些取向可能有修辞目的，我们将在第三章中探讨这一点。在这方面，其他新约作者似乎更实在地反映了不同的基督徒回应。保罗书信（如加拉太书和哥林多前书）和启示录反映出，在其受众的群体中，一些人已经因同化而在对基督的忠诚上妥协了 —— 他们采纳了犹太或异教现有的习俗，

---

[129] 见上文注82。

作为他们基督徒生活的一部分（例如，明知故犯地吃祭偶之物、接受割礼和遵循妥拉）。他们这样做是为了避免冲突、经济不利和逼迫，而保罗和约翰将这些都看作是违反了福音的真理。

四福音书都描述了彼得因害怕受逼迫而不认耶稣的反面例子。尽管如此，他们的叙述也包容了软弱但悔改的门徒。约翰福音进一步将众人对逼迫的恐惧，描述为耶稣门徒所面对的问题。虽然约翰清楚地描绘出应当效法的正面例子（瞎子），及需要远离的负面例子（其父母和那些相信但不敢承认的犹太人领袖），但他也模棱两可地描绘了其他人物（亚利马太人约瑟和尼哥德慕），没有显示出他认可与否的任何迹象。除非是不守道德诚信的情况，约翰不希望将每个保密个案都简单地以二元类别（对／错、好／坏）归类，这也许正是他用以表达接纳的方式。

除了在面对逼迫时展现坚毅不屈和拒绝妥协之外，保罗书信（罗 13:1~7；提前 2:1~2）和彼得前书二章 13 节至三章 7 节也建议信徒在某些现有文化习俗上作出调适，如顺服、行善、为在位当权者祷告，以此作为回应，然而不可因此影响对基督的忠诚。使用犹太经典去证实耶稣乃应许中弥赛亚的身份和以上的调适，这两方面很有可能是护教举动，向教外人表明基督徒并非危害社会之人。使徒引用犹太经典旨在向犹太反对者表明，基督信仰非但不违背经典，反是圆满成就。对现有的文化习俗作出调适是为了表明基督徒是善良和受人尊重的公民，他们不会颠覆社会（参教外人认为对传统价值观的威胁、对社会安全的威胁、诽谤反对者的传闻）。我们观察到的这些回应并未全面响应教外人的观点，却表明了在这方面的一些尝试。由于本文是对新约作者神学观点的描述性研究，我们不会评估这些回应是否有效。

上面的总结清楚地表明，新约中的信徒对逼迫有不同回应。即使在相近情况下，保罗也被描写为会按具体环境采用不同策略（例如，会否逃离逼迫，何时行使罗马公民的权利）。在使徒行传中，彼得和司提反在公会面前的辩护演说具有挑衅性，因为他们反过来指控提控方。他们似乎并未有在法庭上平息纠纷的意思。相反，保罗在罗马法庭上的辩护大多没有类似的反控告。虽然使徒行传第四、第七两章描绘了彼得和司提反在受审时采用非和解进路反控对手，但彼得前书三章 15~16 节和提摩太后书二章 25~26 节却似乎在提倡一种更平和、更温文的方法。

不但如此，就是各新约作者本身也可能对同一问题有不同的看法（例如面对逼迫的恐惧、吃祭偶之物）。有一些犹太领袖因害怕受辱而不敢公开承认信仰耶稣（约 12:42~43），约翰在评价此事时虽然跟马可福音八章 38 节和路加福音九章 26 节相似，但他似乎刻意在对其中两位犹太领袖——亚利马太人约瑟和尼哥德慕——的评价上模棱两可。保罗（林前 8、10 章）、使徒行传十五章 20 节和启示录二章 14、20 节都反对吃祭偶之物，但只有保罗（林前 10:23~33）就不知情下进食写下守则。各新约作者都坚持相同的底线——忠于基督——但他们的观点和回应并不总是相同的。然而，他们意见不同却不相互冲突，而是反映了对同一问题的多元观点。

第3章

如何至终站立得稳：劝说与赋予能力以坚持不懈

现代人一般认为情绪是非理性的，而情绪的运用则是操控人的手段。这在第一世纪的希罗文化中可有不同？在本章中，我们将勾画出各新约作者如何劝说受众在逼迫下仍要坚守信仰，由此不仅剖析其逻辑推论，也会探讨情绪本身及其运用于劝说上占有何等重要的位置。

文化背景：劝说的技巧

我们大多数人都会同意，各新约作者运用了同时期的文学和口述常规工具去传递教导；例如：书信、传记、演讲、诗歌和天启（apocalyptic）著述。历史上许多基督徒也宣称，神使用人类作者于其情境中揭示他的真理。因此，我们将从新约作者劝说的常规工具出发，检视他们的文学及文化氛围。

修辞惯例

我们大部分人对新约采用的劝说方式，如训诲、供效法的榜样和逻辑论证（logos）都不会陌生。这些都是希罗修辞学中一些常见的劝说技巧。[1] 这些技巧也普遍地用于许多不同（包括我们的）文化之中。第一世纪的希罗文化中，传讯沟通主要依靠听觉，甚至信件和其他文学作品也会向受众大声朗读。[2] 因此，

---

[1] 见例子如 Abraham J. Malherbe, *Moral Exhortation: A Greco-Roman Sourcebook*, LEC 4 (Philadelphia: Westminster, 1986), pp. 121–134; Mario M. DiCicco, *Paul's Use of Ethos, Pathos, and Logos in 2 Corinthians 10–13*, MBPS 31 (Lewiston: Mellen Biblical Press, 1995), pp. 188–259; Bryan R. Dyer, *Suffering in the Face of Death: The Epistle to the Hebrews and Its Context of Situation*, LNTS 568 (London: Bloomsbury, 2017), pp. 132–174。

[2] 个人默读的做法十分少见，即使当事人通文识字也是如此。他们的习惯是大声朗读。见 Pieter J. J. Botha, 'The Verbal Art of the Pauline Letters: Rhetoric, Performance and Presence', in Stanley E. Porter and Thomas H. Olbricht (eds.), *Rhetoric and the New Testament: Essays from the 1992 Heidel-*

演讲中使用的劝说技巧也经常用于写作中，以期达至仿如大声朗读所产生的效果。[3]

在希罗修辞学中，演说者经常使用三种劝说手法来支持他的主要观点：[4]（1）*ethos*——向听众证明演说者及信息值得信赖；（2）*logos*——以逻辑论证说服听众；及（3）*pathos*——挑动听众某些情绪，引导他们朝演说者所冀望的行动方向发展。[5] 保罗为其

---

berg Conference, JSNTSup 90 (Sheffield: Sheffield Academic Press, 1993), p. 414; Ben Witherington III, *New Testament Rhetoric: An Introductory Guide to the Art of Persuasion in and of the New Testament* (Eugene: Cascade, 2009), pp. 1–3。

[3]　参 Witherington, *New Testament Rhetoric*, p. 20。 帕森斯（Parsons）和马田（Martin）于较近期的研究中表明，希腊的高等教育——甚或早在中学教育，使用了 *progymnasmata*（撰写演讲稿的初步练习）来训练写作，这可以合理地解释新约作者或文书助理为何会在写作中使用好些修辞技巧。Mikeal C. Parsons and Michael W. Martin, *Ancient Rhetoric and the New Testament: The Influence of Elementary Greek Composition* (Waco: Baylor University Press, 2018), pp. 1–9, 275–281.

[4]　Witherington, *New Testament Rhetoric*, pp. 15–16; Chee-Chiew Lee, 'The Use of Scriptures and the Rhetoric of Fear in Hebrews', *BBR* 31.2 (2021), p. 192. 上述的过程称为 *inventio*（构思）。

[5]　就 *ethos* 见例子如 Aristotle, *Rhetoric* 2.1.3, 2.1.5; *Rhetorica ad Herennium* 1.7。就 *logos* 所运用的不同论证形式，见例子如 *Rhetoric to Alexander* 1429–1430。就 *pathos* 见例子如 Aristotle, *Rhetoric* 2.2–2.11; Quintilian, *Institutio oratoria* 6.1.7–6.1.11。

使徒身份和信息的真确性辩护（加 1:1，11~12），正是建立 *ethos*（可信度）的典型例子。[6] 除了诉诸 *logos*（逻辑论证）之外，希伯来书作者经常运用 *pathos*（情绪挑动）—— 激发诸如恐惧、信心、同理心、荣誉和羞耻等情绪，[7] 而这些都将于下文探讨。

虽然使徒保罗直白地声称自己在传道中没有使用高言大智（*hyperochē logou*）或智慧的话（*peithoi sophias logoi*）[8]（林前 2:1、4），而他也没受训成为专业的演说家（林后 11:6），[9] 但众学者毫不怀疑保罗书信存在可识别的修辞手法。[10] 相反，保罗所指的更有可能是：（1）在哥林多前书二章 1~4 节，他希

---

[6] DeSilva, *Galatians*, p. 139.

[7] 另见 H. Gorman, 'Persuading Through Pathos: Appeals to the Emotions in Hebrews', *ResQ* 54.2 (2012), pp. 77–90。

[8] 此处有一个异文，不同读文的抄本证据可主要划分为两类：（1）带有 *anthrōpinos*（人的）这形容词，用以修饰 *sophia*（智慧）的（如 א[2] A C 1 42 131）；及（2）没有形容词的（如 𝔓[46] א* B D 33）。较早期的抄本支持（2）。

[9] 哥林多后书十一章 6 节是第一类的条件句，即为了论证的缘故，假设前子句"即使我未受过口语训练"为真。这不一定等同于事实。因此，我们不应该凭前子句推断出保罗没有受过修辞方面的训练。就第一类条件句的细微差别，见 Daniel B. Wallace, *Greek Grammar Beyond the Basics: An Exegetical Syntax of the New Testament* (Grand Rapids: Zondervan, 1996), pp. 690–694。

[10] 见例子如 Thrall, *Second Epistle of the Corinthians*, pp. 677–678; Guthrie, *2 Corinthians*, pp. 517–518。

望强调神透过圣灵动工，过于单靠人的力量；及（2）在哥林多后书十一章5~6节，他虽不及其他"超级使徒"般能言善道，但他的学识不比对方少。[11]

除了保罗书信和希伯来书，新约其他书卷也明显运用了不同修辞技巧。[12] 笔者将于下文阐释这些新约作者如何及为何在其劝说中结合各修辞技巧。他们当中常见的技巧，是采用犹太经书。一如同时代的犹太人，他们相信这些经书是神所默示的，因而具有权威地位（参提后 3:16；彼后 1:21）。[13] 与此同时，一如同时代的希腊罗马人，犹太和基督徒作者也采用权威传统作为修辞手法。[14] 值得注意的是，他们不仅劝说

---

[11] Matera, *II Corinthians*, p. 248.

[12] 新约作者的教育水平不尽相同，聘用文书助理十分常见；后者也可能具有不同水平的文学技能。希伯来书作者在修辞方面格外娴熟，其他作者则有所不及。由于修辞学会在中学教育内教授，因此保罗很可能在大数受过一些初级培训。此外，在地中海城市中，演讲经常在市民聚集聆听的公共广场（*agora*）举行。因此，新约作者或其文书助理也可能由此掌握了一些常用的修辞技巧。参 Witherington, *New Testament Rhetoric,* p. 11。

[13] E. Earle Ellis, *The Old Testament in Early Christianity: Canon and Interpretation in the Light of Modern Research* (Eugene: Wipf & Stock, 2003), pp. 3–5.

[14] Dennis L. Stamps, 'The Use of the OT in the NT as a Rhetorical Device: A Methodological Proposal', in *Hearing the Old Testament in the New Testament*, MNTS (Grand Rapids: Eerdmans, 2006), pp. 9–37; Christopher D. Stanley, 'The

受众在面临逼迫下仍要坚守信仰，更完全确信神能赋予他子民坚持不懈的能力（例如约 17:11~12；帖后 2:16~17；来 7:25；彼前 5:10；启 7:3）。

荣誉与羞耻

希罗文化中另一个值得关注的重要特征是"荣誉与耻辱"。在那文化中，众人非常渴望荣誉又非常厌恶羞耻（耻辱）。因此，荣辱成为调节社交行为的强大力量。德席尔瓦（deSilva）清晰解说了"予以荣誉和羞耻〔如何〕成为主要手段，催使各人践行那些并未立法的价值观，并加强那些成文法所涵盖的价值观"，而笔者则会尝试于下文概述。[15]

首先，笔者已于上文提到公开羞辱（如辱骂、殴打、遭群体排斥、没收财产、监禁）乃是主流文化（如犹太和外族反对者）采用的手段，逼使偏离者（通常是少数群体；如基督徒）顺从主流社群的价值观（如割礼是人被接纳为神子民的唯一途径；参与异教崇拜

Rhetoric of Quotations: An Essay on Method', in Craig A. Evans and James A. Sanders (eds.), *Early Christian Interpretation of the Scriptures of Israel: Investigations and Proposals*, JSNTSup 148 (Sheffield: Sheffield Academic Press, 1997), pp. 54–56.

[15] DeSilva, *Honor, Patronage, Kinship and Purity*, pp. 36, 35–42.

对维持 *pax deorum* 至关重要）并吓阻其他人（例如旁观者）偏离。[16] 基督徒抵受不住羞辱就会妥协，一如我们在上一章所见。故此，是什么使其他基督徒忍受羞辱、坚毅不屈呢？

其次，少数群体文化力图重新为自己定义何谓荣誉和羞耻。正如德席尔瓦指出的，这策略可见于犹太、外族和基督徒著作。[17] 笔者就曾于上文提到一个矛盾说法："因为基督而受辱是一种荣幸。"[18] 这正是个例子，将多数族群文化认为"不光彩的"（被地方政府鞭打；参徒 5:40~41）重新定义为少数群体文化的"荣耀"（为基督受苦）。这观点的另一个表述方式是，关键在于是否确信从神而来的荣耀比从人而来的更重要。[19]

虽然各新约作者都与其文化氛围相近，也会运用催逼和重新定义这两个策略，[20] 但于某些方面却有所

---

[16] 见上文第 101 页。就此社会行为机制，另见 Timothy MacBride, 'Aliens and Strangers: Minority Group Rhetoric in the Later New Testament Writings', in Mark Harding and Alanna Nobbs (eds.), *Into All the World: Emergent Christianity in Its Jewish and Greco-Roman Context* (Grand Rapids: Eerdmans, 2017), p. 303。

[17] 就一手史料，见 deSilva, *Honor, Patronage, Kinship and Purity*, pp. 39–40 中第 40 页注 17。

[18] 见上文第 107 页。

[19] 另见 Te-Li Lau, *Defending Shame: Its Formative Power in Paul's Letters* (Grand Rapids: Baker Academic, 2020), p. 172。

[20] MacBride, 'Aliens and Strangers', p. 305.

不同。最近，刘氏（Lau）也完成一项重要的研究，探讨保罗如何于其书信中运用羞耻感。刘氏提出保罗于以下方面与同时代的希罗道德家相近：（1）把羞耻感理解为大众察觉自己的行为有违其道德规范时所经验的情绪（换言之，罪行导致羞耻）；及（2）把羞耻感用作"教学工具"，去劝阻不光彩的行为（按基督信仰的神学和观点重新定义）并激励悔改。[21] 因此，刘氏总结认为，保罗"让人自感羞愧的修辞手法不是破坏，而是救赎；不是瓦解，而是重整"。[22] 尽管如此，刘氏仍表明，保罗与他同时代的人不同之处在于他坚信，若无圣灵"转化和赋予能力的作为"，这种羞辱式的技巧将会毫无果效。[23] 笔者将于下文检视新约作者如何把荣誉与羞耻结合为修辞策略，用以劝说受众坚守基督信仰。

劝说受众坚持不懈

有关耶稣的言论和故事在被保存于四福音内以先，都以某种形式的口述和成文福音传统流传开来。

---

[21] Lau, *Defending Shame*, pp. 151–166.

[22] 同上，p. 172。

[23] 同上，pp. 167–172。

在本节中，我们将检视不同新约作者如何在其教导中发展和应用这些福音传统，以劝说耶稣的跟随者在逼迫中仍坚守信仰。由于前文已检视过四位福音书作者如何透过人物刻画教导受众面对逼迫，[24] 笔者就不在这里重复。

马可福音

马可以种子落在四种土壤的比喻开启对门徒面临逼迫的讨论（可 4:1~20）。如上文所述，与路加较为笼统的描述不同，马可将落在石地浅土被太阳烤灼枯萎的种子，与那些因逼迫而离开的人联系起来（可 4:5~6、16~17；参路 8:13）。[25] 这是他首次警告部分门徒会因逼迫而放弃信仰。

学者注意到马可在耶稣就他受苦、死亡和复活的三个预言中，使用了三重式的文学手法和相应的循环模式（表 3.1 仅列出了不同之处）。[26]

---

[24] 见上文第二章中"神学观点概要"。

[25] 见上文第二章 129–130 页。

[26] 就三重式手法的运用，见 Mark L. Strauss, *Mark*, ZECNT (Grand Rapids: Zondervan, 2014), p. 48。就循环模式，见 R. T. France, *The Gospel of Mark: A Commentary on the Greek Text*, NIGTC (Grand Rapids: Eerdmans, 2002), p. 320; Robert H. Stein, *Mark*, BECNT (Grand Rapids: Baker

预言他的受苦、受死和复活		
第一次预言：受苦和被弃绝（8:31）	第二次预言：被交在人的手里（9:30~32）	第三次预言：被交给祭司长和经学家、受到凌辱（10:32~34）
门徒的错误反应		
彼得责怪耶稣（8:32）	门徒争论谁为大（追求荣耀）（9:33~34）	雅各和约翰请求坐在耶稣的左右（追求荣耀）（10:35~37）
耶稣的更正教导		
以荣耀与羞耻计算作门徒的代价（8:34~38）	真正的伟大以谦卑和仆人的形态展现（9:35~37）	雅各和约翰将接受耶稣的洗礼并喝他的杯。真正的伟大由神赐予，并会以仆人形态出现，正如耶稣的榜样（10:38~45）。

表3.1
马可福音八章31节至十章45节的循环叙事模式

Academic, 2008), p. 386; Strauss, *Mark*, p. 403。虽然马太和路加也记载了耶稣受难的三次预言，但其中没有马可所运用的模式。

我们在此需要注意的是，通过这文学手法带来的神学信息，如何与面对逼迫相连起来。我们观察到每个循环都扩展了前一个。在第一循环（可 8:34~38）中，耶稣严肃宣告说，跟随他就不可避免要受苦（"背起十字架"），这显然与为耶稣和福音受苦（即受逼迫），甚至达到丧命的程度（"拯救和失去生命"）有关。假如门徒害怕蒙羞受辱（即以耶稣和他的道为耻），他们看似凭着否认耶稣救回自己的生命。[27] 然而，在末世耶稣荣耀再临时，他也会以他们为耻，而他们就将丧掉自己的生命了。

在第二和第三个循环中，门徒们追求荣耀：想要成为最大的（可 9:33~34），并在弥赛亚君王旁边占据尊贵的席位（可 10:35~37）。[28] 在这两个循环中，耶稣清楚表明，真正的伟大会在谦卑和仆人身份上展现出来。在第三个循环中，这概念以耶稣自己的例子为扩展（可 10:45）。耶稣以"杯"和"洗礼"的比喻描绘他的受苦（参可 14:36；路 12:50；约 18:11）。[29] 雅各和约翰将要分享耶稣的杯和参与他的洗礼（可 10:39），并由此有份于耶稣的苦难。相比之下，赐尊位给雅各和约翰的权柄却不属耶稣（可 10:40）。

---

[27] 就以耶稣及他的道为耻，并由此否认耶稣，另见 Stein, *Mark*, p. 410。

[28] 另见 Strauss, *Mark*, p. 454。

[29] France, *Mark*, p. 416; Strauss, *Mark*, p. 455.

通过这三个循环，其中的神学信息就清晰地呈现。首先，作为门徒，他们的份只会是为基督和他的福音受辱，而非因权势地位而得荣耀。第二，那些现在试图避免为基督受苦而蒙羞的人，最终将会在末世承受耻辱。哪一个更为重要呢？是暂时被迫害者羞辱，还是在最后审判时被荣耀的耶稣所耻呢？我们在此看到羞耻和荣誉（光荣）所发挥的调节功能，明白这可激发信徒对基督的坚毅和忠诚。

最后，在橄榄山讲论中（可 13:9~13），耶稣再次警告门徒，他们将因他的名而遭受仇恨和逼迫。迫害者将向地方和区域政府起诉门徒，令后者受到惩罚。即便如此，门徒也必须在法庭上作见证，并且必须先向万民传福音。[30] 然而，马可也描绘耶稣向门徒保证会借着圣灵赐予的智慧来引导他们。逼迫将首先来自各人的家庭成员，甚至会被他们杀死。然而，坚持到底的人必然得救。

---

[30] 有些学者认为 *prōtos*（首先）指的是在圣殿被毁前福音传到万国。见例子如 France, *Mark*, p. 516; Stein, *Mark*, p. 600; Strauss, *Mark*, p. 575。然而，按直接上下文中将"首先"理解为门徒在向君王和总督面前作见证之前，先向万国宣讲福音可能更好，原因如下：首先，此乃马可在法庭上作见证这篇章中所加插的部分（参太 10:17~20 // 路 12:11~12），可能表明他打算将此与上下文联系起来。其次，使徒行传中的叙述证实了这一点：保罗在法庭上作见证是因他向犹太人和外族人传道而受逼迫的结果。

马可在其福音书中，以下方式陈明耶稣的教导，来劝说受众坚持不懈：（1）预早发出逼迫的警告：决定跟随耶稣的人应该知道自己正向什么委身。（2）已表明面对逼迫的理想回应：不以为耶稣受苦为耻，即使遭反对仍要继续为耶稣作见证，坚持不懈。（3）耶稣的应许起了坚固信心的作用：圣灵的同在和智慧消除焦虑，救恩的确切盼望激励众人坚持不懈。

马太福音

马太福音有五段主要的讲论，穿插在相关的叙述之中。[31] 在部分讲论中，马太以对应该讲论主题的方式，处理了面对逼迫的问题。

第一组讲论（太 5:1~7:29）聚焦于耶稣为律法的成全（太 5:17~19）——他是律法与之实践的权威诠释者（太 5:21~7:29）。根据犹太传统，门徒遵守律

---

[31] France, *Matthew*, p. 8; Turner, *Matthew*, p. 9. 这五组讲论都以相同的短语作结束 *kai egeneto hote etelesen ho Iēsous*，"耶稣说完了这一切话"（7:28，11:1，13:53，19:1，26:1），而这些讲论分别是（1）耶稣和律法的成全（太 5:1~7:29）；（2）宣教与敌对反应（太 10:5~11:1）；（3）天国的比喻（太 13:1~52）；（4）门徒之间的关系（太 18:1~35）；及（5）即将到来的审判（太 24:3~25:46）。

法就是义（太 5:20，6:1；参申 6:25）。[32] 因此，耶稣不出意料地宣称那些为义受逼迫的人是"有福的"（*makarios*）（太 5:10）。这 *makarios* 是八福中的最后一个（太 5:3~10），是马太福音对下一个 *makarios* 的引介——出现在双重传统中为耶稣受苦遭遇逼迫的祝福（太 5:11~12 // 路 6:22~23）。[33] 马太同时在两个 *makarioi* 中标注了动词 *diōkō*（迫害），以强调他对逼迫的关注。[34] 虽然内容与路加的措辞非常相近（粗体），但与后者仍有所不同（见表 3.2）

---

[32] 就第二圣殿文献中将义与遵守律法联系的例子，见 Steven M. Bryan, *Jesus and Israel's Traditions of Judgement and Restoration*, SNTSMS 117 (Cambridge: Cambridge University Press, 2002), pp. 57–68。这里的义不单仅仅是"良好行为"（如 Gundry, Turner），而是更具体地指"遵守律法"。Gundry, *Matthew*, p. 73; Turner, *Matthew*, p. 143. 门徒在遵守律法上必须超过文士和法利赛人（太 5:20），其方式反映于后续段落中耶稣对律法的诠释及应用（太 5:21~48）。这些超出了他们的传统理解，正如重复短语"你们听过有这样的吩咐……可是我告诉你们"所强调的。

[33] 马太福音五章 3~10 节中首八个 *makarioi* 使用了第三人称复数（以"天国是他们的"作为首尾呼应），而马太福音五章 11~12 章则使用了第二人称复数。

[34] 另见 Gundry, *Matthew*, pp. 73–74。

马太福音五章 11~12 节	路加福音六章 22~23 节
人若因我的缘故辱骂你们，迫害你们，并且捏造各样坏话毁谤你们，你们就有福了。你们应该欢喜快乐，因为你们在天上的赏赐是大的；在你们以前的先知，他们也曾这样迫害。	世人为人子的缘故憎恨你们、排斥你们、辱骂你们，弃绝你们的名好像弃绝恶物，你们就有福了。那时你们应该欢喜跳跃，因为你们在天上的赏赐是大的，他们的祖先对待先知也是这样。

表3.2

马太福音五章11~12节和路加福音六章22~23节的文本比较

有些时候，耶稣对律法（及其他部分的犹太经书）的诠释，与犹太领袖所接受的同时代诠释截然不同，而门徒将因遵守前者而面临逼迫。[35] 这些解释很可能不仅

---

[35] 一方面，笔者同意黑尔的观点，"那些因为正义行为而受到逼迫的人，实际上是因为他们与耶稣的关系而受到逼迫，耶稣是他们独特生活方式的源头和原因"。另一方面，笔者不同意黑尔认为这义"不大可能的"跟遵守妥拉或耶稣对"妥拉的正确解释"之争有关。见 Hare, *Jewish Persecution of Christians*, p. 132。事实上，黑尔认为基督徒对耶稣的崇高主张可能会导致犹太人的逼迫之论点（p. 137），反而更倾向支持这些主张源于对妥拉（例如耶稣是安息日的主）和弥赛亚诗篇的解释。尽管如此，马太福音五章 21~48 节不是关于"错误的"传统解释，而是关于以超越文士和法利赛人教导的方式成全律法（太 5:20）。

限于本段讲论的内容，还包括其他诸如耶稣将自己诠释为安息日的主（太11:28~12:21）和被拒绝的弥赛亚等（太21:42；参诗118:22~23；另见太26:62~66）。[36] 因信耶稣而受逼迫的门徒是有福的，因为他们属于神的国，并且在天上的赏赐是大的（太5:10、12）。他们遭受这样的逼迫证明了他们作为天国子民的身份，而他们的奖赏则很可能是指他们将要承受天国。[37]

虽然耶稣有关不报复的教导（太5:38~42）并不直接提及门徒该如何回应其逼迫者，但却可以应用到这类处境。[38] 正如特纳（Turner）所指出的，"在受

---

[36] 就耶稣对安息日的理解与马太福音十二章15~21节中以赛亚书引文的关系，见 Chee-Chiew Lee, 'Scripture as God's Word', in Roland Chia (ed.), *Dei Verbum: The Bible in Church and Society* (Singapore: Sower, 2020), pp. 8–11。 就诗篇一一八篇于第二圣殿时期的弥赛亚诠释，见 Craig L. Blomberg, 'Matthew', in G. K. Beale and D. A. Carson (eds.), *Commentary on the New Testament Use of the Old Testament* (Grand Rapids: Baker Academic, 2007), p. 74。

[37] 就印证门徒的身份，见 Kelhoffer, *Persecution, Persuasion, and Power*, pp. 237–238；就以承受天国为赏赐，见歌罗西书三章24节；Osborne, *Matthew*, p. 170。

[38] 甘德里（Gundry）和特纳（Turner）都认为盐与光的教导（太5:13~16）与逼迫相关。Gundry, *Matthew*, p. 75; Turner, *Matthew*, p. 154. 甘德里认为门徒的见证是逼迫的原由，而特纳则理解作在逼迫中门徒的见证。虽然这些教导可以应用到这类处境，但笔者却并未将之包括在内，因为文本本身并不清晰显示其与逼迫相关。

到更强大者压迫时，门徒不仅要以非报复的反应来远离邪恶，他更应以慷慨恩慈的态度回应弱势群体，好鼓励善行。"[39] 然而，就下一则有关爱仇敌的教导中（太 5:43~48），马太用上 *diōkō*（逼迫）这动词，并连系到门徒应如何面对逼迫——为其逼迫者祷告（参路 6:27~28）。这教导在路加福音中则较为广泛，并可应用到各类别的仇敌，不限于因为门徒信仰耶稣而反对他们的人。与路加福音相比，马太福音中的教导则较为扼要（相似之处于表 3.3 中以粗体标示）。

马太福音五章 44~45 节	路加福音六章 27~28 节
可是**我告诉你们**，当**爱你们的仇敌，为迫害你们的祈祷**	只是**我告诉你们**听道的人：当**爱你们的仇敌**，善待恨你们的人。咒诅你们的，要为他们祝福，凌辱你们的，**要为他们祷告**。

表3.3
马太福音五章44~45节
和路加福音六章27~28节的文本比较

---

[39] Turner, *Matthew*, p. 175.

背后的理念是他们应当反映与天父相同的本性（"儿子"），正如天父是完全的，好人和恶人他都善待；因此，他们应该比非信徒（"外族人"）做得更多（太5:45~48）。[40]

早期基督徒的做法，是证明耶稣就是圣经所应许的弥赛亚；[41] 马太福音的主旨同样是表明耶稣圆满成就了圣经（律法书、先知书和圣卷）。[42] 因此，这首篇讲论很可能是护教举动，表明耶稣（以至基督信仰）并不违反律法，而是成全了律法。此举的对象不仅是犹太反对者，也在于劝说众门徒他们正在为着正确而有价值的目的而受苦。

第二组讲论着重于宣教与敌对反应。这段讲论中的大部分内容都反映在双重和三重传统中，包括马可福音十三章 9~13 节中的数据，笔者就不在此重复，[43] 只会强调马太在呈现这些内容时的**独特**之处（见下文粗体）。第一，正如黑尔（Hare）提到的，马太福音

---

[40] 就神的儿女（*huioi*，"众儿子"；太 5:45）反映神品格的本质，见 France, *Matthew*, p. 226; Osborne, *Matthew*, p. 213。*Ethnikoi*，"外族人"（太 5:47），在此指的是门徒群体之外的人；见 France, *Matthew*, p. 227。

[41] 见上文第 109 页有关使徒行传的分析。

[42] France, *Matthew*, pp. 10–14; Osborne, *Matthew*, pp. 31–32, 38–40.

[43] 见上文 170 页。

十章 5~15 节跟马可福音六章 7~13 节和路加福音九章
1~6 节不同之处，**在于将逼迫与拒绝福音信息联系在
一起**（太 10:6~33）。[44] 第二，逼迫者如狼群一样危
险，**但门徒却要以智慧和温柔回应**（太 10:16；参路
10:3）。[45] 第三，门徒要于法庭上在统治者和**外族人**
两者面前为耶稣作见证（太 10:18；参可 13:9~10）。
第四，假如门徒在某城受逼迫，**他们就逃到别的城去**（太
10:23）。第五，由于门徒不能胜过老师，反倒要跟后
者相似，**他们因此将会面对逼迫，就和耶稣一样**（太
10:24~25；参路 6:40）。[46]

　　第六，门徒不应害怕逼迫（太 10:26~28），而理
由有三方面：（1）**没有什么秘密是人不知道的**（太
10:26b）。这可意指（a）逼迫者在暗中加害他们的作
为将会被揭露，或（b）门徒应当公开地宣扬耶稣私
下告诉他们的。[47]（2）人更应畏惧神，因为他能同时

---

[44] Hare, *Jewish Persecution of Christians*, pp. 98–100. 一
如前文提到的（见上文第 4 页），除非涉及不公对待，拒
绝福音或反对宣教士的信息并不一定构成逼迫。

[45] 在路加福音十章 3 节中，狼群中之羊的比喻似乎
更侧重讲述宣教的风险，而在马太福音的上下文中（太
10:17~23），狼群明确指向逼迫者。与此同时，蛇和鸽子
的比喻都记载于马太福音，并不在路加福音的记述之中。

[46] 与马太福音不同，路加福音六章 40 节没有将这教
导应用于逼迫的情境上。

[47] 马可福音四章 22 节和路加福音十二章 2 节都没有

毁灭身体和灵魂，而相比之下，逼迫者只能毁灭身体（太 10:28）。（3）神尚且看顾价值不高的麻雀，必然会加倍看顾他们（太 10:29~31）。第三个理由还采用了 *a minore ad maius*（由小至大，或者希伯来文的 *qal wāḥômer*）这修辞技巧。在这三个理由中，第一个是马太福音所独有的，其余两个则同样见于路加福音十二章 4~5 节。

第七，既然门徒已获保证为何不应害怕（太 10: 26~31），**马太就继而推论**（*oun*，"因此"；太 10:32）门徒不应害怕在人前承认基督，而他鼓励受众如此行的方法则是点明其结果："凡在人面前承认我的，我在我天父面前也要承认他；在人面前不认我的，我在我天父面前也要不认他"（太 10:32~33）。[48]

将这句关于"隐藏的秘密将被揭露"的教导与逼迫联系起来（参太 10:26）。此外，对于紧接其后的"听见的耳语，要在房顶上宣扬"，马太把耶稣描绘成暗中教导的人，门徒则是公开传扬的人；对比之下，路加将其界定为听众暗地里說的话将被公开（参太 10:27；路 12:3）。就上述两种可能的含意，見 Turner, *Matthew*, p. 278; Osborne, *Matthew*, pp. 396–397。

[48] 这一系列关于不害怕逼迫者的教导，以及承认和否认耶稣的后果出现在双重传统之中（太 10:26~33 // 路 12:2~9）。从概念而言，虽然否认耶稣的后果（太 10:32~33 // 路 12:8~9）及以耶稣和他的话为耻（可 8:38 // 路 9:26）类似，但这两项教导其实出现在不同的上下文中：就前者可见本注；就后者则可见下文注 49。

第八，通过使用一些见于双重传统中的其他教导，马太**再次强调逼迫将来自各人的家庭**：[49]（1）耶稣在家人之间带来分裂和张力，而非和平（太10:34~39；参10:21；路12:51~53）；（2）耶稣的门徒需要愿意受苦（"背起十架"）和爱他过于自己家人（太10:37~38；参路14:26~27）；及（3）牺牲生命会得着生命和反之亦然的悖论（太10:39；参路17:33）。

最后，马太以有关接待与奖赏的教导总结这组讲论：（1）接待神的使者（耶稣、众先知、义人；太10:40~41）的，及（2）把凉水给微不足道之人的必蒙赏赐。虽然这些可能与面对逼迫没有直接关系，却可能带有支持那些受逼迫之人的含义。接待一个微不足道的门徒所得的奖赏（太10:42）可能与绵羊及山羊（真

---

[49] "背起十架"和"得到／失去生命的悖论"的教导以两个形式出现：一个见于三重传统，另一见于双重传统。三重传统（可8:34~9:1 // 太16:24~28 // 路9:23~27）把这些教导放在耶稣第一次预言自己受难之后，但马太福音十六章27节跟马可福音八章38节及路加福音九章26节有所不同，省略了关于以耶稣和他的话为耻的教导，却以更一般性的判断方式，即依据各人的作为，取而代之。双重傳統（太10:37~39 // 路14:26~27）则将这些教导放在耶稣要求门徒爱他胜过爱家人的上下文之中。"人的仇敌就是自己的家人"（10:36）是马太福音所独有的。跟马太福音十章37~39节不同，路加福音十四章26~27节和十七章33节中的教导与逼迫并无连系。

假门徒）的比喻有关；耶稣于其中把给予或拒绝接待有需要的人，等同于如何对待他（太 25:31~46）。[50] 由于其中涉及很可能与逼迫相关的监禁，这会激励门徒援助有需要的人，包括那些遭遇逼迫的人。[51]

马太将耶稣关于逼迫的大部分教导整合到这第二组讲论，其中包括（1）预言门徒将如何受到逼迫，以及被谁逼迫；（2）他们该如何回应；及（3）面对逼迫时耶稣的保证和应许。在第三组讲论中有一系列有关天国的比喻。马太把撒种在石地浅土上的比喻纳入其中，指的是那些在面对逼迫时放弃信仰的人。不过，与马可相比，他并没有做额外的评论。

第五组讲论的上文提及文士和法利赛人的七祸（太 23:13~36）。最后的祸责备他们拒绝和杀害耶稣派来的使者（先知、智者和文士），就像他们祖先对待以前的先知一样（太 23:29~36 // 路 11:47~51）。当中涉及并预言不信的犹太领袖要逼迫耶稣的门徒，尽管重点似乎放在那些宣扬耶稣国度信息的人之上。[52] 他们

---

[50] 另见 France, *Matthew*, p. 965; Gundry, *Matthew*, p. 514。马太福音十章 42 节中的"这些微不足道的人中的一个"（*hena tōn mikrōn toutōn*），跟马太福音二十五章 40、45 节中"一个最小的"（*heni toutōn tōn elachistōn*）的语意相近。

[51] 在下文第 211–212 页，我们将看到希伯来书作者如何发展这个福音传统。

[52] 根据黑尔（Hare, *Jewish Persecution of Christians*,

逼迫耶稣使者的方式（杀害、钉十字架、在会堂里鞭打、从一座城市迫害到另一座）暗指了关于福音使命的第二组讲论（太 10:17~18、23）和第五组讲论（太 24:9）。因为流义人的血（太 23:35；参 5:10），他们将面临神的审判并被判罚进地狱（太 23:33）。这下地狱的刑罚是马太所独有的。对于正受到逼迫的门徒来说，神必会审判逼迫他们的人的确据是一份鼓励，因为神会为他公义的子民（即那些遵守耶稣所诠释之律法的人）复仇并昭雪。

最后，在有关未来审判的第五组讲论，马太再次描述耶稣重申门徒将受到逼迫，被列国（外族人）憎恨，甚至被处死（太 24:9；参 10:21）。耶稣再一次警告，许多人会背弃他们的信仰（太 24:10 上；参 13:21），[53] 而门徒群体中的一些人将会由于逼迫的压力而彼此背叛和憎恨（太 24:10 下；参 10:22）。

从马太对其数据源的编辑可观察到，他专注于向

---

pp. 106, 113, 125），马太将犹太人的逼迫描述为主要针对基督徒宣教者而非一般基督徒。虽然，在马太强调基督徒宣教者遭受犹太反对者的逼迫上（参太 13:16~19、23:34）黑尔是正确的，但我们应该注意到马太福音五章10~12 节、十章 34~39 节和二十四章 9~10 节等章节也可以更广义地指到一般基督徒。

[53] 就这些经节（太 13:21，24:11）的上下文而言，*skandalizō* 的意思是否认自己信仰耶稣（参太 26:31、33）。见 *BDAG*, p. 926, 1b。

受众讲述来自犹太反对者的逼迫。[54] 虽然在马太及／或路加传统中，耶稣的一些言论没有直接提到逼迫，马太却以模拟方式将其应用于面临逼迫的情境之上。他不仅陈述了耶稣就门徒应如何面对逼迫的教导，而且经常提供这样做的理由（诉诸 *logos*［逻辑论证］）。马太福音的文学特色之一是真假门徒的对比。[55] 正如甘德里（Gundry）指出的，那些经得起逼迫的才是真门徒，而假门徒则是那些为了逃避逼迫而否认与耶稣有关系，甚至将其他门徒出卖给逼迫者的人。[56] 这种对比真假门徒的特征及结局的文学特色，提醒马太福音的受众要自行辨别身属哪一方。

路加福音——使徒行传

在路加福音中，几乎所有关于耶稣就逼迫教导的描述都可以在三重和双重传统中找到。那些见于三重传统的内容包括：（1）种子落在浅土石地上的比喻（路 8:13）；（2）背起十字架跟从耶稣和以耶稣为耻的结

---

[54] 另见 Gundry, *Matthew*, pp. 5–10; Hare, *Jewish Persecution of Christians*, pp. 125–129。

[55] 例子如太 7:21~23，13:1~9、18~23、18~30、36~43，22:11~14，24:45~51，25:1~46。

[56] Gundry, *Matthew*, p. 6.

局（路 9:23~27）；（3）在地方和区域政府面前受到指控，以此作为作见证的机会，并从圣灵得智慧的应许（路 21:12~15；参 12:11~12）；及（4）来自所属群体的逼迫和被所有人憎恨（路 21:16~17）。然而，路加在"背起他的十字架"前加上"天天"一词（路 9:23；参可 8:34 // 太 16:24），强调了舍己的持续性，即使这意味着死亡。相比之下，马可福音和马太福音中的这句话可以更具体地指一次性承诺，以应对因逼迫而来的实时死亡威胁。[57]

那些见于双重传统的内容包括：（1）就面对逼迫和为此欢喜而有福的两个 makarioi（"有福的人"[复数]；路 6:22~23）；（2）爱仇敌和不报复（路 6:27~36）；（3）惧怕神多于逼迫者，因为前者有权柄把人扔进地狱，而后者仅能杀人身体（路 12:4~5）；（4）看顾麻雀的神将更看顾受逼迫的门徒（路 12:6~7）；及（5）在逼迫者前承认或否认耶稣的结局（路 12:8~9）。

这些教导所处的上下文，通常在三重传统中与马可福音的相近，而在双重传统中则与马太福音的相近。因此，在上下文类近之处，这些教导也以近似马可福音和马太福音的方式发挥作用，由此鼓励信徒坚持不懈。

---

[57] Richard B. Vinson, *Luke*, SHBC (Macon: Smyth & Helwys, 2008), p. 285; Garland, *Luke*, p. 390; James R. Edwards, *The Gospel According to Luke*, PNTC (Grand Rapids: Eerdmans, 2015), p. 276.

然而，路加在这些传统中嵌入好些独特的材料：来自群体的逼迫，从直系亲属扩大至亲戚和朋友（路21:16），及"连你们的一根头发，也必不失落"的应许（路21:18）。同样地，如上文所指的，[58] 第一，相比于马太福音，路加福音中好些教导都放在较为广泛的情境中（例如：爱仇敌、撒种在浅土石地），但是其广阔度足以应用在面对逼迫的情况中。[59] 第二，尽管与马可福音和马太福音相比下，路加福音在铺陈耶稣关于逼迫的教导上并没有明显的区别，[60] 使徒行传

---

[58] 见本节"路加福音 —— 使徒行传"之前，"马太福音"与"马可福音"的部分。

[59] 这并不意味着路加的受众所面对的逼迫，比马可或马太的受众较为轻。而是说，路加似乎倾向于更广阔地陈述这些教导，以涵盖其他类型的不公对待。

[60] 甘宁翰（Cunningham, *Through Many Tribulations*, pp. 295–327）将路加福音 —— 使徒行传中的逼迫神学总结为六项"功能"：（1）逼迫是神计划的一部分；（2）逼迫是神的代表被那些本来应是神子民的人拒绝；（3）受逼迫的神子民与神的先知是一脉相承的；（4）逼迫是跟随耶稣不可或缺的后果；（5）逼迫是基督徒坚忍的契机；及（6）逼迫是神得胜的契机。虽然笔者大体同意甘宁翰的总结，但仍想指出以下几点。第一，这六点在对观福音书中有很多共同之处，但与马太福音相比，在路加福音 —— 使徒行传中更全面发展第三点。第二，套用甘宁翰本人的话（p. 297），笔者建议将第一点改写为"逼迫总是发生在神的旨意中"，因为"神计划的一部分"可能给人一种印象，即逼迫者这些不公对待源于神，而不是罪的结果。第三，笔者还会将第二点改写为"逼迫源自拒绝神的代表"。

中的叙述却将门徒描绘成能够以符合耶稣教导的方式面对逼迫，因此是对逼迫的模范回应。除了在使徒行传中对门徒的正面人物刻画外，[61] 路加在使徒行传的叙述中，还试图通过展示门徒如何经历在福音传统中耶稣所应许的拯救，以鼓励受众在逼迫中坚持信仰（路21:19; 参太 10:29~31; 路 12:6~7）：（1）使徒奇迹地脱狱（徒 5:19, 12:6~17, 16:25~26）；及（2）反对保罗的阴谋遭到挫败（徒 9:23-25, 14:5~6, 20:3, 23:12~23）。因此，路加展示了耶稣关于面对逼迫的教导及其拯救应许如何通过圣灵的能力，在早期门徒的模范和经验中实现，并以此试图鼓励受众坚持信仰。

约翰福音

在上一章中，我们看到约翰如何通过人物刻画，他对某些人物的正面或负面评价，以及对部分人物模

如前所述，拒绝并不一定意味着逼迫。此外，虽然"那些本来应是神的子民"（即不信的犹太人）在路加福音中被描绘成逼迫门徒的人，但他们不是使徒行传中唯一的逼迫者 —— 还有异教徒的逼迫者。

[61] 即使路加提到马可在旁非利亚"离弃"保罗和巴拿巴（徒 15:38），他也没有具体说明离弃的原因。因此，马可是否因遭受逼迫而离弃了他们仍不清晰。这支持了笔者的观点，即路加在使徒行传中只描述了信徒面对逼迫的积极回应。

棱两可的描述，来处理在约翰福音中信徒面对逼迫的
恐惧。在本节中，我们将重点关注约翰如何使用二元
的用语和约翰福音中耶稣的讲论，来处理这份对逼迫
的恐惧。[62]

除了约翰福音十二章24~26节外，耶稣针对
面对逼迫的大部分教导都可以在临别讲论中找到
（约 13~17 章； 参 15:18~23， 16:1~4a、32~33，
17:11~18)。乍看之下，耶稣在约翰福音十二章24~26
节的教导似乎与逼迫没有直接关系：

> 我实实在在告诉你们，一粒麦子若不落
> 在地里死了，仍旧是一粒；如果死了，
> 就结出许多果实来。爱惜自己生命的，
> 就丧掉生命；在这世上恨恶自己生命
> 的，必会保全生命到永远。如果有人服
> 事我，就应当跟从我；我在哪里，服事
> 我的人也会在哪里；如果有人服事我，
> 我父必尊重他。

然而，约翰福音十二章23~28、33~34节和约翰福音
二十一章18~19节之间的许多文学关联，却将前者与
逼迫联系一起（表3.4）。[63]

---

[62] 本节主要摘自笔者的专文 'Facing Persecution', pp.
189–204。然而，笔者于本节将只会总结其中要点。

[63] 同上, pp. 192–193; 另见 Gilbert van Belle (ed.), 'Peter

"如果有人服事我，就应当跟从我"（12:26a）	耶稣差派彼得牧养他的羊，以此服侍他（21:15~17），并吩咐彼得跟随他（21:19）
"我在哪里，服事我的人也会在哪里"（12:26b）	耶稣死于反对他之人的手里。同样地，彼得也将要殉道（21:18）
耶稣的死使神得荣耀（12:23、27~28）	彼得的死使神得荣耀（21:19）
"他［耶稣］说这话，是指着自己将要怎样死说的"（12:33~34）	"耶稣说这话，是指明彼得将怎样死，来荣耀神"（21:18~19）

表3.4
约翰福音十二章23~28、33~34
及二十一章18~19节的文学关联

此外，"爱"和"荣誉／光荣"将约翰福音十二章25~26节与十二章42~43节联系起来。[64] 不承认耶

---

as Martyr in the Fourth Gospel', in *Martyrdom and Persecution in Late Antique Christianity: Festschrift Boudewijn Dehandschutter* (Leuven: Uitgeverij Peeters, 2010), pp. 281–309, 特别是 p. 287; Köstenberger, *John*, p. 380。

[64] 就约翰福音十二章43节希腊文句法的释经细节，见上文第二章注106。timaō（尊荣）与 *doxa*,（荣耀）也有语义重叠之处；见 L&N, §§87.4, 87.8。

稣为基督是因为看重"自己的荣誉过于神的荣誉",
而"爱来自人的荣誉,过于爱来自神的荣誉"则很可
能是"爱惜自己性命"的例证。相比之下,"那些
恨恶自己生命的人,因承认基督并忍受被定罪、被
逐出群体的耻辱,实际上会从神那里得到永生和荣
耀"。[65] 从约翰描述耶稣和彼得所要面对的死亡来看
(约 12:23、27~28、33,21:18~19),殉道会使神得
荣耀。

对观福音书中的类似说法不如约翰福音中的两极
对立(参可 8:35 // 太 16:25 // 路 9:24)。因此,约翰
似乎故意使用二元用词"爱、恨"及"生、死"(约
12:25~26),并且将对立词汇间的距离拉至最远,[66]
从而加剧了永生是通过死亡获得的悖论。撒种比喻中
死后结果更多(约 12:24)正好阐明这概念。我们也
看到约翰试图将主流文化视为耻辱的(为耶稣受逼
迫),重新定义为在神眼中真正的荣耀。

约翰在十五章 19 节描述耶稣将门徒与其他人截
然区分开来:"**你们若属于这世界,世人必定爱属自**

---

[65] Lee, 'Facing Persecution', p. 193.

[66] James L. Resseguie, 'A Narrative-Critical Approach to
the Fourth Gospel', in Christopher W. Skinner (ed.), *Characters and Characterization in the Gospel of John*, LNTS 461
(London: Bloomsbury T&T Clark, 2013), p. 6.

己的；但因为你们**不属于世界**，而是我从世界中拣选了你们，所以世人就**恨**你们。"这种二元表述叫人不可能采取中立或被双方认同：[67] 不可能既属于耶稣，又被世界所爱。这迫使受众作出选择，并自行评估自己身属何方。

另一个类似的二元表述出现在约翰福音十六章33节："你们**在我里面**有**平安**。**在世上**你们有**患难**"。这形成了鲜明的对比，也是各人在遭受世人所致的苦难时仍可从耶稣那里得到平安的保证。耶稣告诫门徒要鼓起勇气，因为他战胜世界的事实是"门徒能有勇气和经历平安的基础"（约 16:33）。[68] 这是在约翰福音内的唯一记载，讲述耶稣指导门徒如何面对逼迫——以勇气面对！这不足为怪，因为约翰一贯将门徒害怕受到犹太掌权者的逼迫视为叙述中的重要母题。

在约翰福音十七章 11~19 节，耶稣为门徒们将要面对的逼迫祷告。我们在这个祷告中观察到许多平行特征（见表 3.5）。

---

[67] Lee, 'Facing Persecution', p. 200.

[68] 同上， p. 201。

"在世上" (17:11~13)	"属 / 离世"[69] (17:14~16)	"到世上" (17:17~19)
当子恳求父以他的名保守他们时，子也以父的名保守他们。 就像耶稣和他的父一样，门徒们要成为"一"。	子恳求父使他们远离恶者，而不是将他们带离世界。 像耶稣一样，门徒不属世界。	当子恳求父使门徒成圣时，子也借着自己成圣而使他们成圣。 就像父差遣耶稣到世上一样，耶稣也差遣门徒到世上。

表3.5

约翰福音十七章11~19节中耶稣祷文的平行特征

此处非常强调神的护佑和与基督的联合。父和子同时（1）奉父的名保守门徒不失足后退（17:11~12）；及（2）用父的话使门徒成圣（17:17、19），使他们可以在世上为耶稣作见证（17:20；参 15:27）。正如汤普森解释道："'奉你的名'被保守意味着属于父的人会受到保护和看守，也因此按父的名被识别或标

---

[69] 在本节中，相同的介词词组 ek tou kosmou 必须用不同的中英文词汇来翻译，以反映其细微差别：（1）门徒"不属于这世界"；及（2）耶稣恳求天父不要"使他们离开世界"。

记。"[70] 对耶稣来说，帮助门徒面对逼迫的解决方案，不是将他们带离世界以减轻其压力，而是让天父保护他们免受恶者的侵害。[71] 在这祷告中，约翰强调的不是门徒在面对逼迫时可作什么防止自己失足后退，而是神的护佑；正如耶稣说道："离开了我，你们就不能作什么"（约 15:5b）。这概念成为了信徒蒙神赐予能力的确据，得以在面对逼迫时坚持不懈。

耶稣三次用"我把这些事告诉了你们"这句话预先警告门徒逼迫近在眉睫，然后接上警告的目的：（1）使他们不致失足后退（约 16:1）；（2）使他们可以想起他说过的话（约 16:4）；及（3）使他们有平安（约 16:33）。约翰福音十六章 2~3 节中逼迫的形式（逐出犹太会堂和杀害）和理由（逼迫者认为他们这样做是在事奉神），由以上第一和第二点组成"首位呼应"的一对（inclusio；约 16:1、4），[72] 而当耶稣被捕时，

---

[70] Thompson, *John*, p. 352.

[71] 虽然 ek tou ponērou（约 17:5）的意思可能是"邪恶的"或"恶者"，但在这里更可能指后者，因为约翰将撒但描述为"这世界的王"（约 12:31，14:30，16:11）。另见 Andrew T. Lincoln, *The Gospel According to Saint John*, BNTC 4 (Peabody: Hendrickson, 2005), p. 437; Klink, *John*, p. 721。

[72] Craig S. Keener, *The Gospel of John: A Commentary*, 2 vols. (Peabody: Hendrickson, 2003), vol. 2, p. 1025; Lincoln, *Gospel According to Saint John*, p. 413; Klink, *John*, p. 672.

门徒会背弃他的预言（约 16:32）则出现在第三点之前。

这些预警如何达成其目的呢？虽然直接的上下文没有详细说明这一点，但我们可以从更广的脉络推论出圣灵会帮助门徒回想起耶稣所说的话（约 14:26）。他们将因此意识到耶稣论及逼迫的预言是真实的，因此有勇气相信他的应许也同样真实，例如（1）他们将通过为耶稣而死而获得永生（约 12:24~26）；（2）耶稣已经胜过世界，因此他们即使在逼迫中也可从他那里体验到平安（约 16:33）；及（3）神会保存他们，使他们不致失足后退（约 17:11~12）。

虽然对观福音清楚地将面对逼迫和在审讯时为耶稣作见证联系起来（可 13:9 // 太 10:18 // 路 21:12~13），但约翰福音却没有那么直接——门徒总要为耶稣作见证（约 15:26~27，19:35，21:24），无论他们是否面临逼迫（约 4:39~42，9:10~33）。

> 对约翰来说，在个人道德操守上妥协来应对逼迫下的恐惧绝对不可接受。克服恐惧逼迫的方法不是否认恐惧的真实存在，而是基于耶稣的得胜和神的护佑，从而勇敢地面对这恐惧。[73]

---

[73] Lee, 'Facing Persecution', p. 204.

保罗书信

保罗主要使用劝勉、他自己作为榜样和逻辑推论，鼓励受众在面对逼迫时坚持不懈。他的许多劝告与福音传统相似，例如（1）对逼迫的预警和神的护佑（例如路 12:6~7; 约 16:1~4）；（2）在逼迫中喜乐（太 5:12; 路 6:23），不害怕（例如太 10:26~31; 路 12:4）和体验平安（例如约 14:27, 16:33）；（3）不报复和爱自己的仇敌（太 5:43~44; 路 6:27~28）；及（4）终末的耻辱和荣耀（例如可 8:38）。

第一，保罗开始在帖撒罗尼迦传道之时，就预先警告信徒逼迫近在眉睫（帖前 3:4）。[74] 与各福音书一样，保罗毫不犹豫地让信徒知道那些跟随耶稣的人命定要受逼迫（腓 1:29; 帖前 3:3; 提后 3:12; 参约 15:18~20）。在提摩太后书四章 15 节，他甚至指明反对者的名字（铜匠亚历山大），以便提摩太提防对方和他可能造成的伤害。

第二，他劝告信徒要喜乐和祷告（罗 12:12; 腓 2:18~19, 4:4~6; 帖前 5:16~17）。虽然腓立比书四章 4 节和帖撒罗尼迦前书五章 16 节的直接上下文没有提

---

[74] 帖撒罗尼迦前书三章 4 节的"我们"最有可能包括保罗、提多和帖撒罗尼迦信徒。见 Shogren, *1 and 2 Thessalonians*, p. 137; Weima, *1–2 Thessalonians*, p. 214。

到逼迫，但这两封信更宽广的脉络都提到收信者所遭受的逼迫（腓 1:29~30；帖前 2:14）。在写给腓立比人的信中，保罗告诫他们不要害怕反对者（腓 1:28），并进一步鼓励他们，指出祷告可让他们体验神超然的平安（腓 4:7）。保罗似乎将信徒忍受的苦难视为他们在基督里真正身份的确证。这是神（1）拯救他们（腓 1:28）及（2）他们作为神选民的身份（帖后 1:4~6）的确证。[75] 这鼓励了信徒要在目前为信仰而受苦之中坚持与喜乐。

第三，保罗强调不报复和以善行回应敌意的重要性（罗 12:17~21；帖前 5:15）。他劝告受众："迫害你们的，要为他们祝福"（罗 12:14），显然会让人想起马太福音五章 44 节和路加福音六章 27 节。[76] 然而，相比耶稣于双重传统中的教导，保罗以不同的方向发展了以善报恶的基础。耶稣强调天父的榜样（太 5:45~48；路 6:35~36），而保罗则引用两段经文解释其基础：（1）神的子民不报仇，因为神将会为他们

---

[75] Kelhoffer, *Persecution, Persuasion, and Power*, pp. 92–93.

[76] 罗马书十二章 14 节上："迫害你们的，要为他们祝福"，似乎是合并了马太福音五章 44 节"爱你们的仇敌，为迫害你们的祈祷"和路加福音六章 28 节"咒诅你们的，要为他们祝福，凌辱你们的，要为他们祷告"。另见 Fitzmyer, *Romans*, p. 655; Moo, *Romans*, p. 667。

伸冤报仇（申 32:35）。[77] 这种神学理解在犹太传统中十分常见（例如箴 20:22；《迦得遗训》6.7）。[78] （2）善待敌人的效果如同"把炭火堆在他 [们] 的头上"（箴 25:21~22）。这个隐喻的意思并不十分清楚，但足以说明保罗在这里提出以善行替代报复。[79] 虽然我们不清楚保罗是否在罗马书十二章 17~21 节描述恩慈的正面结果，但他却清楚地劝告提多在其教导上"要纯全，要庄重，言词要纯正，无可指摘"，以致反对者"因

---

[77] 与 LXX（*en hēmera ekdikēseōs antapodōsō*，"在伸冤之日，我必报应"）相比之下，保罗在此的引文（*emoi ekdikēsis, egō antapodōsō*，"伸冤在我，我必报应"）更接近 MT（*lî nāqom wĕšillēm*，"于我是伸冤和报应"）；笔者译。LXX 有很强烈的终末审判意味，而 MT 则不一定传递这份对终末论的侧重。另见 Mark Seifrid, 'Romans', in G. K. Beale and D. A. Carson (eds.), *Commentary on the New Testament Use of the Old Testament* (Grand Rapids: Baker Academic, 2007), p. 680; Fitzmyer, *Romans*, p. 657。

[78] Gordon M. Zerbe, *Non-Retaliation in Early Jewish and New Testament Texts: Ethical Themes in Social Contexts*, BAC (London: Bloomsbury Academic, 2015), p. 167; Thielman, *Romans*, p. 595.

[79] Thielman, *Romans*, p. 596; James D. G. Dunn, *Romans 9–16*, WBC 38B (Dallas: Word, 1988), pp. 750–751. 见其中多名学者提出的各种不同涵义（正或负面的涵义）。众学者认为在这上下文中不太可能有负面涵义（例如导致对手内疚或经历神的审判），因为这与保罗强调的不报复相悖。而正面涵义（例如引导对手悔改）是可能的，但这隐喻意思的同时代文化证据却很薄弱。

为无从毁谤，就自觉惭愧"（多 2:7~8）。[80] 正如孟恩思（Mounce）所指出的，这并不意味着反对者会相信基督徒的良善，而是他们不能对后者提出"合理的指控"。[81]

第四，在描述了他如何在遭受逼迫下坚持不懈（提后 2:8~10）之后，保罗引用了这"可信的"话，反映了早期教会的天启末世观以及与之相关的荣辱观：

> 我们若与基督同死，就必与他同活；
> 我们若能坚忍，就必与他一同作王；
> 我们若不认他，他必不认我们；
> 我们纵然不信，他仍然是信实的，
> 因为他不能否定自己。
>
> （提后2:11~13）

保罗很可能引用这首赞美诗作为自己和提摩太的推动力：如果他们现在忍受逼迫并与基督同死（被主流文

---

[80] 提多书中反对者的身份并不明确。他们可以包括教内或教外人士（1:9~16）。见 Mounce, *Pastoral Epistles*, p. 414。提多书二章八节中的"反对的人"是单数，但单数却很可能是泛指而非个别指称。见 Jon Laansma, 'Titus', in Philip W. Comfort (ed.), *1–2 Timothy, Titus, Hebrews*, CBC (Carol Stream: Tyndale House, 2009), p. 257。

[81] Mounce, *Pastoral Epistles*, p. 414；另见 Collins, *1 & 2 Timothy and Titus*, p. 345。

化视为可耻），最终他们将与他一起活并作王（被神和其子民视为荣誉）；如果他们现在不认他以逃避羞辱（试图保存自己的荣誉），耶稣就会不认他们，而他们最终则会感到羞耻（这会导致失去荣誉）。保罗给帖撒罗尼迦人的鼓励也反映了天启末世观的另一方面：神将会为义人昭雪，方法是：（1）算他们配得，并使他们脱离压迫；及（2）惩罚逼迫他们的人（帖后1:5~9；参腓1:28）。他们的坚毅要使神的荣耀，神也要使他们得荣耀（即领受由神而来的荣誉）（帖后1:10~12）。

笔者在上文已提到，哥林多的一些信徒可能已作出妥协，为他们吃祭偶之物的做法辩解，在文化方面同化，从而避免冲突。[82] 保罗警告哥林多人，这种行为会招致神的审判，一如圣经历史所表明的，而他们正活于末世（林前 10:11）。[83] 末世的奖赏和审判是一体两面的，由此给予神的子民继续忠于神的动力，即使其间困难重重。因此，保罗警告哥林多人不要自满，并提醒他们神信实的护佑。神会提供方法去胜过妥协的诱惑——信徒不应声称自己难以抗拒（林

---

[82] 见上文 135–136 页。

[83] 另见 Paul Gardner, *1 Corinthians*, ZECNT (Grand Rapids: Zondervan, 2018), p. 437; Anthony C. Thiselton, *The First Epistle to the Corinthians*, NIGTC (Grand Rapids: Eerdmans, 2000), p. 744。

前 10:12~13）。然而，保罗也承认，有些信徒在为信仰受苦时可能会软弱；因此他劝告帖撒罗尼迦人"勉励灰心丧志的人，扶助软弱无力的人，也要容忍所有的人。"（帖前 5:14）。事实上，保罗正是如此。他差派提摩太去鼓励现正受苦的帖撒罗尼迦人（帖前 3:2~5）和摇摆不定的哥林多人（林前 4:17，16:10）。

为了鼓励信徒坚持不懈，并与他对神信实护佑的信念保持一致，保罗告诉他们自己正为对方代祷，祈求：（1）神使他们成圣，得以在末世审判时无可指摘(林前 1:8；帖前 5:23)；（2）慈爱和充满恩典的神会在一切"善行善言"中激励和坚定他们（帖后 2:16~17）；[84] 及（3）神会保护他们不受恶者的侵害（帖后 3:3）。[85] 相应地，保罗请求信徒也同样为他祷告，又与对方分享神拯救自己的经历，作为神信实护佑的见证（林后 1:8~11；参提后 3:10~11）。

---

[84] "行〔ergon〕与言〔logos〕"这惯用语主要是指一个人在与他人互动时所做和所说的一切（参路 24:19；徒 7:22；罗 15:18；西 3:17）（Shogren, *1 and 2 Thessalonians*, p. 307）。对帖撒罗尼迦人来说，这会包括坚定他们的信仰，并坚守他们所领受的教导（帖后 2:15）。

[85] 在语法上，*apo tou ponērou* 可以表示"脱离那恶者"或"脱离邪恶"（Fee, *Corinthians*, p. 319; Shogren, *1 and 2 Thessalonians*, pp. 314–316）。鉴于帖撒罗尼迦后书的末世暗指，笔者将这个短语按前者翻译。

保罗还重新定义了基督信徒的荣与辱。为基督受苦是一份荣耀，而非耻辱（罗 5:3；提后 1:12）。因此，他邀请提摩太和其他信徒效法并联同他一起为基督受苦（林后 1:6~7；帖前 1:6；提后 1:8, 2:3；参林前 4:16），好叫他们可以像他一样体验神的安慰，而这安慰能够使他们坚忍（林后 1:6）。当反对者试图以逼迫羞辱信徒时，保罗则尝试通过赞美他们忍受羞辱来使受苦的信徒得尊荣。因此，他称赞帖撒罗尼迦人能在逼迫下忍耐（帖后 1:3~5），并表示他相信腓立比人即使面临逼迫仍会具备坚定站稳的勇气（腓 1:27~28）。[86] 在罗马书五章 3~5 节（参罗 8:28），保罗敦促信徒将他们为基督受苦视为荣耀，并指出这种受苦对品格塑造的益处。[87] 因着神的爱，怀着这份对末世荣耀盼望的信徒将不会蒙羞，而这份爱是圣灵放在信徒内心的（罗 5:2、5）。保罗认定信徒目前的苦难与末世的荣耀无法相比（罗 8:18）。而信徒在苦难中感到软弱时，圣灵和基督耶稣都为他们代求（罗 8:26、34），叫信徒在遭受逼迫时能够得胜有余，并且任何敌对势力也

---

[86] 另见 Weima, *1–2 Thessalonians*, pp. 75–76；魏玛（Weima）注意到保罗将赞美用作一种劝说的方式：这不仅诉诸 *ethos*（可信度）与收信人建立起关系，也"隐含对收信人不辜负赞美的挑战"。

[87] 就罗马书五章 1~5 节中"苦难"所指涉的乃是因被逼迫而受苦，见上文第 125–126 页。

不能使他们与神的爱隔绝（罗 8:31~39）。保罗藉此向信徒保证，神会在苦难中护佑看顾他们。这些劝勉不仅诉诸 *logos*（逻辑论证），还诉诸 *pathos*（情绪挑动）（例如赞美以唤起荣誉感）和 *ethos*（可信度）（例如保罗自己为基督受苦以证实他的使徒身份，由此建立起可信度，以及他对收信人的爱，由此建立起善意）。[88]

希伯来书

不少学者曾论及希伯来书作者（以下简称"作者"）使用 *logos*（逻辑论证）劝说受众（他们很可能有犹太背景）即使面临逼迫，仍要坚守对耶稣的信仰。[89]

---

[88] 就保罗诉诸 *logos*、*pathos* 和 *ethos* 的详细讨论，见 Troy W. Martin, 'Invention and Arrangement in Recent Pauline Rhetorical Studies: A Survey of the Practices and the Problems', and Duane F. Watson, 'The Role of Style in the Pauline Epistles: From Ornamentation to Argumentative Strategies', in *Paul and Rhetoric* (London: T&T Clark, 2010), pp. 103–110, 134–135; Thomas H. Olbricht and Jerry L. Sumney (eds.), *Paul and Pathos*, SBLSymS 16 (Atlanta: SBL, 2001)。

[89] 值得注意的是，具有"犹太背景"的信徒不仅包括犹太人，还包括皈依或敬畏神的外族人。寇轲芮（Cockerill）更进一步包括那些在皈依基督后，由于与犹太信徒互动而融入了犹太宗教传统的外族人。正如寇轲芮指出的，种族不是希伯来书的焦点，因为作者没有提到犹太人或外族人，也没有将他们区分。见 Cockerill, *Epistle to the Hebrews*, p. 20，及上文第二章注 83。

作者几乎没有建立自己的 *ethos*（可信度），只以神对子的终极启示确立其信息的权威，而子则具有与父相同的神性（来 1:1~3a）。然而，作者在信中经常诉诸 *pathos*（情绪挑动），在试图唤起惧怕和感同身受的情绪方面尤为明显。在本节中，我们将研究作者如何在其劝说中结合 *pathos* 和 *logos*，以及这些安排可能对受众产生什么影响。[90] 使用圣经中的典故和引文作为诉诸 *pathos* 和 *logos* 的例证比比皆是。希伯来书也因使用圣经中的模范而闻名；他们的数量多得"像云彩"，见证了神的历代忠心子民如何在无法目睹信心所指的情况下仍坚持不懈（来 11:1~12:3）。

正如我们之前提到的，受逼迫的基督徒被带到在掌权者前，不是因为反对者指控他们，就是由于遭反对所引起的骚乱。受众因而经历公开羞辱、监禁和个人财产损失；后者很可能源于暴徒抢劫或当局的惩处（来 10:33~34）。[91] 即使当时还没有任何殉道的案例（参来 2:15，12:4），他们仍可能面临真正的死亡威胁。[92]

---

[90] 本节资料主要取材自笔者的两篇专文：'The Rhetoric of Empathy in Hebrews', *NovT* 62.2 (2020), pp. 201–218; 'Use of Scriptures', pp. 191–210。对希伯来书修辞学的详细描述可独立成为一部注释书，因而大大超出本书范围。所以，笔者在本节中只能总结为几个主要进路。

[91] 见上文第 100–101 页。

[92] Dyer, *Suffering in the Face of Death*, pp. 77–130.

因此，笔者接下来将研究作者如何对应信徒对掌权者、死亡和经济损失的恐惧。我们还将了解作者在警告受众后如何勉励他们，及如何诉诸同理心激励受众互相支持以坚守信仰。

（1）对应面对掌权者的恐惧

作者在承认受众曾为其信仰忍受苦难和屈辱之际（来 10:32~33），也提醒对方需要敬畏那位具更大权威的神，神必审判违约者，即那些无视他儿子耶稣所成就之救恩的人。关于前者，作者提醒受众在为基督忍受苦难上所取得的成就，是诉诸 *pathos*（情绪挑动）的做法，可以产生以下修辞效果：唤起对方可以再次成功的信心，及若未能坚守就会失去荣誉的危机感。[93]

关于后者，作者通过在希伯来书中反复使用"从小见大"这常见的修辞论证，以诉诸 *logos*（逻辑论证）：[94]（1）若不服从天使的信息已会导致惩罚，何况是比天使还大的圣子的信息（来 2:1~3）；（2）若违背前约（犯罪及拒绝耶和华）已会招致神的报应，何况违背更胜前者的新约（犯罪及拒绝耶稣）（来

---

[93] David A. deSilva, *Perseverance in Gratitude: A Socio-Rhetorical Commentary on the Epistle 'to the Hebrews'* (Grand Rapids: Eerdmans, 2000), p. 356.

[94] Oropeza, *Churches Under Siege*, pp. 52, 56. 参来 10:27~31, 12:18~29。

10:26~31；参申 32:36）；及（3）若人拒绝从世间西奈山警告的神已必不能逃脱神的复仇，人拒绝从天上锡安山警告的神就更不可能逃脱（来 12:22~25）。

除此之外，作者还以摩西及其父母作为有信心、不惧怕掌权者的榜样。凭着信心，摩西的父母不惧怕法老所颁下杀死所有新生男婴的法令，而是让摩西活下来（来 11:23）。凭着信心，摩西不惧怕法老并离开了埃及，因为他看到了看不见的神（来 11:27）。[95]

除了 logos（逻辑论证）之外，作者还诉诸 pathos（情绪挑动），而方法则是缕述（1）可畏的神和他可怕、炽烈的审判（来 10:26、30~31，12:18~21、29）；（2）神的话是一把利剑，能穿透人的思想和态度，使一切别有用心的人在审判时都显露出来（来 4:12~13）；及（3）那些故意拒绝神赐下圣子的人将没有"第二次机会"（来 6:4~8，10:26~27，12:16~17）。[96] 因为

---

[95] 尽管希伯来书的作者描绘摩西为无畏无惧，但出埃及记二章 14~15 节却提到摩西因为害怕，在杀死一个埃及人后逃跑了。然而，正如格雷（Gray）指出的，作者于希伯来书十一章 25~26 节指的，可能是摩西无视自己与法老的家族关系所带来的财富和荣誉，而不是杀死埃及人的事件。Patrick Gray, *Godly Fear: The Epistle to the Hebrews and Greco-Roman Critiques of Superstition*, SBLAcBib 16 (Atlanta: Society of Biblical Literature, 2003), pp. 171–175.

[96] 由于本章的重点是劝说，因此笔者不会在此讨论希伯来书作者是否暗示信徒会失去在基督里的救恩。就这方

这些任意妄为的人既然经历了神的恩惠，却忘恩负义地拒绝他儿子的恩赐，从而羞辱了他，所以就"不可能"使他们重新悔改（来6:4~8）。[97] 那些继续故意犯罪的人，"再没有留下赎罪的祭品"给他们，因为他们"践踏神的儿子，把那使他成圣的立约的血当作俗物，又侮辱施恩的圣灵"（来10:26、29）。[98] 以扫正是"没有第二次机会"的反面例子，因为他无法扭转曾拒绝神赐予他长子名份的后果，即使他后来对此深感后悔（来12:16~17）。这些例子旨在警告和引发希伯来书受众的戒惧，好引导他们忠于神。[99]

（2）对应面对死亡与受苦的恐惧

虽然一般人都普遍恐惧死亡，但有证据显示希伯来书作者特别针对的，是受众因为逼迫带来的死亡威

面的不同观点，见例子如 Herbert W. Bateman (ed.), *Four Views on the Warning Passages in Hebrews* (Grand Rapids: Kregel, 2007); Oropeza, *Churches Under Siege*, pp. 37–41; Smith, 'Hebrews', pp. 191–200。

[97] 在古代的施恩主——受恩人和荣辱文化中，接收礼物者有义务以感激之情报答。不这样做就相当于"不公义"和"亵渎"，会令施恩主受羞辱，为受恩人带来羞耻。就其中细节，见 deSilva, *Perseverance in Gratitude*, pp. 223–224。

[98] 就希伯来书十章26~29节的旧约圣经背景细节，及以扫的范例如何与希伯来书六章4~6节和十章35节相连，见 Lee, 'Use of Scriptures', pp. 198–203。

[99] Oropeza, *Churches Under Siege*, p. 53.

胁而感到的恐惧。在犹太传统中，魔鬼引诱第一对人类不相信和违背神的话，导致死亡临到他们（创 3:1~7；《所罗门智训》2.23~24；参启 12:9）。尽管神应许了拯救和胜利，但由于对死亡的恐惧，人经常被诱惑不相信和不服从神。旷野的一代和希伯来书受众也正是如此。

作者以诗篇九十五篇 7b~11 节为圣经证据，表示不相信神有能力从仇敌手中拯救他们出来的人，将失去神的应许，无法进入他的安息（来 3:7~4:11）。诗篇九十五篇 7b~11 节暗指民数记十三至十四章。后者记述旷野的一代害怕死亡（民 14:2~3、9），并且拒绝相信神能够实现征服迦南敌人的应许，将他们带进应许之地。笔者在别处已经表明：（1）诗篇九十五篇 11 节中的"安息"指的是战胜敌人的安息（申 12:10，25:19；书 23:1）——"在战事中战胜敌人所带来的平安"；及（2）希伯来书四章 9~11 节中的"安息"指的是耶稣通过自我牺牲的死亡战胜了魔鬼，从而瓦解了魔鬼在死亡上的权势（参来 1:13，2:8~9、14~15，10:13）。[100] 同样地，因害怕受到逼迫和相关

---

[100] Lee, 'Use of Scriptures', pp. 195–198; 'Rest and Victory in Revelation 14:13', *JSNT* 41.3 (2019), pp. 348–349, esp. n. 12; 陈梓宜，〈创世神学中的得胜与安息：希伯来书对"安息"的重新诠释〉（神学硕士论文，新加坡神学院，2016）.

死亡的威胁，受众也面临放弃信仰的诱惑。如果他们放弃，就会像旷野的一代那样：（1）不相信神战胜死亡和从敌人（即逼迫者）手中得救的应许；及（2）违背了神要他们进入安息的命令。因此，作者警告受众不要怀疑，并告诫他们要服从神，又"要竭力进入那安息"（来3:12，4:11）。他们绝不应该害怕死亡，反要害怕丧失所应许的安息（来4:1; *phobēthōmen*，"我们就应该战战兢兢"）。

那么受众如何才能克服诱惑呢？答案是向神寻求帮助，因为他是有恩典的，信徒有信心在需要时能得到他的怜悯和恩惠去克服诱惑（来4:16）。这份信心的基础是什么？作者一再强调，耶稣能够体谅信徒对死亡的恐惧和违背神的诱惑。耶稣成为完全的人，因此他可以在各种试探中充分体验人性的软弱和痛苦（来2:10~18）。尽管受过试探，耶稣并没有犯罪，因此能够帮助那些同样受试探的人（来4:15）。

作者非常生动地描绘了耶稣的试探和苦难：在面临迫在眉睫的十架苦难时，耶稣曾流泪大声恳求"能救他脱离死亡"的天父（来5:7）。这反映了耶稣正与死亡的恐惧和避免遭受被钉十架这强烈屈辱与痛苦的诱惑争战。然而，他顺服并听从神的旨意，从而"成了所有顺从他的人得到永远救恩的根源"（来5:9）。当大祭司代表神的子民献上赎罪祭时，都意识到自己对罪恶的软弱，因此能够"温和地对待那些无知和迷误的人"（来 5:1~2）。同样地，耶稣是仁慈而信实的大祭司，在他们面临逼迫时，可以完全理解他们对死亡和痛苦的恐惧（来 2:17，4:15）。因此，曾经软弱和受诱惑犯罪的信徒可以坦然无惧地向神和耶稣寻求帮助，因为耶稣会温柔对待他们，绝不会大发雷霆。[101] 唯有依靠神的帮助，受众才能在逼迫中坚守信仰。因此，通过强调耶稣的同理心和温柔，作者试图向受众注入信心，并激发他们寻求神的帮助。

除上述之外，作者更将耶稣描述为高于见证人云彩的卓越者。耶稣是榜样中的极致，他无视最可耻的耻辱，忍受罪人的十字架和敌意，却最终被提升为最尊贵的一位——坐在神的右边。挣扎中的信徒要仰望耶稣，因为他是各人信心的奠基者，也是能使其信心达到完全的那一位（*archēgon kai teleiōtēn*，"创造者和完成者"；来 12:2）。只要这样做，他们就不会疲倦灰心（来 12:1~3）。在第一世纪的文化中，以愿意为耶稣受苦来回报从他得到的恩惠是恰当的。[102] 因此，在这封信接近尾声时，作者劝告受众为耶稣受苦，"担当他的凌辱"，以此作为他们恰当的回应（来 13:13）。

---

[101] Lee, 'Rhetoric of Empathy', p. 211, n. 50. 笔者留意到希伯来书五章 2 节中，*metriopatheō*（温柔对待）"有调节其情绪的含意，与情绪的爆发（如愤怒、悲伤）或冷漠形成对比"。见 See BDAG, p. 643。

[102] DeSilva, *Perseverance in Gratitude*, p. 501.

（3）对应面对经济损失的恐惧

在收到信件前，受众在受逼迫时曾欣然接受财产损失（来 10:34）。作者将这喜乐归因于他们拥有得到"更美长存的家业"的盼望（来 10:34）。由于受众有信心借着耶稣的血来到神的面前（来 10:19），作者劝告他们不要"丢弃"信心，因为如果他们坚持不懈，最终就会得到应许的赏赐（来 10:35）。他继而引用以赛亚书二十六章 20 节和哈巴谷书二章 3~4 节为圣经依据。这两段经文的上下文讲述神即将到来的报应，要惩罚压迫他子民的人和不忠的人，又要奖赏忠心忍耐的子民。[103] 同样地，受众要等候神的末世审判（来 10:37；参赛 26:10）和"因信而活"，因为神拒绝"后退"的人（来 10:38；参哈 2:3~4 LXX）。[104]

---

[103] 另见 John N. Oswalt, *The Book of Isaiah: Chapters 1–39*, NICOT (Grand Rapids: Eerdmans, 1986), pp. 469, 489; Gary V. Smith, *Isaiah 1–39*, NAC 15A (Nashville: B&H, 2007), pp. 440–441; Ralph L. Smith, *Micah–Malachi*, WBC 32 (Waco: Word, 1984), pp. 96–97; George H. Guthrie, 'Hebrews', in G. K. Beale and D. A. Carson (eds.), *Commentary on the New Testament Use of the Old Testament* (Grand Rapids: Baker Academic, 2007), p. 982。

[104] 就作者如何改编和援用以赛亚书二十六章 20 及哈巴谷书二章 3~4 节的细节，见例子如 Guthrie, 'Hebrews', pp. 981–984; Johnson, *Hebrews*, p. 273; Cockerill, *Epistle to the Hebrews*, pp. 492–493, 507–512。正如麦基（Mackie）指出的，"末世可怕而紧逼的临近不容许人以任何方式

接下来是为人熟悉的历代忠心之人的名单，尽管他们无法看到信心的对象，仍将希望寄托于神（来11:1~40）。他们一部分人忍受艰辛、压迫甚至死亡，作者论及是"这世界不配有的人"（来 11:38）。他们一部分人"没有得着所应许的"，而是"从远处看见，就表示欢迎"，并渴望神为他们准备的天上之"城"（来11:13~16）。同样地，作者于其后提醒受众要期待"那将要来的城"（来 13:14）。

作者使用这些模范鼓励受众效仿前者的信心和忍耐。他描述摩西认定"为着基督受的凌辱，比埃及的财物更宝贵，因为他注视将的赏赐"（来 11:26）。这反映了精确的人物刻画，以对应由于逼迫造成的经济损失，因为摩西所期待的这"赏赐"（*misthapodosia*），与受众之前满怀信心地期待的赏赐相同（来10:35）。[105] 正如科斯特指出的，作者可能在这里采用了"从较大到较小的论证"——假如摩西能够为基督放弃如此巨大的财富和荣誉，受众也就应该能够忍受财产的损失，因为与摩西相比，他们所失去的较少。[106]

退出群体"。Scott D. Mackie, *Eschatology and Exhortation in the Epistle to the Hebrews*, WUNT 2.223 (Tübingen: Mohr Siebeck, 2007), p. 231.

[105] 另见 Harold W. Attridge, *The Epistle to the Hebrews: A Commentary on the Epistle to the Hebrews*, Hermeneia (Philadelphia: Fortress, 1989), p. 342, n. 63。

[106] Koester, Hebrews, p. 509.

接近这封信的结尾时，作者劝告他的受众"不要贪爱钱财，要以现在所有的为满足"（来 13:5a）。虽然其中可能指涉甚广，但也有可能与对因逼迫出现经济损失的恐惧相关。然后作者引用申命记三十一章 6 节和诗篇一一八篇 6~7 节为这劝诫的基础。神不会离弃他们，即使他们有经济困难（来 13:5b；参申 31:6）。因此，他们可以有信心，主既是他们的帮助者，就不必害怕世人会对他们作什么（例如逼迫）（来 13:6；诗 118:6~7）。

（4）同理心为群体坚持不懈的催化剂

众所周知，希罗修辞学家和犹太作家会唤起受众对有需要人士的同理心，从而激发受众提供帮助。[107] 这符合现代心理学的发现，即同理心通常先于利他行为。[108] 同样地，作者诉诸 *pathos*（情绪挑动），唤起受众对那些因信仰受苦之人的同情，激发众人伸出援手，从而缔造群体的支持。他还采用同理心的典范供受众效法。我们在上文看到，作者强调耶稣能够对受众的经历深有体会，也有能力帮助他们，以此来鼓励对方在软弱和受试探要放弃之际，不用害怕向

---

[107] Lee, 'Rhetoric of Empathy', pp. 205–209.
[108] 同上，pp. 217–218。

耶稣求助。除了耶稣以外，作者还将摩西描述为同理心的典范——他宁愿与神的子民交往并与他们一同承受不公对待，而不再被视为法老女儿的儿子（来11:24~25）。虽然希伯来书的文本并没有直接提及，但受众可能早已晓得摩西看到同胞被苦待后如何帮助他们出埃及的故事（出2~14章）。

首先，作者提醒受众他们以往曾如何以同理心对待那些因信仰承受不公和被监禁的人（来10:33~34）。笔者在上文提到这些提醒如何能够激发受众再次做相同的事。其次，在信的结尾，他劝告受众以同理心对待那些因信仰受逼迫的人："你们要记念那些被囚禁的人，**好像跟他们一起被囚禁**；也要记念那些受虐待的人，**好像你们也亲自受过**。"（来13:3）。在此之前，作者劝告受众要像兄弟姐妹般彼此相爱（*philadelphia*，"兄弟般的爱"），并且要热情款待别人（来13:1~2），就绝非偶然了。[109] 这是由

---

[109] 地中海的好客文化（*philoxenia*）经常涉及接待陌生人（因此反映在 NIV、NLT、ESV 之中），并与陌生人建立"客人的友谊"。见 Joshua W. Jipp, *Divine Visitations and Hospitality to Strangers in Luke–Acts: An Interpretation of the Malta Episode in Acts 28:1–10*, NovTSup 153 (Leiden: Brill, 2013), p. 72。然而，这文化特质在罗马书十二章13节和彼得前书四章9节的提述中，则包括将款待之情遍及广大信徒，不论他们是否已经彼此认识。

于帮助他们需要爱心和款待：探望对方、向对方供应饮食衣物，甚至设法让对方被释放出狱。这些表现有可能会令他们由于跟对方联系而蒙羞，也会为此需要牺牲财物。在这方面，回顾摩西的榜样将会激励他们也如此行。[110]

虽然热情款待这习俗在希罗世界十分普遍，但这对因信仰受苦者予以援助的强调，与马太福音二十五章 31~46 节中反映的传统有相似之处。在后者中，耶稣认为热情款待有需要的人（饮食、衣物和探望在监牢里的人）就是款待他，并且会得到恰如其分的嘉奖。[111] 这共同传统可以解释为何作者劝告他们（1）"我们又应该彼此关心，激发爱心，勉励行善。我们不可放弃聚会……却要互相劝勉"，并将他们以前坚持不懈和富同理心的行为与末世的奖赏联系起来（来 10:24~25、33~36）；及（2）要努力实践热情款待，因为有可能在不知不觉中接待了天使（来 13:2；参创 18 章；士 6:11~22，13:1~22）。

(5) 其他形式的鼓励

在本节中，我们将探讨希伯来书作者在尝试激发

---

[110] Cockerill, *Epistle to the Hebrews*, p. 502, 尤其注 26; Koester, *Hebrews*, p. 460。

[111] 另见 William L. Lane, *Hebrews 9–13*, WBC 47B (Nashville: Thomas Nelson, 1991), p. 511。

各人坚持不懈时采用的其他方法：（1）与受众认同；（2）羞耻与信心的平衡；及（3）苦难作为管教。我们还将考虑希伯来书中可有反帝国的言论。

希伯来书的作者在警告受众时经常使用第一人称复数代词（"我们"）来表明自己与受众认同（例如，2:1、3，3:6、14，4:11、13，12:1、25）。众学者指出，这是一种"建立融洽关系"和"表现团结"的方式，即他本人也未能幸免于叛教的危险。[112] 这种不分彼此的态度将有助于获得受众的倾听。

尽管作者警告受众叛教的可怕后果，却随即表达了对他们的信心。在令受众自愧信仰不成熟（来5:11~14），并警告那些在经历了神恩惠后故意拒绝神儿子的人没有第二次机会（来6:4~8）之后，作者却为对方于事奉其他信徒上的行为和爱心，表达了对受众的信心（来6:9~10）。作者接着指出，昔日的以色列不忠于神：（1）他们不相信福音，因此没能进入神所应许的安息；及（2）没有因信而活反倒后退。作者以前者为模拟，运用不分彼此的"我们"来表达他的信心，指他和受众不会像以色列人那样不信或退缩以致灭亡（来4:2~3，10:38~39）。通过以上做法，作者平衡了消极和积极的进路，让受众不至于过度沮

---

[112] Oropeza, *Churches Under Siege*, p. 13.

丧或气馁。在当时，这进路是另一种修辞手法。[113]

值得注意的是，作者将忍受苦难描述为神管教的形式之一（来 12:5~11）。鉴于此处上下文中运动员的比喻（参来 12:1、11~12），这里的管教很可能是非惩罚性的（即信徒不是因他们的罪受逼迫），并且要生出忍耐。[114] 遭受逼迫证实了他们作为神真正子女的身份（来 12:8；参箴 3:11~12），且会塑造人的品格——虽然令人不快，却生出了"公义与和平"（来 12:10~11）。[115] 在希罗和犹太传统中也可以找到将苦难视为来自神的管教的思想。[116] 虽然希伯来书作者在

---

[113] *Rhetorica ad Herennium* 4.37.49. 另见 Gorman, 'Persuading Through *Pathos*', pp. 82–84; Oropeza, *Churches Under Siege*, p. 56。

[114] DeSilva, *Perseverance in Gratitude*, pp. 447–448; Koester, *Hebrews*, p. 526.

[115] 作者于此引用了箴言三章 11~12 节作为神儿女真实身份的证据，但他将箴言上下文中的惩罚性管教，转变为非惩罚性管教。见 deSilva, *Perseverance in Gratitude*, pp. 448–449; N. Clayton Croy, *Endurance in Suffering: Hebrews 12:1–13 in Its Rhetorical, Religious, and Philosophical Context*, SNTSMS 98 (Cambridge: Cambridge University Press, 1998), pp. 217–218。

[116] 就这方面的希罗及犹太一手史料，见 Croy, *Endurance in Suffering*, pp. 83–161; Matthew Thiessen, 'Hebrews 12.5–13, the Wilderness Period, and Israel's Discipline', *NTS* 55.3 (2009), pp. 369–373。德席尔瓦（deSilva, *Perseverance in Gratitude*, p. 449）指出，希伯来书反映了塞涅卡（Seneca）于 *De providentia*, 1.6, 2.5, 4.11–12 中相似的概念。

新约作者中对管教的描述独一无二，但将遭受逼迫作为基督徒身份佐证和塑造品格的想法，在新约圣经中却十分普遍。

在第一章，我们注意到早期基督徒给耶稣冠上了罗马皇帝也使用的称号，比如神的儿子或大祭司，以致叛国的误解和冲突很容易浮现。[117] 这两个称号在希伯来书中都非常重要，作者详细阐述了耶稣作为神的儿子和大祭司的含义。问题是作者是否单纯根据犹太传统来解释这些称号？还是他在解释神的儿子和大祭司真正是谁时，也暗藏了反帝国的言论？无可否认，我们无法完全确定作者的意图，尽管我们可以通过对其文本的解读去尝试如此。但我们也必须充分承认，我们在这个过程中存在不可避免的预设和主观臆测。在笔者看来，没有明显迹象表明作者正进行如此对比。相反，作者的解说显然沉浸在犹太传统的圣约用语之中。受众或后来读者，若对帝国用语敏感，就可能会联想到这样的对比，但我们无法确定作者是否有这样的意图。依希伯来书文本的证据看来，作者多番护教辩解的重点，不大可能为了在罗马帝国背景下捍卫耶稣作为神的儿子和大祭司的身份，并以此方式劝说受

---

[117] 见上文第 27 页。

众坚守信仰。[118] 这与启示录（见下文）不同，后者所用的隐喻明显指向对罗马帝国的评论。

彼得前书

彼得前书运用强烈的末世观点激励读者坚守信仰。像其他新约作者一样，他使用圣经作为证据，以模范为效仿，并发展福音传统中耶稣的教导。套用现代社会学术语，为了让边缘化群体得以生存，通过建立群体的共同经历来增强社会凝聚力是非常重要的。根据塔伯特（Talbert）的分析，彼得前书采取的方法是藉各人在基督里的救恩与苦难的共同经历，缔造出基督徒的社会凝聚力。[119]

---

[118] Jason A. Whitlark, *Resisting Empire: Rethinking the Purpose of the Letter to 'the Hebrews'*, LNTS 484 (London: Bloomsbury, 2014), p. 189. 威特拉克（Whitlark）试图表明希伯来书的作者使用比喻（一种常见的修辞策略）暗中批评罗马帝国文化，以激励以外族人为主的读者抵抗放弃信仰耶稣的诱惑。尽管威特拉克（同上，p. 117 页）一开始将其方法表述为"与作者［当时］的读者一起阅读"，但他最终将读者的感知等同于作者有意如此。但后者可能并不总是等同于前者。由于作者意图始终是隐晦的，这仍然只是一种可能性，因为很难确定作者是否故意为之。

[119] Charles H. Talbert, 'Once Again: The Plan of 1 Peter', in Charles H. Talbert (ed.), *Perspectives on First Peter*, NAB-PRSSS 9 (Macon: Mercer University Press, 1986), p. 146.

彼得向读者保证，他们是神的选民（彼前 1:1，2:9~10），已借着在耶稣里的信得享救恩和永恒的产业（彼前 1:3~4、9）。他们由于神的护佑，可以确信这项保证：（1）圣灵要使他们成圣，使他们可以顺服基督（彼前 1:2）；[120]（2）神的大能护卫他们的救恩，直到终末（彼前 1:5）；及（3）当他们受苦时，神会使他们复原和坚固他们（彼前 5:10）。他们因“各种试炼”而来的悲伤和苦难，证实了其信仰真实无伪（彼前 1:6）。虽然“各种试炼”的范围很广，但这封信主要是针对读者因信仰而面临的逼迫。对彼得来说，忠心忍受逼迫是他们在基督里真实身份的确证（彼前 1:7）。他们纯正的信心比黄金更有价值，并将因而获得末世永恒的“基业”和“称赞、荣耀和尊贵”（彼前 1:4、7）。与永恒相比，他还将他们目前的苦难描述为“短暂”（彼前 1:6，5:10）。通过以上种种，彼得试图说服其读者，现时为信仰受苦是值得的。他进一步鼓励他们不要把为基督受苦看为羞耻，反而要欢喜，好叫在基督的荣耀显现时，他们也会欢喜快乐（彼前 4:12~13、16）。

依循犹太的传统，彼得将末世的奖赏和惩罚描述为铜板的两面。由于他的读者知道天父会公正地判断

---

[120]　就介词 *eis* 作为目的的含意，见 Jobes, *1 Peter*, p. 67; Dubis, *1 Peter*, p. 3。

每个人的行为（彼前 1:17；参 4:17），他们必须借着遵守真理和虔诚过活来远离邪恶（彼前 1:13~22；参 2:1、11~12）。即使他们受到不公对待，也不会以恶报恶，而是以祝福回应恶行（彼前 2:19~20，3:9）。这概念是从福音传统中耶稣的教导发展开来的（参太 5:10~11、44~45 // 路 6:22~23、27~28）。[121]

彼得引用诗篇三十四篇 12~16 节为经文基础，其中强调主看顾义人，惩罚作恶的人（彼前 3:10~12）。[122] 他劝告受众效法基督的榜样，基督是不公受苦却不报复的榜样，反将自己交托给神，因为神会公正地审判（彼前 2:21~23）。尽管基督受苦受死，但他却复活并被高举到神的右边，以至于所有掌权者（天上和地上的）都服从他（彼前 3:18~22）。因此，既然基督为信徒的罪而死，他们就要"以同样的心志装备自己"去战胜罪恶（彼前 4:1）。即使他们因为成了基督徒蒙受苦难，也应该继续行善并将自己交托给神，因为审判将从神的家开始（彼前 4:14~19）。这种末世审判的观念激励读者即使在面对逼迫时，也会借着行善

---

[121] 另见 France, *Matthew*, p. 170。

[122] 另见 D. A. Carson, '1 Peter', in G. K. Beale and D. A. Carson (eds.), *Commentary on the New Testament Use of the Old Testament* (Grand Rapids: Baker Academic, 2007), pp. 1036–1037。

避恶来坚守其信仰。[123] 对彼得来说，善行不仅是对逼迫者的回应，也是坚持不懈的动力，因为他们的善行可以改变一些反对者的看法，从而间接地推进基督徒的使命（彼前 2:12，3:1~2）。[124]

由于万物的终局近了，读者需要有清醒的头脑，方能以坚定的信心去祷告和抵挡魔鬼（彼前 4:7，5:8~9）。知道世界各地的其他信徒也像自己一样受苦，有助于他们理解各人并不孤单（彼前 5:9b）。彼得在这封信的结尾总结了写信的目的——他要鼓励他们，并为"神真正的恩典"作见证，好叫他们"站立得住"（彼前 5:12）。[125]

---

[123] 另见 Oropeza, *Churches Under Siege*, p. 130。

[124] 好些学者注意到彼得前书描述反对者"颂赞神"（彼前 2:12）和"受到感动"（彼前 3:1~2），认为彼得显然"过于乐观"，因为他没有提及这些反对者有不被说服的可能性。见例子如 David G. Horrell, *The Epistles of Peter and Jude*, EC (London: Epworth, 1998), pp. 47–48; Kelhoffer, *Persecution, Persuasion, and Power*, pp. 125–126。尽管凯鹤华认为彼得前书的想法"天真"，但我们必须注意（1）彼得其实意识到反对者尽管目睹了各人的好行为，仍会顽固不改（参彼前 3:13~17，4:4），及（2）在笔者有限的经验中，尽管为数不多，确曾遇过这反对者皈依的见证。

[125] 另见 Jobes, *1 Peter*, pp. 232–324。

启示录

作为以劝说读者坚守信仰为主旨的天启文学，启示录在叙事上极具戏剧性，使用了丰富的意象和文学手法，特别是诉诸 *pathos*（情绪挑动），同时又不乏 *ethos*（可信度）和 *logos*（逻辑论证）。[126] 在末世审判和奖赏的框架内，文学和修辞手法与叙事情节紧密结合，创造了强有力的信息去劝说受众，不要为了避免因信仰耶稣而遭受逼迫及／或社会经济损失而妥协。[127] 约翰使用二元对立的用语和对比，传达出荣誉与羞耻等正反动机，达到修辞目的。整个启示录充满了对犹太经书的暗引，尤其是对先知书的暗引。[128] 这

---

[126] 见德席尔瓦（deSilva, *Seeing Things John's Way*）就约翰如何在启示录中诉诸 *ethos*（pp. 117–145）、*pathos*（pp. 175–228）和 *logos*（pp. 229–312）的细节。

[127] 由于本章重点是了解新约作者如何激励读者在面临逼迫下坚定信仰，笔者不会讨论约翰异象中的事件是否对应历史进程中的特定事件，无论就历史而言（当时派、历史派、将来派）或模拟而言（理想派）。这些诠释进路的考虑，是探讨文本的信息如何与后来的读者相关，或对其有何重要意义。就笔者提出在当代世界理解启示录可采用之诠释进路的讨论，见 Chee-Chiew Lee, ' "Fire from Their Mouths": The Power of Witnessing in the Face of Hostility and Suffering (Rev 11:3–13)', *CTTSJ* 4 (2013), pp. 210–214。

[128] 学术界有许多专论和研究，探讨约翰在启示录中如何援用不同的先知书，实在毫不奇怪。见例子如 Jan

强化了约翰作为先知的身份（启 1:1~3, 22:6~9），并表明他的信息与众先知所期待的一致，并藉由弥赛亚在末后的日子达至圆满。[129] 一如过往神的先知，他的职责是呼吁神犯错的子民悔改，并鼓励神忠心的子民坚持下去。约翰指出自己见证的信息直接来自耶稣基督的启示来确立 *ethos*（可信度）（启 1:1）。[130] 为了取得受众的关注，他还与对方认同，在耶稣里与他们共同承受患难、国度和忍耐（启 1:9）。

因此，基督与其追随者的"忠心"是启示录中的重要母题（例如启 2:10、13、19, 13:10, 14:12, 17:14）。"得胜"（*nikaō*）是另一重要的母题。在写给七教会的信中，忠心的圣徒经常被称为"得胜的

Fekkes, *Isaiah and Prophetic Traditions in the Book of Revelation: Visionary Antecedents and Their Development*, JSNTSup 93 (Sheffield: JSOT Press, 1994); Matthew A. Dudreck, 'The Use of Jeremiah in the Book of Revelation', PhD diss., Westminster Theological Seminary, 2018; Jean-Pierre Ruiz, *Ezekiel in the Apocalypse: The Transformation of Prophetic Language in Revelation 16,17–19,10*, EUS 23 (Frankfurt: Peter Lang, 1989); Beate Kowalsk, 'Transformation of Ezekiel in John's Revelation', in William A. Tooman and Michael A. Lyons (eds.), *Transforming Visions: Transformations of Text, Tradition, and Theology in Ezekiel* (Cambridge: James Clarke, 2010), pp. 279–307; Marko Jauhiainen, *The Use of Zechariah in Revelation*, WUNT 2.199 (Tübingen: Mohr Siebeck, 2005)。

[129] 另见 deSilva, *Seeing Things John's Way*, pp. 158–174；他显示了约翰在主要神学母题上与犹太经书的连续性。

[130] 另见同上 pp. 117–137。

人"（例如，启 2:7、11、17、26，3:5、12、21），
并将于神和基督面前得到新天新地中的末世产业（启
15:2，21:7）。尽管圣徒最初似乎被对手打败（启 6:2，
11:7，13:7），但他们最终会战胜对手（启 12:11，
15:2），因为基督已经战胜了（启 3:21，5:5）并将得
胜到底（启 17:14）。[131]

　　由于结构本身也传达意义，所以在这里简单介绍
一下启示录的结构，将有助于我们在下文讨论中跟上
叙述的情节。启示录一章 1~8 节构成了序言，其中亚
细亚的七教会是主要的受众，要领受耶稣对迫在眉睫
的未来的启示（启 1:3）。[132] 约翰在异象中看到基督，
吩咐他写信给七教会，总结他们目前的挑战，呼吁他
们悔改和坚持，并发出末世审判和奖赏的警告和应许

---

[131] 虽然笔者同意默隆尼（Moloney）的观点，即过分
强调基督末世胜利的启示录解经家很容易忽略这场胜利是
早已取得的观点，但默隆尼不恰当地将"耶稣的死和复活
的长期拯救效果"（即早已取得胜利的结果）和"战胜邪
恶的末世决定性胜利"二分化。见 Francis J. Moloney, *The
Apocalypse of John: A Commentary* (Grand Rapids: Baker
Academic, 2020), pp. 21, 24–25。

[132] 虽然这七教会存在于约翰写作之时，但也可能代表
早期教会在罗马帝国其他地区面临的典型挑战。这一点可
从每封信的结尾明显看出——尽管每封信是写给特定城市
的教会，但总有一项呼吁，要人注意"圣灵向众教会所说
的话"（启 2:7、11、17、29，3:6、13、22）。另见 John
C. Thomas and Frank D. Macchia, *Revelation*, THNTC (Grand
Rapids: Eerdmans, 2016), p. 18。

（启 1:9~3:22）。启示录四至十六章以三个系列的审判和三段插曲这格式构成了主要中心部分。启示录十七至二十二章则通过比较和对比两组人的最终结果作总结：（1）不悔改的人，他们认同大淫妇和大城巴比伦；及（2）得胜的人，他们被认作是新妇和新耶路撒冷。而这将两个实体并列作比较和对比的手法称为 *synkrisis*，通常用于显示两者中哪个相对较好或较差。[133]

附录一：插曲

众学者注意到，启示录中的数段插曲具有神学意义，与所"打断"的系列相关。[134] 在七印和七号的系列中，有两段插曲分别"打断"了第六和第七个印章与号角。印章之间的插曲强调神对受苦圣徒的护佑（启 7~8 章），而号角之间的插曲则强调圣徒在受苦中的责任（启 10~11 章）。[135] 同样地，四

---

[133] Parsons and Martin, *Ancient Rhetoric*, pp. 231–274; deSilva, *Seeing Things John's Way*, pp. 24–25.

[134] James L. Resseguie, *The Revelation of John: A Narrative Commentary* (Grand Rapids: Baker Academic, 2009), p. 53; Thomas and Macchia, *Revelation*, p. 3.

[135] 科斯特（Koester, *Revelation*, p. 113）解释了插曲的作用，分别在最后第七印和第七号之前提供了"迟延的原因"："提供时间让人得拯救"（启 7:1~7）及作见证（启 10:1~11:14）。另见 Richard Bauckham, *The Climax*

个"七"系列之间的平行结构表明启示录四至五章和十二至十四章也可能是插曲（见表3.6）。[136]

七信（1:9~3:22）	七号（8:2~11:19）
插曲：	插曲
天上宝座室（4:1~5:14） 解释羔羊为何配得施行审判	三个天上记号（12:1~15:4） 解释羔羊与巨蛇／兽的战争背后的宇宙和属灵势力
七印（6:1~8:1）	七碗（15:5~16:21）

表3.6 启示录中四个"七"系列的平行结构

of Prophecy: Studies on the Book of Revelation (Edinburgh: T&T Clark, 1993), pp. 12–13; Peter S. Perry, *The Rhetoric of Digressions: Revelation 7:1–17 and 10:1–11:13 and Ancient Communication,* WUNT 2.268 (Tübingen: Mohr Siebeck, 2009), pp. 209–241。

[136] 虽然雷塞吉（Resseguie）、托马斯（Thomas）和马齐亚（Macchia）均注意到（1）四个系列的七；及（2）启示录十二至十四章是前两个（印和号）和最后（碗）系列审判之间的插曲，但他们并没有提出启示录四至五章也是插曲。见 James L. Resseguie, *Revelation Unsealed: A Narrative Critical Approach to John's Apocalypse,* BIS 32 (Leiden: Brill, 1998), p. 162; Thomas and Macchia, *Revelation,* p. 3。 其他学者则留意到其他插曲；见例子如 Ernst R. Wendland, 'The Hermeneutical Significance of Literary Structure in Revelation', *Neot* 48.2 (2014), p. 450; Koester, *Revelation,* p. 642。不过，这一系列的"七"却有清晰的平行结构。

第一段插曲（启 4~5 章）描述天上宝座室的景象。约翰描述神和羔羊坐在宝座上，神作为世界的创造者统治着世界，而羔羊则配得开启七印的审判，因为他首先通过自己牺牲的死为祭物，将众人从世界救赎出来（启 4:3、11，5:6、11）。这个场景构成第一系列审判（七印）的引介（启 6:1~8:1）。第二系列的审判（七号）接续第七印（启 8:2~11:19）。[137] 第二段插曲（启 12~14 章）是叙述的中心部分，解释地上圣徒受逼害背后的属灵和宇宙战争（启 12~13 章），以及让受众预览双方与各自追随者的结局——最终兽被击败而羔羊得胜利（启 14:1~15:4）。[138] 第三系列的审判（七碗）则紧接于启示录十五章 5 节至十六章 21 节。

附录二：两个女人及两座城

其余叙述在启示录十七至二十二章中阐明了前面一至十六章中提到的各个母题。首先，耶洗别和

---

[137] 需要强调的是，笔者在此讲述的是审判的叙述顺序，而不是这些审判如何在历史年代顺序中发生。

[138] 启示录十四章中的母题在稍后的叙述中进一步阐述，包括在末世战争中践踏葡萄（启 14:19~20，19:15），兽的追随者在烧着硫磺的火湖中受苦（14:10，21:8）等等。

大淫妇之间有专题联系：（1）两者都使人陷入性方面的不道德（犹太作品中常见的隐喻，表达膜拜其他神明的偶像而对真神不忠）；及（2）两者最终被毁灭，其中包括那些与耶洗别结盟而成为她"儿女"的人（启 2:22~23；参 17:2、5, 18:21~24, 19:3）。其次，在较前段的叙述中，让受众预览了与兽和巨蛇的末世战争及最后审判，在后段的叙述中则全盘托出（启 9:13~18, 14:9~11、20, 16:12~16；参 19:11~21, 20:7~15）。[139] 结构上，末世战争（启 19:11~20:15）夹在两个片段之间：大淫妇的毁灭（启 17:1~19:10）和新妇嫁予羔羊的婚礼（启 21~22 章）。[140] 这种夹心饼结构突出了巨蛇和兽以及所有与牠们结盟的人最终的失败，并将之与神和羔羊以及神忠心的子民（那些得胜者）的最终胜利互相对比。约翰使用相似的词组（一种常见的犹太文学手法）来勾画这两个片段（见表 3.7）。[141]

---

[139] 另见 Resseguie, Revelation Unsealed, pp. 103–104, 136–144；雷塞吉（Resseguie）已经表明［启示录十二章的］母亲和新妇如何与大淫妇和耶洗别构成对比；同上 p. 103。

[140] 另见 Bauckham, Climax of Prophecy, p. 5；包衡（Bauckham）将这一节视为"过渡"，描述了"介于巴比伦倾倒和新耶路撒冷降临之间的事件"。

[141] 就描述大淫妇和新娘的文学平行，见上文第一章注 88。

作为大巴比伦的大淫妇 （启 17:1~3，19:9~10）	作为新耶路撒冷的新娘 （启 21:9~10，22:6、8~9）
拿着七碗的七位天使中，有一位来对我说："你来，我要把［那大淫妇］指示你……"我在灵里被天使带到旷野去，［大巴比伦大淫妇的异象］……	拿着七个盛满着末后七灾的碗的七位天使中，有一位走来对我说："你来！我要把新娘，就是羊羔的妻子，指示你。"我在灵里被那天使带到一座高大的山上，［新耶路撒冷新娘的异象］……
天使对我说……"这都是神真实的话。"我就俯伏在天使脚前要拜他。但他对我说："千万不可以这样！我和你……都是同作仆人的。"	天使对我说："这些话是可信的、真实的！"……我听见又看见了之后，就俯伏在指示我这些事的天使脚前要拜他。他对我说："千万不可以这样！我和你……都是同作仆人的。"

表3.7 启示录中大淫妇与新娘的对比

在约翰使用的各种文学手法中，笔者希望强调其中两种——对比和插曲。约翰运用这些文学形式，试图藉以下方式劝服其受众：（1）通过提供终局在望之际的警告和应许；（2）通过比较和对比，引导受

众作出明智的选择；（3）向他们保证神会护佑忠心
履行责任的受苦圣徒；及（4）向他们保证神的信实
和公义，会惩罚恶人和不悔改的人，又要奖赏义人，
为他遭受不当逼迫的忠心圣徒进行报复。

（1）终局在望之际的初步警告及应许

在写给七教会的信中（启 2~3 章），就教会在现
世生活的表现，基督赞许教会的忠心是一份荣耀，而
责备教会的妥协则是一种耻辱。对得胜者的奖赏和对
不悔改者的惩罚分别是末世的荣辱。值得注意的是，
启示录二至三章中对教会的赏赐应许和惩罚警告，在
其后的叙述中被描述为已经实现（见第 228–229 页表
3.8）。

	应许／警告	应验
乐园里的生命树	2:7	22:1~2、14、19
不被第二次死亡伤害	2:11	21:7~8
吗哪和新名字 [142]	2:17	19:12，22:4

---

[142] 在犹太传统中，在末世将再次赐下吗哪（《巴录二书》
29.8）。鉴于耶稣与"来自天上的吗哪"的关联（约 6:31~32），
启示录二章 17 节中的"隐藏的吗哪"和"没有人知的名字"
很可能指向耶稣（参启 19:12）。因此，得胜的有份于并
属于耶稣。另见 Buist M. Fanning, *Revelation*, ZECNT (Grand
Rapids: Zondervan, 2020), pp. 141–142。

统治万国的权柄，并赐予晨星	2:26~28	4:10，19:15，20:4，22:5 下、16
白衣（长袍／细麻布）	3:5	6:11，7:9、13，19:8、14，21:2，22:14
名字记在生命册上	3:5	13:8，20:12、15，21:27
神殿中的柱子，上面写着耶稣的名字	3:12	21:22~23，22:4
用基督口中的剑与不悔改的人作战	2:16	19:15
不悔改的人与那引诱人行淫的女人，都会承受相同的惩罚；每个人都会根据自己的行为得报应	2:21~23	18:1~4，20:12~13
不"觉醒"听劝的人将在耶稣"像贼"一般再来时面临审判	3:2~3	16:15

表3.8

启示录二至三章的应许与警告于其后叙述中应验

审判的警告起着吓阻的作用，同时也通常伴随着督责和悔改的呼吁（例如启 2:4~5、15~16，3:2~3）。同样值得注意的是，如果那些被责备和警告的人不悔改，耶稣的审判必然会临到他们（启 2:21~23）。

每封信的结尾标志着"凡有耳的"（启 2:7、11、17、29，3:6、13、22），呼应了耶稣在福音传统中教导结束时的标志性短语（太 11:15，13:9、43；可 4:9、23；路 8:8，14:35）。这短语再次出现在启示录十三章 9 节，劝告信徒在遭受兽的逼迫时要坚持不懈。此外，描述耶稣"像贼"一般来临的短语也是福音传统中所使用的比喻（太 24:43 // 路 12:39）。值得注意的是，启示录中这两个短语的上下文与那在福音传统中的十分相似。[143] 第一，种子落在四种土壤中的比喻提到不结果子的，就是因逼迫或被财富迷惑而后退的人（可 4:17~19；太 13:21~22 // 路 8:13~14），而这显然是七教会面临的挑战。第二，神的子民听到施洗约翰（那位比先知更大的人）的信息后拒绝悔改，将遭受审判（太 11:7~24）。在七教会中，那些拒绝听从耶稣先知式呼吁悔改的人将面临相同的后果。第三，虽然麦子稗子长在一起，但天使会在末日收割时将二者分开，保留麦粒并烧掉稗子（即代表属于恶者的人）。相反，"义人在他们父的国中，要像太阳一样的照耀"（太

---

[143] 笔者不同意科斯特（Koester, *Revelation*, p. 264）的见解，他认为这首个短语"在启示录中没有对观福音情境的痕迹"。无论约翰是否晓得成文的福音书或其他形式的口述和成文传统，鉴于这同一单元段落在对观福音中的多次出现的引证，耶稣这句话很可能随带着某形式的情境一同流传。

13:24~30、36~43）。两者的上下文明显相似，因为约翰后来在启示录十四章4~16节中让人瞥见这末日收割。第四，耶稣警告在末世审判他再临时，不"警醒"的人会大吃一惊。不忠心的人会被当场抓获并受到相应的惩罚，而忠心的人则会得到奖赏（太24:36~51 // 路12:35~48）。同样地，约翰在描述因倾倒第六碗引发的末世战争时，重复了耶稣"像贼"一般来临的警告（启16:15）。启示录十一章18节和二十二章12节清楚地表明一个概念，即耶稣要奖赏忠信者和惩罚恶人，并按照各人所行的报应他们。

　　假如受众能够从福音传统中意识到约翰对这两个短语的暗引，并回忆起这些短语原本的语境，就很可能会在心中产生共鸣和更深的理解，从而将他们导向悔改。[144] 耶稣在地上所警告和应许的，已经在约翰近在眉睫的天启异象中实现了——这些事情即将发生（启1:1，22:6）。

（2）作出抉择：妥协或坚守

　　约翰使用对比的文学手法来说明谁才是真正的世界之主（神或兽），以及选择跟随不同的主，最终会有怎样的结果。如前所述，对比和二元用语的使用不

---

[144] 就文本互涉的共鸣效果及其增进理解的作用，见 Moyise, *Old Testament*, pp. 108–110。

允许人"中立观望"。[145] 此外，如第一章所述，罗马皇帝被授予"全世界之主"的称号。[146] 但神是真正的"全世界之主"，因为他是维持生命的创造者（启 4:11）。对比之下，海兽之所以能够统治地上所有居民并受敬拜，只因"有权柄给了"牠如此行事（启 13:4、7~8）。但所有受造物都自发敬拜羔羊，因为他甘愿牺牲自己的生命，救赎来自全地的人（启 5:9、13）。对比之下，地兽用神迹奇事欺骗和强迫地上居民敬拜海兽，并以经济剥夺和死亡威胁他们（启 13:17）。

那些受兽印记（在额头或右手上）的人可能暂时免于逼害和压迫，但最终会在硫磺火湖中与兽一起被毁灭（启 13:16~17，14:9~11）。他们的苦难永不止息（启 14:11）。燃烧中的硫磺这景象生动逼真，受众几乎可以"嗅"到气味。[147] 对比之下，那些拒绝接受兽印的人会被杀死（启 13:15），他们的额上则会刻上羔羊和他天父的名字（启 14:1；参 6:3~8）。他们最终于（天上的）锡安山上站在宝座前，唱着摩西的胜利之歌（启 14:1~5，15:1~4）。这欢乐凯歌的意象也非常生动，

---

[145] 见上文第 189 页，及 Lee, 'Facing Persecution', p. 200。

[146] 见上文第 72 页。

[147] 见 deSilva, *Seeing Things John's Way*, pp. 84–85；德席尔瓦注意到启示录十四章 6~13 节的"感官审美结构"唤起了受众多方面的感受，包括视觉、听觉、嗅觉甚至触觉。

使受众几乎身临其境。他们此时将脱离压迫并获得永恒的安息 —— 他们的劳苦和坚拒妥协的忠诚曾导致经济损失和死亡，但这份忍耐要得到回报，他们的作为也随着他们（启 14:13）。[148] 兽与圣徒作战并在地上胜过他们（启 13:7；参 11:7）。然而，信徒已经藉羔羊的血，因他们为耶稣所作的见证，并且不惧怕死亡，而战胜了巨蛇和兽（启 12:11）。众圣徒在抵抗妥协中而死亡，不仅是从痛苦中被解脱（"脱离劳苦的压迫而得安息"），更是积极地胜过压迫者（"脱离敌人的压迫而的安息"）。[149] 这是额外的动力，有助受苦的受众坚持下去。

正如在人子驾云降临，收割地上庄稼和葡萄，并在神忿怒的大酒榨中践踏葡萄的景象所描述的，末世审判肯定会到来（启 14:14~20）。审判是如此严厉，以至于从酒榨中流出的血淹没了"全地"（一千六百司他町；启 14:20）。[150]

---

[148] 启示录十四章 12~13 节中的"忍耐"（hypomonē）、"劳苦"（kopos）和"作为"（erga）与启示录第二章有所关连；耶稣在这三个方面赞美以弗所教会，而推雅推拉教会则在第一和第三方面得到赞许。这个串连帮助我们理解"作为／行为"指的是教会忠心抵抗妥协。见 Lee, 'Rest and Victory', p. 535; Koester, *Revelation*, p. 211; Ian Boxall, *The Revelation of Saint John*, BNTC 18 (London: Continuum, 2006), p. 211。

[149] Lee, 'Rest and Victory', pp. 357–358.

[150] 就启示录中数字的象征意义，见 Adela Yarbro

约翰在此明显诉诸 *pathos*（情绪挑动）：可怕的审判和得胜的盼望，以及对基督施行末世审判的信心。[151] 受众不得不作出选择：（1）跟随兽，现在避免痛苦，但要面临在永恒中更大的痛苦；或（2）跟随羔羊，现在受极大苦难，但在永恒中带着更大的喜乐去经验最终的胜利。在三个关键时刻，约翰挑战受众应当如何回应，每次都由 *hōde*（《环》译作"既然这样"；NIV 译作 'this calls for'）一词引入：（1）俘虏和殉道不可避免，"既然这样，圣徒就要坚忍和忠心！"（启 13:9~10）；（2）欺骗和妥协的诱惑如此强烈，"既然这样，就要有智慧"和"悟性"来认清兽的印记所代表的（启 13:14、17~18）；[152] 及（3）

Collins, 'Numerical Symbolism in Jewish and Early Christian Apocalyptic Literature', in *Cosmology and Eschatology in Jewish and Christian Apocalypticism*, JSJSup 50 (Leiden: Brill, 1996), pp. 55–138; Resseguie, *Revelation of John*, pp. 28–32。简而言之，数字"四"与"地球和创造"相关，"十"代表整体，而乘以平方或立方则象征强度。因此，1,600=4×4×10×10，就很可能象征全地（Resseguie, *Revelation of John*, p. 29; Thomas and Macchia, *Revelation*, p. 266）。

[151] 另见 Oropeza, *Churches Under Siege*, p. 3；奥罗佩萨（Oropeza）指出"恐惧"乃约翰引导受众远离不幸结局的整体修辞策略之一。

[152] 就兽印记（666）各种解释的摘要，见 Koester, *Revelation*, pp. 596–599。对受众来说，此处重点是他们必须有智慧辨别迫使他们妥协的"各种势力"，这样他们就不会陷入诱惑。

那些跟随兽或羔羊的人，他们最终的结局是清楚的，
"既然这样，遵守神的命令，并坚持对耶稣忠心的众
圣徒，就要坚忍。"（启 14:12）。第一个 *hōde* 对应
第三个，而第二个 *hōde* 对应第四个，而后者出现在
启示录十七章 9 节："既然这样，就要有智慧的心思。"
受众必须能够辨认出谁是怪兽和大淫妇，以及领会拜
兽和与大淫妇行淫的后果。他们绝不能屈服于死亡的
威胁，也不能屈服于经济利益的诱惑。

藉此"预览"对比了双方最终结局后，约翰通过
另外两个对比重申了同一观点：（1）淫妇和新娘；
及（2）与大城和怪兽认同，以及与新耶路撒冷和羔
羊认同之人，在末世所承受的那"份"（产业）。大
淫妇试图把自己装扮得很奢华（启 17:4a），但约翰
揭露了她的真面目——污秽和可憎（启 17:4b），以
及她与鬼魔和污灵潜在的联系（启 18:2）。虽然她
对君王、商人和地上的人施加了巨大影响，引导他们
拜偶像（性方面的不道德）并给他们带来庞大的经
济利益（启 17:2，18:3），但众王最终还是背叛了她
（启 17:16）。她的罪孽深重，将受到相应的惩罚（启
18:5~7a）。她高傲地以为自己的地位永久不变，却要
"在一日之内"失去一切并被摧毁（启 18:7b~8）。
在宣布她即将毁灭的同时，来自天上的声音呼唤道：

> **从那城出来吧，我的子民！**
>
> 免得在她的罪上有份，
>
> 受她所受的灾难。

（启18:4）

假如神的子民妥协并与她保持联系，将不会免于相同的惩罚。约翰对她不洁和毁灭的描述很可能引起古代受众的厌恶和恐惧。[153] 连同呼吁神的子民"从她〔那城〕出来"，约翰也诉诸*pathos*（情绪挑动）和*logos*（逻辑论证），将受众引向他提供给对方的唯一明智选择：从妥协中悔改并远离诱人的大淫妇，否则你会跟她一起灭亡。[154] 琉璜火湖不仅是为巨蛇和兽所准备，[155] 也是为了牠们所有的追随者——"那些胆怯的、不信的、可憎的、杀人的、淫乱的、行邪术的、

---

[153] 另见 deSilva, *Seeing Things John's Way*, pp. 219, 293–294。

[154] 先知书中的一个共同母题是呼吁神子民逃离巴比伦，这样他们就不会跟其审判有份（例如赛 48:20~22, 52:11~12；耶 50:8~10，51:6~10、45~48）。呼吁神的子民从巴比伦"出来"（启 18:4）很可能暗指耶利米书五十一章 45 节，并从这传统发展开来。另见 Beale, *Revelation*, pp. 897–898。

[155] 于启示录十三章 11~16 节从地上兴起的第二只兽，后于启示录十九章 20 节和二十章 10 节中被确认为假先知。

拜偶像的和所有说谎的人"（启20:10~15，21:8）。根据启示录的叙述情节，这些追随者会包括那些因胆怯而在信仰上妥协的人（*hoi apistoi*，"不忠之人"）。[156]

在与大淫妇对比之下，新娘穿着细麻衣，既明亮又干净——这些都是她的义行（启 19:8）。她是真正被华美装饰的人——用贵重的金属和宝石，反映出神的荣耀（启 21:11、18~21）。尽管她为信仰受苦，但她对耶稣的忠心见证将地上的居民（"列国"和"君王"）引进神子民的群体中（参启 21:24~26）。那时将不再有任何痛苦或死亡（启 21:4），神的子民将永远与他作王（启 21:5，22:6）。在这两个片段中，约翰都重复了"忠信 [*pistos*] 和真实 [*alēthinos*]"这短语（启 19:11，21:5，22:6；参 3:14，19:9），强调耶稣的信实以及他所揭示的（预言性的话语）必定实现，从而鼓励受众继续迈进。这是诉诸 *pathos*（情绪挑动），激发信心，引导受众走向他提供给对方唯一的明智选择：坚守信仰是值得的，因为耶稣的应许将在末世实现。羔羊的追随者，即那些得胜的，将承受新天新地（启 21:7）。

（3）神的护佑和神子民的责任

除了比较和对比之外，约翰还使用这些插曲来强调神对他受苦子民的护佑，以及他们于苦难中为耶

---

[156] 另见 Oropeza, *Churches Under Siege*, p. 192。

稣作见证的责任：（1）144,000 人和一大群人（启7:1~17）；[157]（2）约翰吃下书卷和两个见证人（启10:1~11:14）；及（3）米迦勒和众天使与巨大红蛇和他两只兽之间的战争，及其对神子民的影响（启12~14 章）。

在第一段插曲中，有两个片段：（1）在四风肆虐全地（陆地、海洋和树木）之前，一位天使盖印了神的子民——他的仆人（启 7:1~8）；及（2）一大群人从苦难中得救，进入神的宝座室（启 7:9~17）。四风肆虐全地的意象暗指号和碗的审判，影响着陆地、海洋和树木。[158] 神子民身上的印记可能暗指以西结书九章 1~6 节，象征着当审判临到不忠的人和他们的城市时，神要保护他忠心的子民。[159] 这额上的印记后来被确定为羔羊和他父的名字（启 14:1）。因此，正如

---

[157] 144,000 很可能象征神子民庞大而完整的数目（12×12×1,000），就如那一大群人的景象。笔者不同意奥罗佩萨的见解（Oropeza, *Churches Under Siege*, pp. 225–226），他认为前者指的是犹太信徒。观乎启示录六章和十三至十四章，这十二个支派不太可能只指犹太基督徒，却很明显指的是神全体的忠心子民（不分种族）。犹太传统中也有认为十二支派是末世时神的忠心子民（例如 *Pss Sol.* 17.26–28；1QM 3.13–14）。

[158] 全地的破坏在前三号和第二、三碗中更为明显（参启 8:7~10，16:3~4）。

[159] 另见 Beale, *Revelation*, pp. 409–413; Oropeza, *Churches Under Siege*, p. 226。

在古代世界用印记象征所有权一样，这印记标志着神忠心的子民属于他。这盖印的行为可能暗示神要保护他的子民免受伤害（参结 9:5~6），但更可能指的是他保守其子民忠心不渝（参启 14:3~5）。[160] 虽然审判并非针对神忠心的子民，但这并不意味着他们将完全免受审判的摧毁性影响。这明显见于（1）以西结书九章 7~11 节（虽然免于屠杀，但为耶路撒冷人民的罪恶哀悼的忠心子民必须承受入侵的后果）；（2）启示录六章 1~11 节（神的子民不能免于邪恶和压迫者的暴行［战争和逼迫］，也不能免于这些邪恶造成的饥荒和瘟疫）；及（3）启示录七章 14 节（既然这一大群人已经从大灾难中出来，太阳和任何炎热都不会再伤害他们，暗示他们很可能先前已经遭受其影响；启 7:16；参 16:8）。**这是一个重要的神学观点**：神对他子民的保护并不意味着他们总会从所有伤害中被解救出来。

第二个片段描绘了"一大群人，没有人能数得过来，是从各邦国、各支派、各民族、各方言来的……

---

[160] 在犹太经书中，每当神的子民经历耶和华的拯救并战胜敌人时，就会唱一首"新歌"（诗 33:3，40:3，96:1，98:1，144:9，149:1；赛 42:10）。见 Beale, *Revelation*, p. 736。这些忠心的人唱出一首新歌（启 14:3；参 5:9），暗示他们也经历了神的拯救并战胜了敌人。

都站［histēmi］在宝座和羊羔面前"（启 7:9）。[161]
正如蓝思欧（Lemcio）指出的，这场景让人想起启示
录四至五章中天上的宝座室（参启 7:11），似乎回应
了那些面对第六印审判之人的惊呼提问："倒在我们
身上吧！把我们藏起来，**躲避坐在宝座上那位的面，
和羊羔的震怒！因为他们震怒的大日子到了，谁能
站立**［histēmi］**得住呢？**"（启 6:16~17）[162] 他们身
穿白袍，手拿棕榈枝（启 7:9）——这都是胜利的象征。
他们从大灾难中得胜，袍子被羔羊的血洗净洁白（启
7:14；参 12:11，22:14）。在启示录中，"衣袍"象
征着行为，"白色"则同时象征着纯洁和胜利。[163] 最后，

---

[161] 在整卷启示录中，"各邦国、各支派、各民族、
各方言来的"这短语重复数次却略有不同，其联系如下：
（1）羔羊从这群组中救赎了这一大群人（启 5:9，7:9），
而这群组其余的人则分别在兽和大淫妇的统治和影响下
（启 13:7，17:15）；及（2）这同一群组是神的子民要为
耶稣作见证、宣告神即将到来的审判，并呼吁悔改的受众
（启 10:11，11:9，14:6）。这角色类似于犹太经书中神的
先知，就如（1）约翰的预言任务；（2）具有先知摩西和
以利亚特征的两个见证人；及（3）由于即将到来的审判，
天使（使者）呼吁众人敬畏神并敬拜他，因为他是创造者。
见 Bauckham, *Climax of Prophecy*, pp. 326–337。

[162] Eugene E. Lemcio, *Navigating Revelation: Charts for
the Voyage, a Pedagogical Aid* (Eugene: Wipf & Stock, 2011),
pp. 19–20.

[163] Lee, 'Rest and Victory', pp. 352–357. 因此，"白衣"

启示录七章 15~17 节中的意象暗指了新耶路撒冷的宝座室：（1）基督赐给他们"生命水的泉源"，因此他们不再干渴（启 7:16~17；参 21:6, 22:17）；及（2）"神也必抹去他们的一切眼泪"（启 7:17；参 21:4）。[164]

这第一段插曲安慰神的子民，并向他们保证他会在苦难中看顾他们，并从大灾难中把他们拯救出来。他们将能够站立得稳，因为神保守他们的信心，让他们最终会从苦难中得胜——这是他们在面对逼迫时忠心抵抗妥协的结果。他们将进入神圣殿的圣所（宝座室）——新耶路撒冷。

在第二段插曲中，也有两个片段：（1）天使吩咐约翰吃下小书卷，并向"许多民族"邦国、方言和君王"预言（启 10:1~11）；（2）两位见证人受命向

表示义行，因此表示一个没有玷污和得胜的人（启 3:5；参 6:11, 19:8）；"玷污的衣服"表示被不义的行为玷污了，因此是污秽的（启 3:4）；赤身露体表示没有任何有价值的行为，因此是可耻的（启 3:17~18, 16:15）。那些"用羊羔的血，把自己的衣袍洗洁白"的人就是那些被基督称为义并得胜的人（启 7:14, 22:14）。

[164] 这些描述引自以赛亚书二十五章 8 节和四十九章 10 节，被形容为已在新耶路撒冷中获得圆满成就。另见 G. K. Beale and Sean M. McDonough, 'Revelation', in G. K. Beale and D. A. Carson (eds.), *Commentary on the New Testament Use of the Old Testament* (Grand Rapids: Baker Academic, 2007), pp. 1109–1110.

地上的居民——"各民族、各支派、各方言和各邦国"
发出预言并施行审判（启 11:1~14）。在第一个片段中，
约翰看到一位大能的天使从天上下来，手里拿着一个
小书卷。他宣告神即将到来的审判——第七号即将吹
响，不再延迟。约翰被指示接过小书卷并吃掉它，象
征着他的使命是将预言信息传递给"许多民族、邦国、
方言和君王"（启 10:11）。书卷先甜后酸的味道可
能象征着神呼召他作为先知的特权，以及先知因众人
拒绝信息而遭受的苦难。[165] 约翰的先知角色很可能代
表神的子民，因为神也向"他的仆人众先知"宣告了
自己将要成就的事（启 10:7），而这些先知经常与圣
徒并列（参 11:18，16:6，18:20、24，22:9）。[166]

　　在第二个片段中，约翰被告知要测量神的圣所及
其中的敬拜者。然而，不包括测量外院，因为"已经

[165] 就各个不同的合理诠释，见 Grant R. Osborne, *Revelation*, BECNT (Grand Rapids: Baker, 2002), pp. 403–404; Koester, *Revelation*, pp. 482–483。

[166] "他的仆人众先知"包括约翰和其他基督徒先知，他们与旧约先知具有相同的先知传统（例如启 1:1~3, 22:6、9；孟恩思和科斯特也如是理解）。虽然先知可能是神忠心子民的一个子集，但在启示录中两者并列，表明这两个群体遭受相同命运，并得到相同的奖赏和昭雪。Robert H. Mounce, *The Book of Revelation*, rev. edn, NICNT (Grand Rapids: Eerdmans, 1998), p. 208; Koester, *Revelation*, p. 481.

给了外族人"且"他们要践踏圣城四十二个月"（启
11:1~2）。这里的"圣所"很可能是指神忠心的子民
和神与他子民的同在，因为（1）在启示录中，"圣城"
既是"新娘"又是"圣所"（启 21:2、22，参 3:12）；
及（2）其他新约作者也有类似的理解（参可 14:58；
林前 3:16；彼前 2:4~5）。[167] 假如这理解正确，圣所
中的祭坛及其崇拜者就象征着为神子民所提供的避难
所，但讽刺的是，他们本身也同时面对逼迫，一如圣
城遭"践踏"所暗示的。[168]

四十二个月是与不信的（"外族"）逼迫者相
关的时段（启 11:2，13:5），而 1,260 日则与神的子
民相关（启 11:3，12:6）。[169] 两者的持续时间大致相
同，这可能暗示两位见证人说预言的时间与逼迫持续

---

[167] Jauhiainen, *Use of Zechariah*, p. 92, n. 141. 学者之间
对这些词汇应按字面还是象征意思去理解之分歧的详细讨
论，已超出我们的研究范围。更重要的问题是如何理解文
本的神学含义，而这一点却可能在以上两种方法中相同，
因为主要意见分歧在于文本的所指，而非其意义。见 Lee,
'Fire from Their Mouths', p. 212. 毕竟我们研究的重点是新
约作者如何勉励其受众，而不是判定其历史上的所指。

[168] 在希腊罗马时代，神庙为逃亡者提供庇护。就古代
历史中提及之处，见 Koester, *Revelation*, p. 483。

[169] 有些时候，早期教会使用"外族人"（*ethnoi*）这
词来指代与神子民相对的非信徒（参太 6:32；路 12:30；
彼前 2:12，4:3）。

的时间一样长。对这两个见证人的描述大量暗指犹太经书中的不同先知（启 11:4~6；参出 7:17~19；王上 17:1；耶 5:14；亚 4:1~14），由此强调他们在先知传统中的角色。[170] 兽与两个见证人"交战"（*poieō polemon*）并"胜过"（*nikaō*）他们（启 11:7），而相同的表述也出现在启示录十三章 7 节，其中提到兽对神的忠心子民作出相同的事。[171] 鉴于以上的描述，这两位先知很可能象征着神忠心子民的见证。[172]

---

[170] 另见 Paul S. Minear, *I Saw a New Earth: An Introduction to the Visions of the Apocalypse*, repr. (Eugene: Wipf & Stock, 2003), p. 103；他指出这一个"超凡的模式……以众多先知故事中的用语来描述他们共同的使命。"

[171] 两个见证人（启 11:1~13）和两只兽（启 13:1~18）之间还有许多其他"用词和概念上的相似之处"；见 A. K. W. Siew, *The War Between the Two Beasts and the Two Witnesses: A Chiastic Reading of Revelation 11.1–14.5*, LNTS 283 (London: T&T Clark, 2005), pp. 198–208。

[172] 就两个见证人的不同诠释，见 Koester, *Revelation*, pp. 496–497。无论这两个见证人是按象征意思（即他们体现了何谓忠心为神作见证）还是字面意思去理解（即他们是忠心作见证的范例），对受众而言，其神学含意和文本的援用都很类近：即使面临逼迫，神的子民也要忠心作见证（另见上文注 167）。

附录三：启示录可有鼓励暴力反击？

两个见证人被神赐予力量，以致

> 如果有人想要伤害他们，就有火从他们口中出来，吞灭他们的仇敌。凡是想要伤害他们的，都必这样被杀。他们有权柄在他们传道的日子叫天闭塞不下雨，又有权柄掌管众水，使水变成血，并且有权柄可以随时随意用各样灾难击打全地。
>
> （启11:5~6）

启示录是否鼓励用暴力向逼迫者报复？约翰可有如此鼓励忠心的圣徒，表示他们可以通过报复来胜过对方？

笔者在别处曾论证过，"他们口中喷出火来吞噬敌人"的意象表示"宣扬悔改的信息和神即将到来的审判的非暴力行动"。[173] 这个意象暗引了耶利米书五章14节，其中神将他的话放在耶利米的口中，就像火一样，要烧毁不悔改的以色列人和犹大人（耶5:1~13）。这个意象清楚地表明耶利米宣告了神即

---

[173] Lee, 'Fire from Their Mouths', pp. 222–226, 237.

将到来的审判，这在巴比伦入侵期间实现了。《以斯拉四书》十三章1~11、21~38 节中的类似用法进一步支持了这一点，其中天使说明：

> ［神的儿子］必面对面斥责他们的罪孽，并用酷刑来惩罚他们，这就是火焰所象征的意思。他不费吹灰之力便能藉律法毁灭他们，这就是烈火所象征的意思。（《以斯拉四书》13:38）[174]

这让人想起启示录十一章10节，其中提到两位先知（即两位见证人）"曾使［住在地上的人］受痛苦"。确实的，指出人们的罪恶，并警告他们如果不悔改就会被毁灭，以此呼吁悔改，对那些拒绝这信息的人来说会是"痛苦"的。然而，即使这样也不应被视为言语暴力，因为信息并非恶意，而是为了听众的利益。

此外，启示录十一章 6 节中干旱和瘟疫的意象，暗引了以利亚和摩西所行的神迹，目的是将这两位

---

[174] B. M. Metzger, 'The Fourth Book of Ezra', in James H. Charlesworth (ed.), *The Old Testament Pseudepigrapha*, 2 vols. (Garden City: Doubleday, 1983), vol. 1, p. 552. 中译引自：王敏贤译，《基督教典外文献：旧约篇》5:445。

见证人与犹太先知传统联系起来。[175] 因此，虽然这些图象可能描绘了暴力报复，但其象征意义恰恰相反——按照先知的传统呼吁众人悔改，以此非暴力的方式，忠心地作见证。[176]

值得注意的是，只有在两位证人完成见证后，兽才会杀死他们（启 11:7 上），而神通过使他们从死里

---

[175] 参出 7:17~19，王上 17:1。毕尔（Beale, *Revelation*, pp. 582–587）指出了支持以喻意理解干旱和瘟疫的三个要点。首先，前文（11:1~5）很大可能采用了比喻手法，而早期的犹太文学也用喻意方式描述了出埃及记中的瘟疫。第二，两个见证人带来的干旱和瘟疫与号角的审判有关（启 8~9 章），并且都是由天使执行的。第三，耶稣禁止门徒学效神昔日藉以利亚所行的，用火毁灭他们的敌人（路 9:54~62）。

[176] 就其他也主张“积极和非暴力抵抗”的学者，见 Richard B. Hays, *The Moral Vision of the New Testament: A Contemporary Introduction to New Testament Ethics* (New York: HarperCollins, 1996), pp. 173–184; David L. Barr, 'Doing Violence: Moral Issues in Reading John's Apocalypse', in David L. Barr (ed.), *Reading the Book of Revelation: A Resource for Students*, RBS 44 (Atlanta: SBL, 2003), pp. 97–108; Sylvie T. Raquel, 'Blessed Are the Peacemakers: The Theology of Peace in the Book of Revelation', in Gerald L. Stevens (ed.), *Essays on Revelation: Appropriating Yesterday's Apocalypse in Today's World* (Eugene: Pickwick, 2010), pp. 50–71; Smith, 'Book of Revelation', pp. 334–371。

复活，并接他们升天来为他们昭雪（启 11:11）。简
而言之，"这两位见证人的故事鼓励教会，尽管遭到
强烈的反对和逼迫，他们仍能完成向世界作见证的任
务，因为神会保护他们和赋予他们力量"。[177] 第二段
插曲的信息很明确。约翰和两位见证人作为先知的角
色，很可能代表了神全体子民的角色。为耶稣作见证
会带来痛苦，因为向"民族、邦国、方言和君王／部族"
宣告悔改和即将到来的审判信息（启 10:11，11:9），
会招致拒绝信息的人反对甚至逼迫。然而，神会保护
他们并赋予他们力量。羔羊将从这同一群人中救赎他
的子民。因此，即使在痛苦的逼迫中，神子民的责任
和召命是继续为耶稣作见证，因为他们的见证对羔羊
所救赎的人是有功效的。[178]

在第三段插曲中，约翰从天上看到了三个征兆：
（1）一个穿着太阳、月亮和十二颗星星的妇人（启
12:1）；（2）一条巨大的红蛇，有七个戴着冠冕的头
和十只角（启 12:3）；及（3）七位天使和最后的七灾（启
15:1；即七碗）。这个妇人很可能象征着历史上神的
子民。[179] 这条巨蛇被确认为撒旦，它将"迷惑普天下
的人"（启 12:9）。巨蛇想方设法伤害妇人，但都徒

---

[177] Lee, 'Fire from Their Mouths', p. 221.

[178] 另见 Bauckham, *Climax of Prophecy*, pp. 291–293; deSil-va, *Seeing Things John's Way*, pp. 75–78。

[179] 就相关的详细讨论，见上文第一章注 109。

劳无功，因为神一次又一次地保护妇人（启 12:4~6、13~17）。当弥赛亚完成救赎并开启神的国度时，巨蛇及其天使在与米迦勒及其天使的宇宙战争中败北（启 12:7~10）。巨蛇在狂怒中继续与"女人其余的子孙作战，就是和那遵守神命令坚持为耶稣作见证的人作战"（启 12:17）。启示录十三章的两只兽，就是巨蛇作战的手段。然而，神的子民能够击败巨蛇的方法也清楚阐明——羔羊的血、他们为耶稣作的见证，以及不惧怕死亡（启 12:11）。得胜的圣徒在宝座前所唱的拯救与赞美之歌证明，那些"遵守神的命令和耶稣的信仰"的圣徒，他们的"忍耐"是有效果的（启 14:1~5、12~13，15:1~4）。

　　第三段插曲解释了（1）七印：罪恶的压迫者给人类和神的创造带来了苦难，包括杀害神的子民，因为巨蛇迷惑了这些压迫者（参启 12:9）；（2）七号：不悔改的人（那些"没有神印记的人"）的审判，是环境破坏和战争背后的黑暗属灵势力所带来的苦难，因为其中牵涉宇宙和属灵的层面（参启 12:7）；及（3）七碗：对兽的王国及人民（那些有"兽的印记"的人）的审判，是瘟疫、进一步的环境破坏、末世战争和大城巴比伦的毁灭所带来的苦难，因为他们拜偶像（拜巨蛇和兽；启 13:4、12~14）并逼迫神忠心的子民（启 13:7、15~16，16:5~6）。**在此展现的神学十分重要：**悔改并不是遭受审判所带来的结果（启 9:20，16:9、

11），而是来自积极回应有关耶稣的见证和将荣耀归给神的呼召（启 11:13，14:6~7）。[180] 因此，神的子民必须继续为耶稣作见证。

第三段插曲的信息安慰了神忠心的子民。他们将一次又一次在逼迫者的手下受苦，但神会保护他们。他们可以借着告知他们的"公式"去克服并取得胜利（启 12:11）。他们得以一睹得胜者在天上宝座室中庆祝胜利的光荣，以及接受兽印记的人所遭受的可怕后果。这激励他们在遭受苦难的情况下坚守信仰。

总括而言，神的护佑和其子民坚守信仰并为耶稣作见证的责任，是连接三段插曲的母题。[181] 神会保护

---

[180] 正如包衡指出的，在启示录中的"敬畏"和"归荣耀"都与敬拜神相关（启 14:7，15:4），而"悔改"也同样与"归荣耀"相关（启 16:9）。就全面论证，见 Bauckham, *Climax of Prophecy*, pp. 273–283。毕尔和麦克尼科尔（McNicol）不同意包衡的见解，但笔者的反驳论证可见于 Lee, 'Fire from Their Mouths', pp. 227–231。Beale, *Revelation*, pp. 603–605; Allan J. McNicol, *The Conversion of the Nations in Revelation*, LNTS 438 (London: T&T Clark, 2011), pp. 124–125, 129.

[181] 另见 Smith, *Book of Revelation*, pp. 355–371；他推断，"在充满敌意的世界中"，启示录将"教会的使命"描述为对真神的敬拜，是一种见证方式，以此宣告造物主维持世界和他通过基督带来救赎；在耐心等待神通过基督在末世的终极胜利中圆满实现他的国度之际，敬拜神和基督是所有受造物的天命。

他的子民，保守他们的信心，并将他们从苦难中拯救出来，进入他荣耀的同在。神会赐给他们能力去履行为耶稣作忠心见证的责任。因此，尽管困难重重，他们仍然可以克服一切并且胜利而归。这是诉诸 *pathos*（情绪挑动），激起了受众的信心和勇气。

(4) 公义的神为他忠心的子民伸冤

忠心圣徒呼喊："圣洁真实的主啊！你不审判住在地上的人，给我们伸流血的冤，要到几时呢？"（启 6:10）他们由于"神的道，并且为了自己所作的见证"而被杀害（启 6:9）。然而，他们得到了一件得胜者的白袍作为奖赏，以致他们可以"安息"（*anapauō*），直到同为弟兄的殉道者的人数凑满（启 6:11）。[182] 这"安息"不仅仅是指他们停止呼喊，还指向他们艰辛抵抗压迫者中得胜的"安息"（参启 14:13）。[183]

在七号的审判之前，一位天使用坛上的火盛满香炉，然后扔到地上，导致"雷轰、响声、闪电和地震"（启 8:3~5）。由于焚香升起的烟雾象征着圣徒的祈祷（启 8:5；参诗 141:1~2；《巴录四书》9.3–4），天使的行为很可能象征着神回应众圣们的祈祷和呼喊，彰显了他公义的审判。[184] 接续的叙述进一步证实了这一点。

---

[182] 就"白袍"乃是胜利的象征，见上文第 240 页。

[183] 见 Lee, 'Rest and Victory', pp. 350–357.

[184] Blount, *Revelation*, p. 184; Koester, *Revelation*, p. 434; Osborne, *Revelation*, p. 346.

第一，得胜的圣徒赞美神，因为他的行径（即他"公义作为"的显明）"又公义又真实"（启 15:3~4）。紧随其后的是七碗审判。天使宣布，倒第三碗的血灾是对神圣民和先知流血的回应，天使和祭坛都赞美神，他的判断是"真实、公义"的（启 16:4~6）。第二，在大淫妇的异象中，约翰形容她"喝圣徒的血，和那为耶稣作见证的人的血，喝醉了"（启 17:6）。诸天、神的子民、使徒和先知都被告知要欢喜，因为神的审判在大淫妇的毁灭中临到，因为

> 先知、圣徒和地上一切被杀的人的血，
> 都在这城里找到了！
>
> （启 18:20、24）

此后，约翰描绘了天上的群众大声呼喊，赞美神的"真实公义"的审判，因为他已经惩罚了大淫妇，并"为他的仆人向淫妇伸了流血的冤"（启 19:2~3）。

此外，约翰似乎将古蛇的捆绑和得胜者的统治描述为神为他的子民伸冤的一种方式（启 20:1~6）。正如科斯特指出的，巨蛇已将权柄赐给兽统治地上所有的居民，以至兽战胜了忠心的圣徒，俘虏并杀死了他们（启 13:7、10）。现在，巨蛇沦为那被俘虏并被锁链束缚的（启 20:1~3）。取而代之的是，"那些因为替耶稣作见证，并且因为神的道而被斩首的人"，

约翰指他们是"没有拜过兽或兽像，也没有……受过兽的记号"的人，他们复活了，与基督一同作王（启20:4）。兽只有"四十二个月"管辖和压迫他们，但他们现在要作王"一千年"（启13:5，20:4）。他们受苦的时间比他们作王的时间短得多。[185]

虽然遭受逼迫和殉道是痛苦和艰难的，但神的公义和他为忠心的圣徒伸冤的确实性，却鼓励他们坚持下去。最后，启示录的结语描绘耶稣向教会讲话，重申前言的要点，表明他的来临近在眉睫（启1:1，22:6、20）。[186] 约翰最后以圣灵、新妇、听见的人和约翰自己齐声说"来！"（启22:17、20）结束启示录。[187] 他们表达了对基督再来要拯救他们脱离苦难压迫的希望，基督要以摧毁和结束一切邪恶的方法为他们报仇，建立神有福且永恒的统治，并于其中获得基督应许他们坚持（得胜）的奖赏。那些认同这盼望的受众，即使受到逼迫，也将受到激励而坚持下去。

---

[185] Koester, *Revelation*, p. 782.

[186] 另见 Thomas and Macchia, *Revelation*, p. 4。

[187] "听见的人"指的是那些聆听和遵从启示录信息中预言（即呼召人悔改）的人（启1:3，22:7）。在七信和启示录十三章 9 节中，还有另一处呼召人聆听的内文互涉："凡有耳的，就应当听！"另见 Beale, *Revelation*, p. 1148。

神学观点概要

作为本章的研究框架，我们以探讨一世纪希罗背景中的修辞惯例和同时代的荣辱文化为起点，并审视其如何塑造新约作者的劝说方式，好叫受众即使面临妥协的压力，仍然向基督保持忠心。现在，笔者将首先总结我们在这些作者中观察到的惯例。然后，笔者将强调从以上研究中浮现出的个别作者的独特观点。

对于新约作者来说，重新界定"荣辱"的定义显然对形成受众的信念和指导他们的行动起着关键作用。这在作者陈述现在与末世的苦难和荣耀的对比中最为明显。在主流文化看来，因信基督而遭受屈辱、排斥和逼迫是可耻的。然而，这被重新定义为基督徒的荣耀。虽然受众或许可以通过否认与基督的联系来逃避主流文化强加的耻辱，但这种逃避只是暂时而毫无价值的。这是因为他们将无法逃脱永恒的惩罚，并会在末世的审判中蒙羞。

相反地，当他们确认自己是基督的追随者并坚守信仰，虽然当刻可能蒙受极大的耻辱，但这也只是暂时的，并且是值得的。这是因为他们将会得到末世的奖赏，就是神国度的荣耀基业，是世上任何财宝和尊荣都无法比拟的。除了盼望从神得到末世的荣耀之外，在当刻接受赞许也是重要的荣耀和激励来源——保罗和耶稣（正如约翰在启示录中所呈现的那样）赞许他们的受众在苦难中对基督坚定不移。

福音书独特地呈现出耶稣教导众人失去生命（涉及羞耻和屈辱）才能获取生命（将其与荣誉和光荣联系起来）的悖论。这教导的背景是被自己的人拒绝——直系亲属（马太和马可）和自己的民族群体（约翰）。这个悖论处理了受众在文化上的需要，因为家庭关系非常珍贵。这悖论在启示录中进一步发展，其中忠心的殉道圣徒将复活与基督一起作王。他们在地上似乎被压迫者打败，但实际上却已经胜过了对方。

希伯来书和启示录的作者在激励受众上非常独特，他们强调神会为他忠心的子民报仇，并在压迫者面前为他们平反。[188] 这两位作者都提到了末世的产业，但希伯来书却针对因信耶稣而遭受的经济损失，而直接将两者作出对比。

福音书的作者描绘耶稣警告门徒，由于对他的信仰，他们将面临近在眉睫的逼迫。他们要欢喜（因为他们有末世的奖赏）并继续在逼迫者面前为他作见证。各作者更展示了耶稣对圣灵赐予能力的应许，表明即使受到逼迫，门徒仍得以放胆作见证。约翰在其福音书和启示录中继续发展这些传统之余，更进一步提出了耶稣的应许，即神会保守门徒不失足后退。保罗在

---

[188]　虽然保罗引用申命记三十二章35节，提到将报复留给神（罗 12:19），但重点不在于为圣徒平反昭雪，而是在于以善报恶。

以下方面延续了这福音传统：（1）重申人应该在逼迫中如何以喜乐和勇气坚持不懈；及（2）每当他向新群体宣讲福音，都会预先警告逼迫的出现，就如他在写给腓立比人和帖撒罗尼迦人的信中所看到的。他还以身作则分享了为基督受苦的经历。与保罗、希伯来书和启示录不同，路加在使徒行传中没有提到任何放弃信仰的例子，而只是将早期门徒描绘成对逼迫作出理想回应的模范——尽管受到逼迫，但仍遵守耶稣的教导，成为他忠心的见证人。通过这些模范，路加展示耶稣在路加福音中的应许如何在使徒行传内实现。一如保罗和路加所描述的，在现实生活中经历圣灵赐予能力和神拯救的见证，足以激励他们的受众相信：（1）耶稣的话是真实的；及（2）受众自己也将会体验到这些现实。

众新约作者也提出为基督受苦乃是有价值的，以激励信徒坚持不懈。第一，这是信徒与神有良好关系的明证。马太描述耶稣宣告忍受逼迫是有福的，并且这是真门徒的标记。保罗声称任何过敬虔生活的人都会受到逼迫。第二，保罗和彼得前书都强调这些苦难能塑造正面的性格特质。虽然希伯来书作者表达了类似的概念，但他还别树一帜地将逼迫与"非惩罚性"管教联系起来。除此之外，通过将自己界定为基督而一同受苦的人，保罗、希伯来书、彼得前书及启示录作者诉诸 *pathos*（情绪挑动），争取受众接纳他们的劝诫。这在他们之间建立起社会凝聚力，并为苦难中的受众带来安慰。

帮助受众克服对逼迫的恐惧是新约作者的重要课题。除了借着陈述耶稣类似的劝告，直接或间接地劝勉对方不要害怕之外，他们还说明如何能够克服恐惧。如上所述，信徒可以通过对末世荣耀和奖赏的确实盼望克服对痛苦、羞耻和经济损失的恐惧。对当局实施惩罚的恐惧，则可以通过相信神和耶稣是超越一切权柄的信念来克服——神比人类和反对者背后的邪恶灵界势力更令人畏惧。此外，通过接近神、寻求他的恩典和帮助，神护佑与平安的应许将会保守他们的心灵，不至于害怕。然而，这份护佑更多是指保守他们的信仰，有时还包括人身保护和从侵害中获得解救，但这绝不是保护免受所有伤害的应许。

在处理恐惧的问题上，约翰福音中暗地里作门徒的观点是独一无二的。值得注意的是，约翰并不否认恐惧的现实，而且似乎对这恐惧感同身受。虽然他与对观福音书的教导一致，即为了避免羞辱而否认耶稣是不可接受的（参约 12:42~43），但他留给那些不得不隐藏与耶稣关系的门徒更多转圜余地（例如尼哥德慕、亚利马太人约瑟）。对于他是否同意这保密做法，他似乎模棱两可，并没有做出判断。

相比之下，部分新约作者，例如保罗以及希伯来书和启示录的作者在使用修辞作为劝说的工具上，似乎更自然流畅和明显。这些作者在诉诸 *logos*（逻辑论证；例如惩罚／奖赏、短暂／永恒、复仇／昭雪、苦难／解脱）和 *pathos*（情绪挑动；例如耻辱／荣誉、恐惧／信心、同感／愤慨）时，他们使用这些对比的方式显得相当平衡。举例来说，唤起恐惧（例如对不忠心的末世惩罚）与信心（例如对忠心的末世奖赏）互相平衡，而引起羞耻的责备（例如只能喝奶而不能吃固体食物）与给予荣誉的赞许和确据互相平衡（例如，受众比之前描述中雨后长出荆棘的土地更好）。这些论述经常伴随着悔改的呼吁。这种修辞的使用表明了作者要在受众中塑造正面品格的意图，而非恶意贬低对方。

希伯来书在强调群体团结和互相鼓励上与众不同。虽然其他新约作者也将受众视作一个群体，但他们的劝勉通常针对个人的毅力，在群体坚毅上则没那么明显。[189] 然而，希伯来书作者试图营造群体毅力，不仅通过直接的劝告，还通过唤起受众对因信仰而受苦的圣徒肢体的同理心，从而借着实践款待与互相支持去激发"爱心和善行"。

启示录的信息具有强烈颠覆性，将基督描绘成万王之王（17:14，19:16），将在末世推翻所有与之对

---

[189] 虽然保罗在帖撒罗尼迦前书五章 14 节中劝告受众"勉励灰心丧志的人，扶助软弱无力的人，也要容忍所有的人"时，也有一种支持他人的意味，但其中团结一致和同理心的意味并不像希伯来书那样明显。

抗的世俗政治力量。启示录中没有保罗书信和彼得前书中"爱你的仇敌"和"安静顺服"掌权者的概念。此外，虽然启示录在反帝国修辞中最为明目张胆，但其他人如保罗、马太、路加和希伯来书的作者，却仍有间接暗示。[190] 虽然他们的受众可能会将耶稣的某些称号（例如大祭司、神的儿子）与反帝国联系起来，但我们在描述这些作者对于基督和凯撒之关系的神学观点时，需要意识到作者意图与受众看法的差异，尽管实际上我们可能无法断然区分两者。正如我们将在后记中看到的，这种区别会影响我们当代的反思。

[190] 就新约中反帝国主义的详细讨论，见例子如 Harrison, *Paul and the Imperial Authorities*; Scot McKnight and Joseph B. Modica (eds.), *Jesus Is Lord, Caesar Is Not: Evaluating Empire in New Testament Studies* (Downers Grove: InterVarsity Press, 2013); Anders K. Petersen, 'Imperial Politics in Paul: Scholarly Phantom or Actual Textual Phenomenon?', in Michael Labahn and Outi Lehtipuu (eds.), *People Under Power: Early Jewish and Christian Responses to the Roman Empire* (Amsterdam: Amsterdam University Press, 2015)。

总结

在这最后一章，笔者将尝试描绘新约作者面对逼迫的神学，其中不仅会整合共通的观点，还会突出个别作者的独特观点。但对各独特观点更详细和全面的描述，已记录在上文各章末段的神学观点摘要之内。

逼迫的原由

我们首先以确定逼迫的定义开始本研究，并指出关键在于不过度简单地将所有反对、广义的为基督受苦和社会压力界定为逼迫。在第一章中，笔者探究了早期的基督徒为何会由于敬拜耶稣受到逼迫。笔者对历史背景和新约文本的分析表明，"意识形态冲突、误解、接受基督教信仰和生活方式的负面影响"的结集导致了反对，有时更演变成逼迫。[1]

福音书保留了耶稣向门徒解释他们将因与自己联系而受逼迫的传统。从社会学角度而言，逼迫的根本原因在于反对有关耶稣的宣称——他是所应许的弥赛亚及其相关神学。从宗教角度而言，将神性归于耶稣这所应许的弥赛亚深深冒犯了犹太人，而一神论和单一崇拜则深深冒犯了异教徒。从政治角度而言，由于弥赛亚的主张带有政治色彩，基督徒宣告耶稣是弥赛亚很容易被异教徒认为具煽动性。这些主张与整体社会所珍视的传统价值观有所冲突。从经济角度而言，由于人们成为基督徒而造成他人的收入减少（例如，以前的施恩主不再向犹太会堂提供捐助，不再从市场购买祭肉）是真实存在的，并可能对某些人的生计构成威胁。在新约作者中，路加以他的独到理解脱颖而出，揭露了使徒行传中反对者隐藏的动机（例如嫉妒和自私的政治动机）。

对新约作者来说，他们认为这种反对背后有邪恶的属灵势力，而这独特神学观点是教外人从未明确提及的。启示录进一步将撒但描述为当权者逼迫信徒的幕后教唆者。虽然基督徒可能将反对者背后存在邪恶属灵势力视为神学真相，但他们的反对者却认为这是

---

[1] 见上文 88 页。

诽谤。因此，考虑到上述所有角度，在犹太人和异教徒（教外人）的眼中，早期基督徒对社会稳定构成威胁就毫不为奇了。

对逼迫的回应

我们已经看到，不少由个别人士构成的群组自觉受到基督信仰运动的威胁，所以新约的早期基督徒大多面对来自这些人的逼迫。为了杜绝这场运动，这些反对者通常会向地方政府指控基督徒，有时更用上卑劣的手段。在其他时候，他们以暴徒行为反对基督徒。在路加看来，只有耶路撒冷的犹太地方政府曾系统地逼迫基督徒。对他来说，即使其他一些地方政府惩罚了基督徒，他们只是履行维护社会秩序的职责。但他们态度也不尽相同，可从乐于助人到漠不关心，甚至暴戾凌辱。约翰在他的福音书中也同样将当地的犹太政府形容为逼迫者。但启示录却将帝国和地方政府描绘成圣徒的逼迫者。这差异可能是由于他们所指的时间点略有不同，而不是神学观点的分歧。[2]

早期基督徒以各种方式回应这些逼迫。对新约作

---

[2] 见上文 58–59 页。

者（教内人的观点）而言，他们认为因信耶稣而遭受逼迫是一份荣耀。尽管如此，对逼迫的恐惧确实存在，基督徒则以不同方式应对这份恐惧。有些人表现出强韧和坚毅，另一些人则为了避免这些耻辱和痛苦而放弃信仰。还有一些人试图不在信仰上妥协，只通过调整一些文化习俗来适应。

使徒行传和启示录描绘忠心信徒在逼迫中勇敢地为耶稣作见证，甚至愿意为主耶稣放弃生命。在使徒行传中，圣灵所赋予的能力不仅让人产生勇气，也生出智慧。一方面，路加描绘门徒和保罗在逃离逼迫之时，仍沿途传扬福音。另一方面，也有几次保罗因耶稣的特别启示而决意不逃避逼迫。在保罗的书信中，我们也可以从保罗本人和他发信的一些教会（例如腓立比人和帖撒罗尼迦人）看到这份继续作见证和坚持不懈的强韧力量。他们深信这份坚持不懈将会带来美好结局——通过传讲福音拯救众人，以及建立受苦圣徒的品格。

虽然使徒行传和启示录倾向描绘忠心信徒是由于勇敢而采取强硬立场，但马太福音十章16节和彼得前书三章4、16节却强调温柔，而彼得前书则加上敬畏。我们还看到，彼得前书提倡以"善行"回应逼迫，由此可反映出作者留意到教外人将基督徒视为作恶者（不尊重和不服从当权者）的看法。

逼迫带来的苦难肯定会导致部分基督徒放弃对基

督的信仰。然而，还有其他人会通过文化上的同化为自己的行为提供神学辩解，而非放弃信仰。而导致以文化上的同化回应犹太和外族反对者的主要争议分别是：（1）遵守妥拉作为融入为神子民的途径；及（2）参与异教祭祀活动（参加 6:12；林前 8~10 章）。这两项争议十分关键，因为这带来了极大的社会和经济压力，又在当时的基督徒中引起冲突。对保罗来说，这两方面的尝试都不可接受，并且损害了基督信仰的核心，即借着耶稣的救赎工作因信称义和一神论。然而，值得注意的是，保罗虽然区分了有意识的（不可接受的）和无意识的（可接受的；参林前 10:25~28）吃祭偶之物，但使徒行传（15:20）和启示录（2:14、20）却没有这样的区分。

对逼迫的恐惧很容易导致否认耶稣。对观福音清楚地指出，那些以耶稣为耻并否认他的门徒最终将在神面前被否认和蒙羞。然而，对于所有四卷福音书来说，彼得的不认主、悔改和复兴乃是接纳软弱但悔改的门徒之典范。但值得注意的是，虽然约翰福音负面描述了某些害怕公开承认信仰的人物，但他对亚利马太人约瑟和尼哥德慕的描述却似乎故意模棱两可。所以，约翰很可能以此方式接纳那些没有公开宣认信仰的例外情况。

保罗（罗 13:1~7）和彼得前书二章 13~17 节提倡尊重和顺服掌权者。这可能是他们对基督徒被指控为煽动政治叛乱的回应。提摩太前书二章 1~2 节中为执政掌权者祈祷的劝告，则很可能是顺应同时期犹太人为皇帝祈祷和尊崇皇帝的做法，用以代替异教徒的帝王崇拜，尽管其中有一个明显的区别——神与人之间的唯一中保是基督，而非皇帝（提前 2:5）。

劝说信徒坚持不懈

在本研究中，我们关注新约作者如何使用文化中常见的修辞技巧，以及荣辱文化体系来劝说受众坚持不懈。他们部分人还继续在他们的著作中发展和调适耶稣论及逼迫的教导（例如路加、马太、保罗和彼得论及"爱你的仇敌"、"祝福那些诅咒你的人"和"善待"敌人）。

新约圣经中有多个共同的母题。第一，荣耀的重新定义：（1）为基督受辱被重新定义为"配得上"和蒙福；及（2）相对而言，来自神的荣辱比来自人的更重要。因此，其中也蕴含一个悖论：（1）那些藉否认基督来避免羞辱（保存生命）的人当刻似乎过得较好，但最终会在神面前永远感到羞耻（或失去生命）；及（2）那些为基督蒙羞（或失去生命）的人当刻似乎较为吃亏，但最终将从神得到永远的荣耀和尊贵（或获得生命）。从长远来看，这会引导受众作出更明智的选择。

第二，神的公义和复仇就像一把双刃剑。一方面，会引起恐惧，对那些受诱惑对神不忠的人产生吓阻作用，因为神会惩罚压迫他子民的人和不忠的人。同样值得注意的是，希伯来书作者详细阐释对神的不忠如何构成忘恩负义，有时甚至是叛逆；所以，如此回应神藉他儿子所赐予的救赎恩典是绝不可接受的。另一方面，会唤起信心和盼望，安慰因信基督而受冤屈的神忠心子民。他们忠心忍受苦难和坚持不懈的日子终会结束，并且不会白费。神会为他们昭雪、伸张正义，不会让恶人免去责罚。

第三，神信实地成就了他的应许，给受苦的基督徒带来了盼望，以致能坚持不懈。这些应许包括：（1）在面对逼迫时，圣灵会赐予见证和胜过逆境的能力；（2）神的能力会保守他们的信心到底；（3）给耶稣忠心信徒的末世奖赏；及（4）神要报复压迫他们的人。我们已于上一段总括了（3）和（4）。关于（1），路加依照福音传统中耶稣的应许，描述圣灵于使徒行传中赐予门徒能力；那不仅是在面对逼迫中得着勇气，还会领受智慧，致使他们能够践行坚守信仰及为基督作见证的责任。路加的描述清楚表明门徒的生命曾经实现和体会过耶稣的应许。这会激励他的受众，即在他们依靠神赐予他们能力时，也确实可以拥有相同的经历，并且能够坚持到底。然而，启示录并没有直接将这份所赐予的能力与圣灵联系起来。新约作者以各种方式描绘（2），例如额上的印记（启7:3，14:1、4~5）；耶稣是信心的"成全者"，可以"完全地"施行拯救（来7:25，12:2）；耶稣正为他们代求（约17:11；来7:25），并保守他们不会失足后退（约10:28，17:12）。

第四，这些典范还鼓励其受众，若其他人能够在苦难中坚守信仰，他们也必可以。保罗经常分享自己为基督受苦的个人见证，及他蒙神赐力和拯救的经历，以此作为典范之一。虽然大多数新约作者（例如约翰、保罗、希伯来书的作者）都引用了正负两面的例子，但路加只描述了正面的例子。

以下则是部分新约作者的特色，而非贯穿所有作者的母题。保罗和彼得前书强调了苦难的价值，以证实他们在基督里的真实身份（腓1:28~29；帖前1:4~6；提前3:12；彼前1:6~7），而保罗也认为苦难具有塑造品格的价值（罗5:3~5）。保罗和彼得前书都强调正直的重要性（多2:7~8；彼前3:16），因为这样反对者就不会拥有反对基督徒的可信证据，而彼得则在此加上间接的宣教作用（彼前2:12、3:1~2）。这些价值和意义成为认同它们之人坚持不懈的动力。

希伯来书最突出之处在于强调同理心。耶稣的感同身受鼓励受苦的基督徒在挣扎中向耶稣求助。作者也试图唤起受众的同理心，使他们受鼓舞去帮助那些在信仰上受苦的人坚持下去。在坚守信仰上强调群体支持在其他新约作者中并不鲜明。

我们必须注意，新约作者不仅使用逻辑推论来说服其受众坚持不懈。他们还恰当地激发起受众的情绪（例如恐惧、确信、希望、同理心、荣誉、羞耻），作为作者劝说他们采取适当行动的额外推动力。

结论：当基督徒在今天面对逼迫

本研究旨在描述新约作者针对公元一世纪基督徒面临逼迫时的一套神学思想：他们如何理解逼迫的原因，他们如何描述他人和自己受逼迫的各种回应，以及他们如何说服受众坚持基督信仰。我们还看到他们如何就着自己的情境解释、发展和重新应用耶稣论及逼迫的教导。通过这一点，我们试图描画出他们著作中所反映的各种神学观点。然而，无论是在研究院还是在福音派基督徒中，这探索都不必就此结束。正如在引言所提到的，[3] 我们把从这探索所领会的圣经神学，运用于当代反思是甚有价值的。当基督徒于今天

---

[3] 见上文第 10 页。

面临逼迫时，新约作者的各种神学观点怎样在你我的情境中帮助我们？基于这想法，笔者鼓励本书读者继续就自己的情境加以反思。

后记：一些当代反思

　　本节将陈述笔者一些个人的反思。虽然笔者没有生活在逼迫严重的环境中，却有朋友和学生来自逼迫严峻的地区，尽管他们的具体情况各有不同。与他们交流互动是令人谦卑的学习经历。对于他们面临的困难，笔者不会假装自己掌握了所有的答案，也无意表示下文的所有建议于任何情况下都能奏效并产生积极的结果。更确切地说，通过提出不同问题，笔者希望与读者一起思考如何才能将新约作者的各种神学观点应用到自己的情境之中。为了加深对这些反思的理解，读者不妨回顾一下本书的相关章节。

什么构成逼迫

细致掌握什么构成逼迫极为重要。[1] 在一极端，人若未能精准识别逼迫，就有可能轻看不公的痛苦，并因而忽视了社会公义，同时让基督徒（以及其他弱势群体）所遭遇的不公歧视和伤害继续普遍存在于一些地区。在另一极端，当人简单地将所有反对等同于逼迫时，就有可能忽略更客观地反思遭反对有哪些可能的原因，包括个人的责任。这两种极端都不可取。

虽然约翰等新约作者可能使用二元对立的用语，将耶稣的忠心追随者与世界其他人区分开来，但我们必须将约翰的进路理解为一种文学的手法，[2] 以致不会推断认为所有反对基督徒的人都是逼迫者。路加更为不偏不倚的进路是个慎重的提醒，敦促我们个人的观点必须持平。[3]

另一个有助深刻反思的起点，是不断提醒自己，基督徒并不是唯一遭遇逼迫的群体。[4] 我们若能够认

---

[1] 见上文第 1–7 页："认识逼迫：定义和范围"。

[2] 见上文第一章注 91。

[3] 见上文第 4 页，72–73 页。

[4] 见上文第 28–30 页："众多受逼迫群体中的基督徒：更大的图画"。也许从历史中汲取惨痛教训是极具意义的，特别是在四世纪停止受逼迫后，某些基督徒如何会演变成异教徒和犹太人的迫害者。见 Cook, *Roman*

同受逼迫的非基督徒群体，将有助我们分析这些逼迫背后的共同原因，以及制定应对策略。此外，关顾这些受逼迫害的群体，也可以成为基督徒的一项见证。

应用圣经的典范及教导

重要的是，我们要仔细考虑可以如何效法圣经的典范，并将圣经的教导应用到我们自己的情境之中。我们要注意古代世界与我们之间，甚至我们各自文化之间存在的文化分歧和差距。尝试在我们自己的文化中发掘类似的做法，或者反思如何根据我们的文化作出调整，而不是将古老的形式直接套用于我们的处境，这将是更合宜的进路。我们还需要避免"偏袒"，即经常只运用一位或某些新约作者的教导而忽视其他的新约作者。以下是一些可供我们考虑的例子。

我们已经看到以神为中心的末世荣耀和羞耻如何帮助基督徒在逼迫中坚持不懈。[5] 在试图运用"羞耻"的这道德塑造功能之前，我们需要分析羞耻在你我的

Attitudes Toward the Christians, pp. 281–293。什么因素可能导致这些基督徒有如此表现呢？虽然这超出了本研究的范围，却是一个值得研究探讨的重要课题。

[5] 见上文第 164–166，第 254 页。

情境与第一世纪希罗世界相比下所存在的异同。在重塑我们的文化对荣誉和羞耻的理解上，你我需要克服哪些挑战，方可避免涉及错误的文化假设等，而过于简化地应用呢？刘氏将"羞耻"的道德塑造应用于华人情境的尝试，就为我们提供了上佳的参考例子。[6]

基督耶稣应许要借着圣灵赐给门徒智慧，叫我们晓得如何回应反对者。[7] 启示录还提醒我们，需要有智慧去分辨诱使基督徒在信仰上作出妥协的处境。[8] 一方面，我们可以学习彼得、司提反和保罗善用当时文化中的辩护法去反驳不实指控的智慧，以及保罗在适当时候行使公民合法权利的智慧。[9] 另一方面，我们也需要有智慧来判别如何恰当地仿效他们。例如，在顾及马太福音十章 16 节和彼得前书三章 4、15 节所提倡的温和态度下，基督徒在什么时候仿效保罗和司提反，以非和解方式指控反对者方为妥当呢？

此外，福音的信息和真理的宣讲会冒犯许多人，因为这会催使众人直接面对自己的罪，并呼吁他们悔改。然而，这是否就允许我们肆无忌惮地讲述福音真理或不尊重他人？例如，把新约作者所使用的诋毁修

---

[6] Lau, *Defending Shame*, pp. 173–233.
[7] 见上文第 109–110 页。
[8] 见上文第 234 页。
[9] 见上文第 109–114 页。

辞手法，加诸我们的反对者，从而把他们妖魔化？[10]
如何以尊重的方式表达神学真理呢？虽然我们不会通
过不说实话以图取悦对方避免冲突，并赢得他们的认
可（参加 1:10；帖前 2:4），但在即使可能导致冲突
却不害怕说真话，及说真话时缺乏智慧之间，仍存在
一条微妙的界线（参彼前 2:17，3:15）。我们需要智
慧和谦卑以区分因宣扬福音所产生的反对，及因我们
自己缺乏智慧和尊重所产生的反对。正如博宁（Boring）
所指出的，"［我们］鼓励信徒作为信仰的见证人适
当地发言，但不要在沟通中设置不必要或错误的绊脚
石，也不要以错误的理由激起反对。"[11]

正如我们从上所见，新约作者和基督徒对于该如
何应对逼迫有不同的看法。[12] 不忘记新约作者观点的
多样性，将有助我们建立平衡的观点。过分强调任何
一种观点，不论是启示录强烈的颠覆信息，还是彼得
前书"安静顺服"和"礼貌抵抗"，对我们都没有任
何好处。[13]

---

[10] 就修辞手法上的诋毁，见上文第 81–84 页。我们
须注意，确认邪恶力量是逼迫的幕后黑手（见上文第
59–61 页）与我们当代观念中"妖魔化"对手不同——
后者是诋毁他们，并将他们描绘成理应被蔑视的人。

[11] Boring, *I & II Thessalonians*, p. 241.

[12] 见上文第 151–157 页。

[13] 见上文第 126–127，258–259 页。

约翰福音就是一个很好的例子，作者既表达了自身对人作为耶稣秘密门徒的观点，同时又接纳了其他表现不同的人。约翰称赞被治愈的盲人公开承认对耶稣的信仰，并批评其父母和犹太领袖不敢公开承认对基督的信仰，却又同时不对亚利马太人约瑟和尼哥德慕的表现加上判断。[14] 在我们个人的情境中，有些人可能会选择保密而非公开宣告自己的信仰，其他人则可能会选择和平示威，又或可能试图与反对者对话，诸如此类。[15] 正如柯英（King）所指出的，在基督教历史上，对基督徒的逼迫并不总会带来团结，甚至有时"可能会分裂教会，并引发持续数十年甚至数百年的分裂"。[16] 这实况与耶稣为门徒在面临逼迫害时祈求合一背道而驰（约 17:11、14~15、21~22）。虽然新约教导的底线是信徒要坚守信仰到底，但我们需要接受基督徒之间对逼迫的不同回应，不应审判与己不同的人，并且需要尝试设身处地为他们着想。[17]

---

[14] 见上文第 141–147 页。

[15] 同一方法可能适用于某个情况，却不适用于另一情况。例如，和平示威在西方处境中经常被使用，并可能在某种程度上促使当局根据抗议者的要求采取行动。但是，在某些亚洲处境中，当局却不会容忍这做法。

[16] King, 'Rethinking the Diversity', pp. 65–66. 柯英清晰地展示了基督徒于最初数百年对逼迫的不同意见和回应。她也援引了具有长期影响的分裂例子（p. 65, n. 19）。

[17] 就发人深省的反思，见 Shūsaku Endō, Silence: A Novel, repr. (New York: Picador, 2016)。这是一部写于

理解不同观点及制定个别回应

某个人认为好和真实的，其他人却可能认为是坏和错误的。这并不是说不存在基于证据的真相，又或世间仅存在相对的观点。然而，了解反对者的观点和关注，对基督徒制定相关的回应十分重要。[18] 基督徒如何帮助反对者看到自己并不对社会构成真正威胁，又或不具煽动性？基督徒可以如何应对因为人们接受基督教信仰而造成的实际经济损失？

举例而言，在一些亚洲和非洲文化中，基督徒拒绝参加祖先敬拜会被认为是不敬不孝的行为。[19] 因此，

1960 年代的神学小说，讲述了多名传教士和当地基督徒如何应对于十七世纪在日本发生的逼迫。二〇一六年，斯科塞斯 (Martin Scorsese) 执导依据此书改编的同名电影。

[18] 见上文第 66–67 页，第 264–265 页。

[19] 就亚洲及非洲祖先崇拜，见例子如 Anthony Ephirim-Donkor, *African Religion Defined: A Systematic Study of Ancestor Worship Among the Akan*, 3rd edn (Lanham: Hamilton, 2017); Nobushige Hozumi, *Ancestor Worship and Japanese Law* (London: Routledge, 2016); Roger L. Janelli and Ton-hŭi Im, *Ancestor Worship and Korean Society* (Stanford: Stanford University Press, 1982); William Lakos, *Chinese Ancestor Worship: A Practice and Ritual Oriented Approach to Understanding Chinese Culture* (Newcastle upon Tyne: Cambridge Scholars, 2010); Jacob K. Olupona, *African Religions: A Very Short Introduction* (New York: Oxford University Press, 2014)。

在这处境中的基督徒会面临反对，有时甚至是逼迫。在这些文化中，敬拜是一个向祖先表达敬重的方式。此外，人们相信已故的祖先能够为在世的后代提供护佑与指引。当中的主要关注点可能在于维护**传统价值观**（如荣誉、尊重和孝道）以及**表达这些价值观的形式**，因为持守者经常将形式等同其价值取向，即假如人不进行祖先崇拜（形式），就代表那人不孝敬祖先（价值）。虽然这些文化之间可能存在共通之处，但基督徒也需要分析独特之处，以便制定适当的回应。在这些文化中的基督徒如何应对这些关注，并表现出对家中在世长辈和已故祖先的尊重和孝顺呢？除了敬拜之外，还可以采取什么形式来展现呢？保罗和彼得等新约作者，甚至公元一世纪上半叶一些犹太人回应帝王崇拜的方式，都可以为我们提供一些思路。[20]

即使到了今天，一些政府和群体仍认为某些基督教价值观和实践，对社会和国家稳定构成威胁。一些家庭认为，接受基督教信仰是离弃了所珍视的家庭传统宗教信仰，是不可接受的，甚至认为这是背叛，有时他们会采取严厉的措施，迫使不顺从的家庭成员放弃基督教信仰。我们必须分析这看法背后的原因（例如意识形态的冲突）以及强制措施（例如禁止基督徒

---

[20] 例子如罗 13:1~6；提前 2:1~6；彼前 2:11~13。见上文第 147–151 页，第 265–266 页。

聚会、逐出家庭与其相关群体、使用互联网和社交媒体的限制、聚会的频率及规模等）背后的原因，正如我们在第一章中就希罗及犹太背景所作的分析一样。无论是在古代还是现代世界，执政者都会施加限制措施，以遏止视为的政治分歧继续蔓延，而群体则会施加一些措施来遏止视作是离弃和背叛传统的成员。从他们的角度而言，向基督徒施加限制是为了"不顺从"的基督徒公民或家庭成员的好处，也是为了造福社会和国家。话虽如此，我们绝不能忽视，有些人确实主要甚或纯粹为了自身利益而逼迫基督徒。[21] 那基督徒在这情况下可如何作出适当的回应呢？[22] 又如何以友好和尊重的方式为基督信仰护教呢？

在试图理解反对者的观点并牢记要爱仇敌、不反击、将报复交给神和以善胜恶等圣经原则之时，我们也承认遭受逼迫带来痛苦的现实。爱那些不爱自己的人已经很不容易了，更不用说爱那些伤害自己的人了（参路 6:32~36）。然而，正如第五诫命中没有任何条款让神的子民不尊重缺乏爱心的（例如疏忽责任甚或施加虐待的）父母（出 20:12；申 5:16；弗 6:2），也没有条款让人不尊重刻薄的奴隶主人（参彼前 2:18）或不公正的执政当局。但默默忍受苦难（例如彼前

---

[21] 见上文第 66 页。
[22] 见上文第 52–53 页，第 95–96 页，第 176–177 页。

2:21~23）或盲目顺从就是最好的回应吗？可能并非总是如此。在被误解甚至受委屈之下，我们如何仍能心存尊重？逼迫者可有一些做得较好的地方（比如父母还照顾孩子的生活所需，或者执政当局仍然打击某些犯罪活动），能供我们认可或尊敬？即使他们反对我们的基督信仰甚至施加逼迫，我们能否仍通过某些其他方式继续向他们行善（例如，向家庭成员提供身体和经济上的照顾，向公共慈善事业捐输）？[23] 在我们的现有处境中，可存在哪些恰当表示尊敬和行善的方式（例如社交媒体、慈善组织）？也许我们的行动能有助抵消他们感受到的威胁，并具有间接的宣教作用，帮助他们了解基督信仰于本质上并非邪恶。

感同身受——与受逼迫者同行

在希伯来书中，我们看到同理心如何在群体中发挥重要作用，帮助信徒即使在逼迫中仍然坚守信仰。[24] 约翰和希伯来书作者均未否认面对逼迫时恐惧的现

---

[23] 见上文第 149–150 页。
[24] 见上文第 206–207 页，第 210–212 页。

实，而是试图帮助受众克服恐惧。[25] 这是各新约作者向那些因遭遇逼迫而心生恐惧之人表达同理心的方式。

同样值得注意的是，虽然恐惧是基督徒在受逼迫时要对抗的主要情绪，但其他类型的情绪也可能十分强烈。不少信徒正活在舍弃珍贵传统就被视为背叛的文化之中；对他们来说，被非基督徒家庭成员误解的痛苦可能比恐惧更强烈，尤其这家庭在此之前存在深厚的亲情。这些非基督徒家庭成员所爱的家人成了基督徒，他们为此感到被背叛的痛苦也同样强烈。

与受逼迫者感同身受，对受逼迫者和持同理心者都很重要。我们已经看到，同理心可以发挥催化剂的作用，是诱导人帮助他人的前奏。[26] 此外，许多受苦的人都会同意，他们能够从持有同理心的人那里得到最大的安慰；相反地，那些只"告诉他们该怎么做"的人带来的安慰则最少。希伯来书作者强调耶稣能够同情受众的痛苦，并不会向他们大发雷霆，故此他们不必害怕向耶稣求助。[27] 同理心为受苦者提供了分担痛苦、寻求帮助和获得支持的途径，而不必担心被批评或被谴责为"软弱"。

希罗修辞学家和现代心理学家都指出，情绪比逻

---

[25] 见上文第 141–147 页，第 192 页，第 257 页。
[26] 见上文第 210–212 页。
[27] 见上文第 206 页。

辑推理更能影响决策和行动。[28] 因此，在服侍受逼迫的人时，我们可以通过哪些方式与他们感同身受，而不是仅仅告诉他们该怎么做？希罗修辞学如何帮助我们在服侍他们时正确使用 *pathos*（情绪挑动），以及我们在面临逼迫时努力激发群体支持？

结语

基督徒需要根据圣经的教导，继续为自己的处境进行反思。圣经神学进路乃是从不同角度理解圣经的有用工具。无论在相似或不同的情境下，彼此分享我们的反思也能带来新的见解，协助基督徒应对逼迫。作为基督徒肢体，愿我们彼此支持和鼓励，借着神的圣灵所赐予的能力，继续忠于我们的主和救主耶稣基督。

---

[28] Lee, 'Rhetoric of Empathy', pp. 205, 217–218, nn. 16, 73.

参考文献

黄根春编。《基督教典外文献：旧约篇》。共六册。香港：基督教文艺，2002。

Achtemeier, Paul J., *1 Peter*, Hermeneia (Minneapolis: Fortress, 1996).

Adewuya, J. Ayodeji, 'The Sacrificial-Missiological Function of Paul's Sufferings in the Context of 2 Corinthians', in Trevor J. Burke and Brian S. Rosner (ed.), *Paul as Missionary: Identity, Activity, Theology, and Practice*, LNTS 420 (London: T&T Clark, 2011), pp. 88–98.

Adkins, Lesley, and Roy Adkins, *Handbook to Life in Ancient Rome*, updated edn (New York: Facts On File, 2004).

Anderson, Ralph, 'New Gods', in Esther Eidinow and Julia Kindt (ed.), *The Oxford Handbook of Ancient Greek Religion* (Oxford: Oxford University Press, 2015), pp. 309–323.

Ascough, Richard S., Philip A. Harland, and John S. Kloppenborg, *Associations in the Greco-Roman World: A Sourcebook* (Waco: Baylor University Press, 2012).

Attridge, Harold W., *The Epistle to the Hebrews: A Commentary on the Epistle to the Hebrews*, Hermeneia (Philadelphia: Fortress, 1989).

Aune, David E., *Revelation 1–5*, WBC 52A (Dallas: Word Books, 1997).

Balch, David L., *Let Wives Be Submissive: The Domestic Code in 1 Peter*, SBLMS 26 (Chico, CA: Scholars Press, 1981).

Barr, David L., 'Doing Violence: Moral Issues in Reading John's Apocalypse', in David L. Barr (ed.), *Reading the Book of Revelation: A Resource for Students*, RBS 44 (Atlanta: Society of Biblical Literature, 2003), pp. 97–108.

Barrett, C. K., *A Commentary on the Second Epistle to the Corinthians*, BNTC (London: Black, 1973).

———, *A Critical and Exegetical Commentary on the Acts of the Apostles*, ICC (London: T&T Clark, 2004).

Barrett, David B., George T. Kurian, and Todd M. Johnson (eds.), *World Christian Encyclopedia: A Comparative Survey of Churches and Religions in the Modern World*, 2nd edn (Oxford: Oxford University Press, 2001).

Bassler, Jouette M., 'Mixed Signals: Nicodemus in the Fourth Gospel', *JBL* 108.4 (1989), pp. 635–646.

Bateman, Herbert W. (ed.) *Four Views on the Warning Passages in Hebrews* (Grand Rapids: Kregel, 2007).

Bateman, Herbert W., Darrell L. Bock, and Gordon H. Johnston, *Jesus the Messiah: Tracing the Promises, Expectations, and Coming of Israel's King* (Grand Rapids: Kregel, 2012).

Bauckham, Richard, 'What If Paul Had Travelled East Rather Than West?', *BibInt* 8.1–2 (2000), pp. 171–184.

———, *Jesus and the God of Israel: God Crucified and Other Studies on the New Testament's Christology of Divine Identity* (Grand Rapids: Eerdmans, 2008).

———, *Gospel of Glory: Major Themes in Johannine Theology* (Grand Rapids: Baker Academic, 2015).

———, *Jesus and the Eyewitnesses: The Gospels as Eyewitness Testimony*, 2nd edn (Grand Rapids: Eerdmans, 2017).

———, *The Climax of Prophecy: Studies on the Book of Revelation* (Edinburgh: T&T Clark, 1993).

Bauman, Richard A., 'The Suppression of the Bacchanals: Five Questions', *Historia* 39.3 (1990), pp. 334–348.

———, *Crime and Punishment in Ancient Rome* (London: Routledge, 1996).

Beale, G. K., *The Use of Daniel in Jewish Apocalyptic Literature and in the Revelation of St. John* (Lanham, MD: University Press of America, 1984).

———, *The Book of Revelation: A Commentary on the Greek Text*, NIGTC (Grand Rapids: Eerdmans, 1999).

Beale, G. K., and Sean M. McDonough, 'Revelation', in G. K. Beale and D. A. Carson (ed.), *Commentary on the New Testament Use of the Old Testament* (Grand Rapids: Baker Academic, 2007), pp. 1081–1158.

Beasley-Murray, George R., *John*, rev. edn, WBC 36 (Dallas: Word, 1999).

Belle, Gilbert van, 'Peter as Martyr in the Fourth Gospel', in J. Leemans (ed.), *Martyrdom and Persecution in Late Antique Christianity* (Leuven: Uitgeverij

Peeters, 2010), pp. 281–309.

Benko, Stephen, *Pagan Rome and the Early Christians* (Bloomington: Indiana University Press, 1984).

Bennema, Cornelis, *Encountering Jesus: Character Studies in the Gospel of John*, 2nd edn (Minneapolis: Fortress, 2014).

Bernier, Jonathan, *Aposynagōgos and the Historical Jesus in John: Rethinking the Historicity of the Johannine Expulsion Passages*, BibInt 122 (Boston: Brill, 2013).

———, 'Jesus, Ἀποσυνάγωγος, and Modes of Religiosity', in R. Alan Culpepper and Paul N. Anderson (ed.), *John and Judaism: A Contested Relationship in Context*, RBS 87 (Atlanta: SBL, 2017), pp. 127–134.

Blomberg, Craig L., 'Matthew', in G. K. Beale and D. A. Carson (ed.), *Commentary on the New Testament Use of the Old Testament* (Grand Rapids: Baker Academic, 2007), pp. 1–109.

Blount, Brian K., *Revelation: A Commentary*, NTL (Louisville: Westminster John Knox, 2009).

Bock, Darrell L., *Luke*, 2 vols., BECNT (Grand Rapids: Baker, 1994).

———, *Acts*, BECNT (Grand Rapids: Baker Academic, 2007).

Boring, M. Eugene, *I & II Thessalonians: A Commentary*, NTL (Louisville: Westminster John Knox, 2015).

Botha, Pieter J. J., 'The Verbal Art of the Pauline Letters: Rhetoric, Performance and Presence', in Stanley E.

Porter and Thomas H. Olbricht (ed.), *Rhetoric and the New Testament: Essays from the 1992 Heidelberg Conference*, JSNTSup 90 (Sheffield: Sheffield Academic Press, 1993), pp. 409–428.

Bovon, François, *Luke*, translated by James E. Crouch, 3 vols., Hermeneia (Minneapolis: Fortress, 2002).

Boxall, Ian, *The Revelation of Saint John*, BNTC 18 (London: Continuum, 2006).

Bradley, Ritter, 'The Stasis in Alexandria in 38 CE and Its Aftermath', *Judeans in the Greek Cities of the Roman Empire*, JSJSup 170 (Leiden: Brill, 2015), pp. 132–183. doi: https://doi.org/10.1163/9789004292352_007.

Brown, Raymond E., *The Gospel According to John*, 2 vols., AB 29 (Garden City, NY: Doubleday, 1966).

Bultmann, Rudolf, *Theology of the New Testament*, translated by Kendrick Grobel, 2 vols. (Waco: Baylor University Press, 2007).

Campbell, W. Gordon, 'Bride-City and Whore-City', in *Reading Revelation: A Thematic Approach* (Cambridge, UK: James Clarke, 2012), pp. 225–260.

Carroll, John T., *Luke: A Commentary*, NTL (Louisville: Westminster John Knox, 2012).

Carson, D. A., *The Gospel According to John*, PNTC (Grand Rapids: Eerdmans, 1991).

———, '1 Peter', in G. K. Beale and D. A. Carson (ed.), *Commentary on the New Testament Use of the Old Testament* (Grand Rapids: Baker Academic, 2007), pp. 1015–1048.

Carter, Warren, 'Going All the Way?: Honoring the Emperor and Sacrificing Wives and Slaves in 1 Peter 2.13–3.6', in Amy-Jill Levine and Maria Mayo Robbins (ed.), *A Feminist Companion to the Catholic Epistles and Hebrews*, FCNTECW 8 (London: T&T Clark International, 2004), pp. 14–33.

Chan, Chi-Yee, 'The Interpretation of the "Rest" Tradition in the Epistle to the Hebrews' (ThM thesis, Singapore Bible College, 2016). 陈梓宜，〈创世神学中的得胜与安息：希伯来书对"安息"的重新诠释〉（神学硕士论文，新加坡神学院，2016）。

Ciampa, Roy E., 'Suffering in Romans 1–8 in Light of Paul's Key Scriptural Intertexts', in Siu Fung Wu (ed.), *Suffering in Paul: Perspectives and Implications* (Eugene, OR: Pickwick, 2019), pp. 7–28.

Clarke, Kent D., 'The Problem of Pseudonymity in Biblical Literature and Its Implications for Canon Formation', in Lee Martin McDonald and James A. Sanders (ed.), *The Canon Debate* (Peabody, MA: Hendrickson, 2002), pp. 440–468.

Cockerill, Gareth L., *The Epistle to the Hebrews*, NICNT (Grand Rapids: Eerdmans, 2012).

Collins, Adela Y., *Crisis and Catharsis: The Power of the Apocalypse* (Philadelphia: Westminster, 1984).

———, 'Feminine Symbolism in the Book of Revelation', in Amy-Jill Levine and Maria Mayo Robbins (ed.), *A Feminist Companion to the Apocalypse of John*, FCNTECW 13 (London: T&T Clark, 2010), pp. 121–130.

Collins, Adela Yarbro, 'Numerical Symbolism in Jewish and Early Christian Apocalyptic Literature', in *Cosmology and Eschatology in Jewish and Christian Apocalypticism*, JSJSup 50 (Leiden: Brill, 1996), pp. 55–138.

Collins, John J., *Daniel: A Commentary on the Book of Daniel*, Hermeneia (Minneapolis: Fortress, 1993).

Collins, Raymond F., *1 & 2 Timothy and Titus: A Commentary*, NTL (Louisville: Westminster John Knox, 2012).

Colman, Andrew M., 'Conformity', in *Dictionary of Psychology*, 3rd edn (Oxford: Oxford University Press, 2009), doi: 10.1093/acref/9780199534067.013.1776.

Cook, John G., *Roman Attitudes toward the Christians: From Claudius to Hadrian*, WUNT 261 (Tübingen: Mohr Siebeck, 2010).

Cousar, Charles B., *Philippians and Philemon: A Commentary*, NTL (Louisville: Westminster John Knox, 2013).

Croy, N. Clayton, *Endurance in Suffering: Hebrews 12:1–13 in Its Rhetorical, Religious, and Philosophical Context*, SNTSMS 98 (Cambridge: Cambridge University Press, 1998).

Cunningham, Scott, *'Through Many Tribulations': The Theology of Persecution in Luke-Acts*, JSNTSup 142 (Sheffield: Sheffield Academic, 1997).

De Villiers, Pieter G. R., 'Persecution in the Book of Revelation', *AcT* 22.2 (2002), pp. 47–70.

DeSilva, David A., Honor, *Patronage, Kinship and Purity: Unlocking New Testament Culture* (Downers Grove: InterVarsity, 2000).

———, *Perseverance in Gratitude: A Socio-Rhetorical Commentary on the Epistle 'to the Hebrews'* (Grand Rapids: Eerdmans, 2000).

———, *Seeing Things John's Way: The Rhetoric of the Book of Revelation* (Louisville: Westminster John Knox, 2009).

———, *The Letter to the Galatians*, NICNT (Grand Rapids: Eerdmans, 2018).

DiCicco, Mario M., *Paul's Use of Ethos, Pathos, and Logos in 2 Corinthians 10–13*, MBPS 31 (Lewiston: Mellen Biblical Press, 1995).

Donelson, Lewis R., *I & II Peter and Jude: A Commentary*, NTL (Louisville: Westminster John Knox Press, 2010).

Doole, J. Andrew, 'To Be "An Out-of-the-Synagoguer"', *JSNT* 43.3 (2021), pp. 389–410. doi: 10.1177/0142064X20973905.

Du Toit, Andreas B., 'Vilification as a Pragmatic Device in Early Christian Epistolography', *Bib* 75.3 (1994), pp. 403–412.

Du Toit, Sean, 'Negotiating Hostility through Beneficial Deeds', *TynBul* 70.2 (2019), pp. 221–243.

———, 'Practising Idolatry in 1 Peter', *JSNT* 43.3 (2021), pp. 411–430. doi: 10.1177/0142064X20973894.

Dubis, Mark, *1 Peter: A Handbook on the Greek Text*, BH-

GNT (Waco: Baylor University Press, 2010).

Dudreck, Matthew A., 'The Use of Jeremiah in the Book of Revelation' (PhD diss., Westminster Theological Seminary, 2018).

Duff, Paul, 'The 'Synagogue of Satan': Crisis Mongering and the Apocalypse of John', in David L. Barr (ed.), *The Reality of Apocalypse: Rhetoric and Politics in the Book of Revelation*, SBLSymS 39 (Atlanta: SBL, 2006), pp. 147–168.

Dunn, James D. G., *Romans 9–16*, WBC 38B (Dallas: Word Books, 1988).

———, *The Epistle to the Galatians*, BNTC (Peabody, MA: Hendrickson, 1993).

———, *The Theology of Paul the Apostle* (Grand Rapids: Eerdmans, 1998).

———, *New Testament Theology: An Introduction*, LBT 3 (Nashville, TN: Abingdon, 2009).

Dunne, John A., *Persecution and Participation in Galatians*, WUNT/II 454 (Tübingen: Mohr Siebeck, 2017).

Dyer, Bryan R., *Suffering in the Face of Death: The Epistle to the Hebrews and Its Context of Situation*, LNTS 568 (London: Bloomsbury, 2017).

Edwards, James R., *The Gospel According to Luke*, PNTC (Grand Rapids: Eerdmans, 2015).

Elliott, John H., *1 Peter: A New Translation with Introduction and Commentary*, AB 37B (New York: Doubleday, 2000).

————, review of *Persecution in 1 Peter: Differentiating and Contextualizing Early Christian*, by Travis B. Williams. *BTB* 46.4 (2016), pp. 211–212. doi: 10.1177/0146107916664056e.

Ellis, E. Earle, *The Old Testament in Early Christianity: Canon and Interpretation in the Light of Modern Research* (Eugene, OR: Wipf & Stock, 2003).

Elmer, Ian J., *Paul, Jerusalem and the Judaisers: The Galatian Crisis in Its Broadest Historical Context*, WUNT/II 258 (Tübingen: Mohr Siebeck, 2009).

Endō, Shūsaku, *Silence: A Novel*, repr. (New York: Picador, 2016).

Engberg, Jakob, *Impulsore Chresto: Opposition to Christianity in the Roman Empire c. 50–250 AD*, translated by Gregory Carter, ECCA 2 (Frankfurt am Main: Peter Lang, 2007).

Ephirim-Donkor, Anthony, *African Religion Defined: A Systematic Study of Ancestor Worship among the Akan*, 3rd edn (Lanham, MD: Hamilton Books, 2017).

Evans, Craig A., 'Evidence of Conflict with the Synagogue in the Johannine Writings', in R. Alan Culpepper and Paul N. Anderson (ed.), *John and Judaism: A Contested Relationship in Context*, RBS 87 (Atlanta: SBL, 2017), pp. 135–154.

Fanning, Buist M., *Revelation*, ZECNT (Grand Rapids: Zondervan, 2020).

Fee, Gordon D., *The First Epistle to the Corinthians*, rev.

edn, NICNT (Grand Rapids: Eerdmans, 2014).

Fekkes, Jan, *Isaiah and Prophetic Traditions in the Book of Revelation: Visionary Antecedents and Their Development*, JSNTSup 93 (Sheffield: JSOT Press, 1994).

Fishwick, Duncan, *The Imperial Cult in the Latin West: Studies in the Ruler Cult of the Western Provinces of the Roman Empire*, 2nd edn (Leiden: Brill, 1993).

Fitzmyer, Joseph A., *Romans: A New Translation with Introduction and Commentary*, AB 33 (New York: Doubleday, 1993).

———, *The Acts of the Apostles: A New Translation with Introduction and Commentary*, AB 31 (New York: Doubleday, 1998).

Fotopoulos, John, 'Arguments Concerning Food Offered to Idols: Corinthian Quotations and Pauline Refutations in a Rhetorical Partitio (1 Corinthians 8:1–9)', *CBQ* 67.4 (2005), pp. 611–631.

France, R. T., *The Gospel of Mark: A Commentary on the Greek Text*, NIGTC (Grand Rapids: Eerdmans, 2002).

———, *The Gospel of Matthew*, NICNT (Grand Rapids: Eerdmans, 2007).

Frankfurter, David, 'Jews or Not?: Reconstructing the "Other" in Rev 2:9 and 3:9', *HTR* 94.4 (2001), pp. 403–425.

Frend, W. H. C., *Martyrdom and Persecution in the Early Church: A Study of a Conflict from the Maccabees to Donatus*, Cambridge: James Clarke, 2008 (Oxford: Blackwell, 1965).

Friesen, Steven J., 'Sarcasm in Revelation 2–3: Churches, Christians, True Jews, and Satanic Synagogues', in David L. Barr (ed.), *The Reality of Apocalypse: Rhetoric and Politics in the Book of Revelation*, SBLSymS 39 (Atlanta: Society of Biblical Literature, 2006), pp. 137–144.

Fritz, Graf, 'Asclepius', in Simon Hornblower, Antony Spawforth and Esther Eidinow (ed.), *The Oxford Classical Dictionary*, 4th edn (Oxford: Oxford University Press, 2012), doi: 10.1093/acref/9780199545568.013.0853.

Gager, John G., *The Origins of Anti-Semitism: Attitudes toward Judaism in Pagan and Christian Antiquity* (New York: Oxford University Press, 1983).

Gager, John G., and with E. Leigh Gibsom, 'Violent Acts and Violent Language in the Apostle Paul', in Shelly Matthews and E. Leigh Gibson (ed.), *Violence in the New Testament* (New York: T&T Clark, 2005), pp. 13–21.

Gardner, Paul, *1 Corinthians*, ZECNT (Grand Rapids: Zondervan, 2018).

Garland, David E., *1 Corinthians*, BECNT (Grand Rapids: Baker Academic, 2003).

———, *Luke*, ZECNT (Grand Rapids: Zondervan, 2012).

Garnsey, Peter, and Richard P. Saller, *The Roman Empire: Economy, Society and Culture*, 2nd edn (London: Bloomsbury Academic, 2014).

Gizewski, Christian, 'Coercitio', in Hubert Cancik and Helmuth Schneider (ed.), *Brill's New Pauly*, vol. 3

(Leiden: Brill, 2006), pp. 508–509. doi: http://dx.doi.org/10.1163/1574-9347_bnp_e302830.

Gorman, H., 'Persuading through Pathos: Appeals to the Emotions in Hebrews', *ResQ* 54.2 (2012), pp. 77–90.

Grabbe, Lester L., *An Introduction to Second Temple Judaism: History and Religion of the Jews in the Time of Nehemiah, the Maccabees, Hillel and Jesus* (London: T&T Clark, 2010).

Gradel, Ittai, *Emperor Worship and Roman Religion*, OCM (Oxford: Clarendon Press, 2002).

Gray, Patrick, *Godly Fear: The Epistle to the Hebrews and Greco-Roman Critiques of Superstition*, SBLAcBib 16 (Atlanta: Society of Biblical Literature, 2003).

Gruen, Erich S., *Diaspora: Jews Amidst Greeks and Romans* (Cambridge, MA: Harvard University Press, 2002).

Gundry, Robert H., *Matthew: A Commentary on His Handbook for a Mixed Church under Persecution* (Grand Rapids: Eerdmans, 1994).

Guthrie, George H., 'Hebrews', in G. K. Beale and D. A. Carson (ed.), *Commentary on the New Testament Use of the Old Testament* (Grand Rapids: Baker Academic, 2007), pp. 919–95.

———, *2 Corinthians*, BECNT (Grand Rapids: Baker Academic, 2015).

Hardin, Justin K., *Galatians and the Imperial Cult: A Critical Analysis of the First-Century Social Context of Paul's Letter*, WUNT/II 237 (Tübingen: Mohr Siebeck, 2008).

Hare, Douglas R. A., *The Theme of Jewish Persecution of Christians in the Gospel According to St. Matthew*, SNTSMS 6 (Cambridge: Cambridge University Press, 2005).

Harris, Murray J., *The Second Epistle to the Corinthians: A Commentary on the Greek Text*, NIGTC (Grand Rapids: Eerdmans, 2005).

Harrison, James R., *Paul and the Imperial Authorities at Thessolanica and Rome: A Study in the Conflict of Ideology*, WUNT 273 (Tübingen: Mohr Siebeck, 2011).

———, 'The Persecution of Christians from Nero to Hadrian', in Mark Harding and Alanna Nobbs (ed.), *Into All the World: Emergent Christianity in Its Jewish and Greco-Roman Context* (Grand Rapids: Eerdmans, 2017), pp. 266–300.

Harrod, Kenneth, *Promise and Persecution: A Biblical Theology of Suffering for Christ* (Orpington, Kent: Release International, 2018).

Hatina, Thomas R., *New Testament Theology and Its Quest for Relevance: Ancient Texts and Modern Readers* (London: Bloomsbury T&T Clark, 2013).

Hays, Richard B., *The Moral Vision of the New Testament: A Contemporary Introduction to New Testament Ethics* (New York: HarperCollins, 1996).

Heil, John Paul, *The Letters of Paul as Rituals of Worship* (Eugene, OR: Cascade Books, 2011).

Hillard, Tom W., 'Vespasian's Death-Bed Attitude to His Impending Deification', in Matthew Dillon (ed.), *Religion in the Ancient World: New Themes and Approaches* (Amsterdam: A.M. Hakkert, 1996), pp. 197–198.

Horrell, David G., *The Epistles of Peter and Jude*, EC (London: Epworth, 1998).

———, 'Between Conformity and Resistance: Beyond the Balch-Elliott Debate Towards a Postcolonial Reading of First Peter', in Robert L. Webb and Betsy J. Bauman-Martin (ed.), *Reading First Peter with New Eyes: Methodological Reassessments of the Letter of First Peter*, LNTS 364 (London: T&T Clark, 2007), pp. 111–143.

Hozumi, Nobushige, *Ancestor Worship and Japanese Law* (London: Routledge, 2016).

Hurtado, Larry W., *One God, One Lord: Early Christian Devotion and Ancient Jewish Monotheism*, 3rd edn, CS (London: Bloomsbury, 2015).

Janelli, Roger L., and Ton-hŭi Im, *Ancestor Worship and Korean Society* (Stanford: Stanford University Press, 1982).

Jauhiainen, Marko, *The Use of Zechariah in Revelation*, WUNT II/199 (Tübingen: Mohr Siebeck, 2005).

Jipp, Joshua W., *Divine Visitations and Hospitality to Strangers in Luke-Acts: An Interpretation of the Malta Episode in Acts 28:1–10*, NovTSupp 153 (Leiden: Brill, 2013).

Jobes, Karen H., *1 Peter*, BECNT (Grand Rapids: Baker Academic, 2005).

Johnson, Luke T., 'The New Testament's Anti-Jewish Slander and the Conventions of Ancient Polemic', *JBL* 108.3 (1989), pp. 419–441.

———, *Hebrews: A Commentary*, NTL (Louisville: Westminster John Knox, 2012).

Johnston, Sarah I., 'Oracles and Divination', in Esther Eidinow and Julia Kindt (ed.), *The Oxford Handbook of Ancient Greek Religion* (Oxford: Oxford University Press, 2015), pp. 477–489.

Keener, Craig S., *The Gospel of John: A Commentary*, 2 vols. (Peabody: Hendrickson, 2003).

———, *Acts: An Exegetical Commentary*, 4 vols. (Grand Rapids: Baker Academic, 2012–2015).

Kelhoffer, James A., *Persecution, Persuasion, and Power: Readiness to Withstand Hardship as a Corroboration of Legitimacy in the New Testament*, WUNT 270 (Tübingen: Mohr Siebeck, 2010).

Kierspel, Lars, *The Jews and the World in the Fourth Gospel: Parallelism, Function, and Context*, WUNT/II 220 (Tübingen: Mohr Siebeck, 2006).

King, Karen L., 'Rethinking the Diversity of Ancient Christianity: Responding to Suffering and Persecution', in Eduard Iricinschi, Lance Jenott, Nicola Denzey Lewis and Philippa Townsend (ed.), *Beyond the Gnostic Gospels: Studies Building on the Work of Elaine Pagels*, STAC 82 (Tübingen: Mohr Siebeck,

2013), pp. 60–78.

Klink, Edward W., III, 'The Overrealized Expulsion in the Gospel of John', in Paul N. Anderson, Felix Just and Tom Thatcher (ed.), *John, Jesus, and History, Vol. 2: Aspects of Historicity in the Fourth Gospel*, SBLSym 44 (Atlanta: Society of Biblical Literature, 2007), pp. 175–84.

———, *The Sheep of the Fold: The Audience and Origin of the Gospel of John*, SNTSMS 141 (Cambridge: Cambridge University Press, 2007).

———, *John*, ZECNT 4 (Grand Rapids: Zondervan, 2016).

Kloppenborg, John S., 'Disaffiliation in Associations and the Ἀποσυναγωγός of John', *HTS* 67.1 (2011), pp. 1–16. doi: 10.4102/hts.v67i1.962.

Koester, Craig R., *Hebrews: A New Translation with Introduction and Commentary*, AB 36 (New York: Doubleday, 2001).

———, 'Theological Complexity and the Characterization of Nicodemus in John's Gospel', in Christopher W. Skinner (ed.), *Characters and Characterization in the Gospel of John*, LNTS 461 (London: Bloomsbury T&T Clark, 2013), pp. 165–181.

———, *Revelation: A New Translation with Introduction and Commentary*, AB 38A (New Haven: Yale University Press, 2014).

Köstenberger, Andreas J., *John*, BECNT (Grand Rapids: Baker Academic, 2004).

Kowalsk, Beate, 'Transformation of Ezekiel in John's Revelation', in William A. Tooman and Michael A. Lyons (ed.), *Transforming Visions: Transformations of Text, Tradition, and Theology in Ezekiel* (Cambridge, UK: James Clarke, 2010), pp. 279–307.

Kraft, Heinrich, *Die Offenbarung des Johannes*, HNT 16a (Tübingen: Mohr, 1974).

Kruse, Colin G., 'The Price Paid for a Ministry among Gentiles: Paul's Persecution at the Hands of the Jews', in Michael J. Wilkins and Terence Paige (ed.), *Worship, Theology and Ministry in the Early Church*, JSNTSup 87 (Sheffield: JSOT Press, 1992), pp. 260–272.

Laansma, Jon, '2 Timothy, Titus', in Philip W. Comfort (ed.), *1–2 Timothy, Titus, Hebrews*, CBC (Carol Stream: Tyndale House, 2009), pp. 221–302.

Lakos, William, *Chinese Ancestor Worship: A Practice and Ritual Oriented Approach to Understanding Chinese Culture* (Newcastle upon Tyne: Cambridge Scholars, 2010).

Lane, William L., *Hebrews 9–13*, WBC 47B (Nashville: Thomas Nelson, 1991).

Latham, Jacob A., '"Honors Greater Than Human": Imperial Cult in the Pompa Circensis', (ed.), *Performance, Memory, and Processions in Ancient Rome: The Pompa Circensis from the Late Republic to Late Antiquity* (Cambridge: Cambridge University Press, 2016), pp. 105–145. doi: 10.1017/CBO9781316442616.

Lau, Te-Li, review of *Galatians and the Imperial Cult: A Critical Analysis of the First-Century Social Context of Paul's Letter*, by Justin H. Hardin, *BBR* 20.1 (2010), pp. 130–131.

———, *Defending Shame: Its Formative Power in Paul's Letters* (Grand Rapids: Baker Academic, 2020).

Lee, Chee-Chiew, '*Gôyim* in Genesis 35:11 and the Abrahamic Promise of Blessings for the Nations', *JETS* 52.3 (2009), pp. 467–482.

———, *The Blessing of Abraham, the Spirit, and Justification in Galatians: Their Relationship and Significance for Understanding Paul's Theology* (Eugene, OR: Pickwick, 2013).

———, ' "Fire from Their Mouths": The Power of Witnessing in the Face of Hostility and Suffering (Rev 11:3–13)', *CTTSJ* 4 (2013), pp. 204–237.

———, 'Rest and Victory in Revelation 14:13', *JSNT* 41.3 (2019), pp. 344–362.

———, 'A Theology of Facing Persecution in the Gospel of John', *TynBul* 70.2 (2019), pp. 189–204.

———, 'The Rhetoric of Empathy in Hebrews', *NovT* 62.2 (2020), pp. 201–218.

———, 'Scripture as God's Word', in Roland Chia (ed.), *Dei Verbum: The Bible in Church and Society* (Singapore: Sower Publishing, 2020), pp. 5–22.

———, 'The Use of Scriptures and the Rhetoric of Fear in Hebrews', *BBR* 31.2 (2021), pp. 191–210. doi: 10.5325/bullbiblrese.31.2.0191.

Lemcio, Eugene E., *Navigating Revelation: Charts for the Voyage, a Pedagogical Aid* (Eugene, OR: Wipf & Stock, 2011).

Lesbaupin, I., *Blessed Are the Persecuted: Christian Life in the Roman Empire, AD 64–313*, translated by R. R. Barr (Maryknoll, NY: Orbis, 1987).

Levene, D. S., 'Defining the Divine in Rome', *TAPA* 142.1 (2012), pp. 41–81.

Levine, Lee I., *The Ancient Synagogue: The First Thousand Years*, 2nd edn (New Haven: Yale University Press, 2005).

Lim, Kar Yong, *'The Sufferings of Christ Are Abundant in Us' (2 Corinthians 1:5): A Narrative-Dynamics Investigation of Paul's Sufferings in 2 Corinthians*, LNTS 399 (London: T&T Clark, 2009).

Lincoln, Andrew T., *The Gospel According to Saint John*, BNTC 4 (Peabody: Hendrickson, 2005).

Lindars, Barnabas, 'The Persecution of Christians in John 15:18–16:4a', in William Horbury and Brian McNeil (ed.), *Suffering and Martyrdom in the New Testament* (London: Cambridge University Press, 1981), pp. 48–69.

Litwak, Kenneth D., 'Synagogue and Sanhedrin', in Joel B. Green and Lee Martin McDonald (ed.), *The World of the New Testament: Cultural, Social, and Historical Contexts* (Grand Rapids: Baker Academic, 2013), pp. 264–271.

Longenecker, Richard N., *Galatians*, WBC 41 (Dallas:

Word, 1990).

———, *The Epistle to the Romans: A Commentary on the Greek Text*, NIGTC (Grand Rapids: Eerdmans, 2016).

Lyons, William J., 'Joseph of Arimathea: One of "the Jews," but with a Fearful Secret!', in Steven A. Hunt, D. F. Tolmie and Ruben Zimmermann (ed.), *Character Studies in the Fourth Gospel: Narrative Approaches to Seventy Figures in John*, WUNT 314 (Tübingen: Mohr Siebeck, 2013), pp. 646–657.

MacBride, Timothy, 'Aliens and Strangers: Minority Group Rhetoric in the Later New Testament Writings', in Mark Harding and Alanna Nobbs (ed.), *Into All the World: Emergent Christianity in Its Jewish and Greco-Roman Context* (Grand Rapids: Eerdmans, 2017), pp. 301–333.

Mackie, Scott D., *Eschatology and Exhortation in the Epistle to the Hebrews*, WUNT/II 223 (Tübingen: Mohr Siebeck, 2007).

Maier, Harry O., *New Testament Christianity in the Roman World*, EBS (New York, NY: Oxford University Press, 2018).

Malherbe, Abraham J., *Moral Exhortation: A Greco-Roman Sourcebook*, LEC 4 (Philadelphia: Westminster Press, 1986).

Marshak, Adam, 'Idumea', in John J. Collins and Daniel C. Harlow (ed.), *The Eerdmans Dictionary of Early Judaism* (Grand Rapids: Eerdmans, 2010), pp. 759–762.

Marshall, I. Howard, 'Acts', in G. K. Beale and D. A. Carson (ed.), *Commentary on the New Testament Use of the Old Testament* (Grand Rapids: Baker Academic, 2007), pp. 513–606.

Marshall, I. Howard, and Philip H. Towner, *A Critical and Exegetical Commentary on the Pastoral Epistles*, ICC (London: T&T Clark International, 2004).

Martin, Dale B., *Inventing Superstition: From the Hippocratics to the Christians* (Cambridge, MA: Harvard University Press, 2004).

Martin, Troy W., 'Invention and Arrangement in Recent Pauline Rhetorical Studies: A Survey of the Practices and the Problems', in J. Paul Sampley and Peter Lampe (ed.), *Paul and Rhetoric* (London: T&T Clark, 2010), pp. 48–118.

Martyn, J. Louis, *Galatians: A New Translation with Introduction and Commentary*, AB 33A (New York: Doubleday, 1997).

———, *History and Theology in the Fourth Gospel*, 3rd edn, NTL (Louisville: Westminster John Knox, 2003).

Matera, Frank J., *II Corinthians: A Commentary*, NTL (Louisville: Westminster John Knox, 2003).

Matthews, Shelly, 'The Need for the Stoning of Stephen', in E. Leigh Gibson and Shelly Matthews (ed.), *Violence in the New Testament* (New York: T&T Clark, 2005), pp. 124–139.

Mayo, Philip L., *'Those Who Call Themselves Jews'*:

The Church and Judaism in the Apocalypse of John, PTMS (Eugene, OR: Pickwick, 2006).

McGrath, James F., *The Only True God: Early Christian Monotheism in Its Jewish Context* (Urbana: University of Illinois Press, 2009).

McIntyre, Gwynaeth, *Imperial Cult*, AH (Leiden: Brill, 2019).

McKnight, Scot, and Joseph B. Modica (eds.), *Jesus Is Lord, Caesar Is Not: Evaluating Empire in New Testament Studies* (Downers Grove, IL: InterVarsity Press, 2013).

McNicol, Allan J., *The Conversion of the Nations in Revelation*, LNTS 438 (London: T&T Clark, 2011).

Metzger, B. M., 'The Fourth Book of Ezra', in James H. Charlesworth (ed.), *The Old Testament Pseudepigrapha*, vol. 1 (Garden City, NY: Doubleday, 1983), pp. 517–560.

Michaels, J. Ramsey, *The Gospel of John*, NICNT (Grand Rapids: Eerdmans, 2010).

Minear, Paul S., *I Saw a New Earth: An Introduction to the Visions of the Apocalypse*, repr. (Eugene, OR: Wipf & Stock, 2003).

Moloney, Francis J., *The Apocalypse of John: A Commentary* (Grand Rapids: Baker Academic, 2020).

Moo, Douglas J., *Galatians*, BECNT (Grand Rapids: Baker Academic, 2013).

———, *The Epistle to the Romans*, 2nd edn, NICNT (Grand Rapids: Eerdmans, 2018).

Moore, Michael S., 'Civic and Voluntary Associations in

the Greco-Roman World', in Joel B. Green and Lee Martin McDonald (ed.), *The World of the New Testament: Cultural, Social, and Historical Contexts* (Grand Rapids: Baker Academic, 2013), pp. 149–155.

Morwood, James (ed.). *Pocket Oxford Latin Dictionary: Latin-English*, 3rd edn (Oxford: Oxford University Press, 2005).

Moss, Candida R., *The Myth of Persecution: How Early Christians Invented a Story of Martyrdom* (New York: HarperOne, 2013).

Mounce, Robert H., *The Book of Revelation*, rev. edn, NICNT (Grand Rapids: Eerdmans, 1998).

Mounce, William D., *Pastoral Epistles*, WBC 46 (Dallas: Word, 2000).

Moyise, Steve, *The Old Testament in the Book of Revelation*, JSNTSup 115 (Sheffield: Sheffield Academic, 1995).

Murray, Michele, *Playing a Jewish Game: Gentile Christian Judaizing in the First and Second Centuries CE*, SCJ 13 (Waterloo, ON: Wilfrid Laurier University Press, 2004).

Newsom, Carol A., and Brennan W. Breed, *Daniel: A Commentary*, OTL (Louisville: Westminster John Knox, 2014).

North, Wendy S., 'John for Readers of Mark?: A Response to Richard Bauckham's Proposal', *JSNT* 25.4 (2003), pp. 449–468.

Nystrom, David P., 'We Have No King but Caesar: Roman

Imperial Ideology and the Imperial Cult', in Scot McKnight and Joseph B. Modica (ed.), *Jesus Is Lord, Caesar Is Not: Evaluating Empire in New Testament Studies* (Downers Grove: InterVarsity, 2013), pp. 23–37.

Olbricht, Thomas H., and Jerry L. Sumney (eds.), *Paul and Pathos*, SBLSym 16 (Atlanta: Society of Biblical Literature, 2001).

Olupona, Jacob K., *African Religions: A Very Short Introduction* (New York: Oxford University Press, 2014).

Orlin, Eric M., *Temples, Religion, and Politics in the Roman Republic* (Boston: Brill Academic, 2002).

———, *Foreign Cults in Rome: Creating a Roman Empire* (Oxford: Oxford University Press, 2010).

Oropeza, B. J., *Churches under Siege of Persecution and Assimilation: The General Epistles and Revelation*, ANTC 3 (Eugene, OR: Cascade Books, 2012).

Osborne, Grant R., *Revelation*, BECNT (Grand Rapids: Baker, 2002).

———, *Matthew*, ZECNT (Grand Rapids: Zondervan, 2010).

Osiek, Carolyn, '*Diakonos* and *Prostatis*: Women's Patronage in Early Christianity', *HTS* 61.1/2 (2005), pp. 347–370.

Oswalt, John N., *The Book of Isaiah: Chapters 1–39*, NICOT (Grand Rapids: Eerdmans, 1986).

Parsons, Mikeal C., *Acts*, Paideia (Grand Rapids: Baker Academic, 2008).

Parsons, Mikeal C., and Michael W. Martin, *Ancient Rhetoric and the New Testament: The Influence of Elementary Greek Composition* (Waco: Baylor University Press, 2018).

Penner, Glenn M., *In the Shadow of the Cross: A Biblical Theology of Persecution and Discipleship* (Bartlesville, OK: Living Sacrifice Books, 2004).

Peppard, Michael, *The Son of God in the Roman World: Divine Sonship in Its Social and Political Context* (Oxford: Oxford University Press, 2011).

Perry, Peter S., *The Rhetoric of Digressions: Revelation 7:1–17 and 10:1–11:13 and Ancient Communication*, WUNT/II 268 (Tübingen: Mohr Siebeck, 2009).

Pervo, Richard I., *Acts: A Commentary*, Hermeneia (Minneapolis: Fortress, 2009).

Petersen, Anders K., 'Imperial Politics in Paul: Scholarly Phantom or Actual Textual Phenomenon?', in Michael Labahn and Outi Lehtipuu (ed.), *People under Power: Early Jewish and Christian Responses to the Roman Empire* (Amsterdam: Amsterdam University Press, 2015), pp. 101–27.

Peterson, David, *The Acts of the Apostles*, PNTC (Grand Rapids: Eerdmans, 2009).

Phua, Richard L.-S., *Idolatry and Authority: A Study of 1 Corinthians 8:1–11:1 in the Light of the Jewish Diaspora*, LNTS 299 (London: T&T Clark, 2005).

Pobee, J. S., *Persecution and Martyrdom in the Theology of Paul*, JSNTSup 6 (Sheffield: JSOT Press, 1985).

Porter, Stanley E., 'Pauline Chronology and the Question

of Pseudonymity of the Pastoral Epistles', in Stanley E. Porter and Gregory P. Fewster (ed.), *Paul and Pseudepigraphy*, PS 8 (Leiden: Brill, 2013), pp. 65–88.

Prokhorov, A. V., 'Taking the Jews out of the Equation: Galatians 6.12–17 as a Summons to Cease Evading Persecution', *JSNT* 36.2 (2013), pp. 172–188.

Raquel, Sylvie T., 'Blessed Are the Peacemakers: The Theology of Peace in the Book of Revelation', in Gerald L. Stevens (ed.), *Essays on Revelation: Appropriating Yesterday's Apocalypse in Today's World* (Eugene, Or.: Pickwick Publications, 2010), pp. 55–71.

Reimer, Andy M., 'The Man Born Blind: True Disciple of Jesus', in Steven A. Hunt, D. F. Tolmie and Ruben Zimmermann (ed.), *Character Studies in the Fourth Gospel: Narrative Approaches to Seventy Figures in John*, WUNT 314 (Tübingen: Mohr Siebeck, 2013), pp. 428–438.

Reimer, Ivoni R., *Women in the Acts of the Apostles: A Feminist Liberation Perspective* (Minneapolis: Fortress, 1995).

Resseguie, James L., *Revelation Unsealed: A Narrative Critical Approach to John's Apocalypse*, BIS 32 (Leiden: Brill, 1998).

———, *Narrative Criticism of the New Testament: An Introduction* (Grand Rapids: Baker Academic, 2005).

———, *The Revelation of John: A Narrative Commentary* (Grand Rapids: Baker Academic, 2009).

———, 'A Narrative-Critical Approach to the Fourth Gospel', in Christopher W. Skinner (ed.), *Characters and Characterization in the Gospel of John*, LNTS 461 (London: Bloomsbury T&T Clark, 2013), pp. 3–17.

Reumann, John, *Philippians: A New Translation with Introduction and Commentary*, AYB 33B (New Haven: Yale University Press, 2008).

Rhodes, Peter J., and Beate Ego, 'Synhedrion', in Hubert Cancik and Helmuth Schneider (ed.), *Brill's New Pauly*, vol. 14 (Brill, 2019), pp. 26–28. doi: http://dx.doi.org/10.1163/1574–9347_bnp_e1127180.

Richard, Earl, *Reading 1 Peter, Jude, and 2 Peter: A Literary and Theological Commentary*, RNTS (Macon, GA: Smyth & Helwys, 2000).

Robinson, O. F., *The Criminal Law of Ancient Rome* (London: Duckworth, 1995).

Rogers, T. J., 'Shaking the Dust Off the Markan Mission Discourse', *JSNT* 27.2 (2004), pp. 169–192.

Rohrbaugh, Richard L., 'Honor: Core Value in the Biblical World', in Dietmar Neufeld and Richard E. DeMaris (ed.), *Understanding the Social World of the New Testament* (Milton Park: Routledge, 2009), pp. 109–125.

Rothaus, Richard M., *Corinth, the First City of Greece: An Urban History of Late Antique Cult and Religion*, RGRW 139 (Leiden: Brill, 2000).

Ruiz, Jean-Pierre, *Ezekiel in the Apocalypse: The Transformation of Prophetic Language in Revelation 16,17 – 19,10*, EUS 23 (Frankfurt: Peter Lang, 1989).

Runesson, Anders, 'Synagogue', in Joel B. Green, Jeannine K. Brown and Nicholas Perrin (ed.), *Dictionary of Jesus and the Gospels*, 2nd edn (Downers Grove: IVP Academic, 2013), pp. 903–911.

———, *The Origins of the Synagogue: A Socio-Historical Study*, CBNTS 37 (Stockholm: Almqvist & Wiksell, 2001).

Sauer, Christof, and Richard Howell (eds.), *Suffering, Persecution and Martyrdom: Theological Reflections*, RSF 2, (Johannesburg: AcadSA, 2010).

Schirrmacher, Thomas, *The Persecution of Christians Concerns Us All: Towards a Theology of Martyrdom*, 3rd edn, WEAGIS 5, repr. (Eugene, OR: Wipf & Stock, 2018).

Schnabel, Eckhard J., *Acts* (Grand Rapids: Zondervan, 2012).

———, 'The Persecution of Christians in the First Century', *JETS* 61.3 (2018), pp. 525–547.

Schnelle, Udo, *Theology of the New Testament*, translated by M. Eugene Boring (Grand Rapids: Baker Academic, 2009).

Schreiner, Thomas R., *Galatians*, ZECNT (Grand Rapids: Zondervan, 2010).

———, *Commentary on Hebrews*, BTCP (Nashville: B&H, 2015).

———, *Paul, Apostle of God's Glory in Christ: A Pauline Theology*, 2nd edn (Downers Grove: IVP Academic, 2020).

Seifrid, Mark, 'Romans', in G. K. Beale and D. A. Carson

(ed.), *Commentary on the New Testament Use of the Old Testament* (Grand Rapids: Baker Academic, 2007), pp. 607–694.

Shelton, W., review of *The Myth of Persecution: How Early Christianity Invented a Story of Martyrdom*, by Candida Moss. *JETS* 57.1 (2014), pp. 210–214.

Shogren, Gary S., *1 and 2 Thessalonians*, ZECNT (Grand Rapids: Zondervan, 2012).

Siew, A. K. W., *The War between the Two Beasts and the Two Witnesses: A Chiastic Reading of Revelation 11.1–14.5*, LNTS 283 (London: T&T Clark, 2005).

Sim, David C., 'Gentiles, God-Fearers and Proselytes', in David C. Sim and James S. McLaren (ed.), *Attitudes to Gentiles in Ancient Judaism and Early Christianity*, LNTS 499 (London: Bloomsbury, 2015), pp. 9–27.

———, 'Jews, Christians and Gentiles: Observations and Some Concluding Remarks', in David C. Sim and James S. McLaren (ed.), *Attitudes to Gentiles in Ancient Judaism and Early Christianity*, LNTS 499 (London: Bloomsbury, 2015), pp. 259–266.

Smallwood, E. Mary, *The Jews under Roman Rule: From Pompey to Diocletian*, 2nd edn, SJLA 21 (Leiden: Brill, 1981).

Smith, Gary V., *Isaiah 1–39*, NAC 15A (Nashville: B&H, 2007).

Smith, Ian K., 'The Letter to the Hebrews', in Mark Harding and Alanna Nobbs (ed.), *Into All the World: Emergent Christianity in Its Jewish and Greco-Roman Context*

(Grand Rapids: Eerdmans, 2017), pp. 184–207.

Smith, Murray J., 'The Book of Revelation: A Call to Worship, Witness, and Wait in the Midst of Violence', in Mark Harding and Alanna Nobbs (ed.), *Into All the World: Emergent Christianity in Its Jewish and Greco-Roman Context* (Grand Rapids: Eerdmans, 2017), pp. 334–371.

Smith, Ralph L., *Micah–Malachi*, WBC 32 (Waco, TX: Word Books, Publisher, 1984).

Stambaugh, John E., and David L. Balch, *The New Testament in Its Social Environment,* LEC 2 (Philadelphia: Westminster Press, 1986).

Stamps, Dennis L., 'The Use of the OT in the NT as a Rhetorical Device: A Methodological Proposal', in S. E. Porter (ed.), *Hearing the Old Testament in the New Testament*, MNTS (Grand Rapids: Eerdmans, 2006), pp. 9–37.

Stanley, Christopher D., 'The Rhetoric of Quotations: An Essay on Method', in Craig A. Evans and James A. Sanders (ed.), *Early Christian Interpretation of the Scriptures of Israel: Investigations and Proposals*, JSNTSup 148 (Sheffield: Sheffield Academic, 1997), pp. 44–58.

Stein, Robert H., *Mark*, BECNT (Grand Rapids: Baker Academic, 2008).

Stiebing, William H., and Susan N. Helft, *Ancient Near Eastern History and Culture*, 3rd edn (London: Routledge, 2017).

Strauss, Mark L., *Mark*, ZECNT (Grand Rapids, MI:

Zondervan, 2014).

———, *Four Portraits, One Jesus: An Introduction to Jesus and the Gospels*, 2nd edn (Grand Rapids: Zondervan, 2020).

Streib, Heinz, 'Deconversion', in Lewis R. Rambo and Charles E. Farhadian (ed.), *The Oxford Handbook of Religious Conversion* (Oxford: Oxford University Press, 2014), doi: 10.1093/oxfordhb/9780195338522.013.012.

Sumney, Jerry L., *'Servants of Satan', 'False Brothers' and Other Opponents of Paul*, JSNTSup 188 (Sheffield: Sheffield Academic, 1999).

———, 'Studying Paul's Opponents: Advances and Challenges', in Stanley E. Porter (ed.), *Paul and His Opponents*, PS 2 (Leiden: Brill, 2005), pp. 7–58.

Sun, J.-W., 'Conquering Idolatry: John's Literary Creativity and Purpose in His Depiction of Babylon the Whore' (ThM thesis, Singapore Bible College, 2020). 孙洁炜, 〈胜过偶像崇拜: 约翰对大淫妇巴比伦异象的文学创作及用意〉（神学硕士论文, 新加坡神学院, 2020）。

Takács, Sarolta A., *Isis and Sarapis in the Roman World*, RGRW 124 (Leiden: Brill, 1995).

Talbert, Charles H., 'Once Again: The Plan of 1 Peter', in Charles H. Talbert (ed.), *Perspectives on First Peter*, NABPRSSS 9 (Macon: Mercer University Press, 1986), pp. 141–151.

Taylor, Tristan S., 'Social Status, Legal Status and Legal

Privilege', in J. du Plessis Paul, Ando Clifford and Tuori Kaius (ed.), *The Oxford Handbook of Roman Law and Society* (Oxford: Oxford University Press, 2016), pp. 349–359. doi: 10.1093/oxfordhb/9780198728689.013.27.

Thayer, Anne, review of *The Myth of Persecution: How Early Christians Invented a Story of Martyrdom*, by Candida Moss. *Int* 68.1 (2014), pp. 81–83. doi: https://doi.org/10.1177/0020964313505984b.

Thielman, Frank, *Romans*, ZECNT (Grand Rapids: Zondervan, 2018).

Thiessen, Matthew, 'Hebrews 12.5–13, the Wilderness Period, and Israel's Discipline', *NTS* 55.3 (2009), pp. 366–379.

———, *Contesting Conversion: Genealogy, Circumcision, and Identity in Ancient Judaism and Christianity* (Oxford: Oxford University Press, 2011).

Thiselton, Anthony C., *The First Epistle to the Corinthians*, NIGTC (Grand Rapids: Eerdmans, 2000).

Thomas, John C., and Frank D. Macchia, *Revelation*, THNTC (Grand Rapids: Eerdmans, 2016).

Thompson, Leonard L., *The Book of Revelation: Apocalypse and Empire* (New York: Oxford University Press, 1990).

Thompson, Marianne Meye, *John: A Commentary*, NTL (Louisville: Westminster John Knox, 2015).

Thornhill, A. Chadwick, *The Chosen People: Election, Paul, and Second Temple Judaism* (Downers Grove:

InterVarsity, 2015).

Thrall, Margaret E., *A Critical and Exegetical Commentary on the Second Epistle of the Corinthians*, 2 vols., ICC (London: T&T Clark International, 2000).

Thurén, Lauri, *Derhetorizing Paul: A Dynamic Perspective on Pauline Theology and the Law*, WUNT 124 (Tübingen: Mohr Siebeck, 2000).

Tieszen, Charles L., 'Towards Redefining Persecution', *IJRF* 1.1 (2008), pp. 67–80.

———, 'Minding the Gaps: Overcoming Misconceptions of Persecution', *IJRF* 2.1 (2009), pp. 59–72.

Tolmie, D. Francois, *Persuading the Galatians: A Text-Centred Rhetorical Analysis of a Pauline Letter*, WUNT/II 190 (Tübingen: Mohr Siebeck, 2005).

———, 'The Ἰουδαῖοι in the Fourth Gospel: A Narratological Perspective', in Gilbert van Belle, Jan G. van der Watt and Petrus Maritz (ed.), *Theology and Christology in the Fourth Gospel*, BETL 184 (Leuven: Leuven University Press, 2005), pp. 377–399.

Towner, Philip H., 'Romans 13:1–7 and Paul's Missiological Perspective: A Call to Political Quietism or Transformation?', in Sven K. Soderlund and N. T. Wright (ed.), *Romans and the People of God* (Grand Rapids: Eerdmans, 1999), pp. 149–169.

Trebilco, Paul R., *Self-Designations and Group Identity in the New Testament* (Cambridge: Cambridge University Press, 2012).

Turner, David L., *Matthew*, BECNT (Grand Rapids: Baker

Academic, 2008).

Vinciane, Pirenne-Delforge, and Motte André, 'Aphrodite', in Simon Hornblower, Antony Spawforth and Esther Eidinow (ed.), *The Oxford Classical Dictionary*, 4th edn (Oxford: Oxford University Press, 2012), doi: 10.1093/acref/9780199545568.013.0582.

Vinson, Richard B., *Luke*, SHBC (Macon: Smyth & Helwys, 2008).

von Wahlde, Urban C., 'Narrative Criticism of the Religious Authorities as a Group Character in the Gospel of John: Some Problems', *NTS* 63.2 (2017), pp. 222–245. doi: http://dx.doi.org/10.1017/S0028688516000436.

Wallace, Daniel B., *Greek Grammar Beyond the Basics: An Exegetical Syntax of the New Testament* (Grand Rapids: Zondervan, 1996).

Wang, Lian, 'Johannine View of Persecution and Tribulation', *LMM* 25.2 (2017), pp. 359–370.

Watson, Alan, *The State, Law, and Religion: Pagan Rome* (Athens, GA: University of Georgia Press, 1992).

Watson, Duane F., 'The Role of Style in the Pauline Epistles: From Ornamentation to Argumentative Strategies', in J. Paul Sampley and Peter Lampe (ed.), *Paul and Rhetoric* (London: T&T Clark, 2010), pp. 119–140.

Weima, Jeffrey A. D., *1–2 Thessalonians*, BECNT (Grand Rapids: Baker Academic, 2014).

Wendland, Ernst R., Article 'The Hermeneutical Significance of Literary Structure in Revelation', *Neot* 48.2 (2014), pp. 447–476.

Whitlark, Jason A., *Resisting Empire: Rethinking the Purpose of the Letter to 'the Hebrews'*, LNTS 484 (London: Bloomsbury, 2014).

Wilder, Terry L., 'Pseudonymity and the New Testament', in David Alan Black and David S. Dockery (ed.), *Interpreting the New Testament: Essays on Methods and Issues* (Nashville: Broadman & Holman, 2001), pp. 296–355.

Wilken, Robert L., *The Christians as the Romans Saw Them*, 2nd edn (New Haven: Yale University Press, 2003).

Williams, Travis B., *Persecution in 1 Peter: Differentiating and Contextualizing Early Christian Suffering*, NovTSup 145 (Leiden: Brill, 2012).

———, *Good Works in 1 Peter: Negotiating Social Conflict and Christian Identity in the Greco-Roman World*, WUNT 337 (Tübingen: Mohr Siebeck, 2014).

Wilson, S. G., *Related Strangers: Jews and Christians*, 70–170 C.E. (Minneapolis: Fortress, 1995).

———, 'Voluntary Associations: An Overview', in John S. Kloppenborg and Stephen G. Wilson (ed.), *Voluntary Associations in the Graeco-Roman World* (London: Routledge, 1996), pp. 1–15.

Winter, Bruce W., *Seek the Welfare of the City: Christians as Benefactors and Citizens*, FCCGRW (Grand Rapids: Eerdmans, 1994).

———, *Divine Honours for the Caesars: The First Christians' Responses* (Grand Rapids: Eerdmans, 2015).

————, 'Divine Imperial Cultic Activities and the Early Church', in Mark Harding and Alanna Nobbs (ed.), *Into All the World: Emergent Christianity in Its Jewish and Greco-Roman Context* (Grand Rapids: Eerdmans, 2017), pp. 237–265.

Witherington, Ben, III, *The Acts of the Apostles: A Socio-Rhetorical Commentary* (Grand Rapids: Eerdmans, 1998).

————, *New Testament Rhetoric: An Introductory Guide to the Art of Persuasion in and of the New Testament* (Eugene, OR: Cascade Books, 2009).

Workman, Herbert B., *Persecution in the Early Church: A Chapter in the History of Renunciation*, Oxford: Oxford University Press, 1980 (London: Epworth, 1906).

Zeev, Miriam Pucci Ben, 'Jews among Greeks and Romans', in John J. Collins and Daniel C. Harlow (ed.), *The Eerdmans Dictionary of Early Judaism* (Grand Rapids: Eerdmans, 2010), pp. 237–256.

Zerbe, Gordon M., *Non-Retaliation in Early Jewish and New Testament Texts: Ethical Themes in Social Contexts*, BAC (London: Bloomsbury Academic, 2015).

经文索引

新约

哥林多后书

中英名字对照表

英文名字	中文音译
Achtemeier	亚德迈耶
Adewuya	阿德乌亚
Artemis	亚底米
Augustus	奥古斯都
Balch	巴尔奇
Bauckham	包衡
Beale	毕尔
Bennema	本内玛
Blomberg	布鲁姆伯格
Bockmuehl	博慕贺
Boring	博宁
Bultmann	布特曼
Caligula	卡利古拉
Carter	卡特
Cicero	西塞罗
Claudius	革老丢
Clement of Alexandria	亚历山大的革利免
Cockerill	寇轲芮
Collins	高莲诗

Cunningham	甘宁翰
de Villiers	德维利耶
Delphi	达尔菲
DeSilva	德席尔瓦
Diocletian	戴克里先
Dionysius of Halicarnassus	哈利卡纳苏斯的狄奥尼修斯
Domitian	图密善
Dunn	邓恩
Dunne	但恩
Elliott	艾略特
Engberg	恩伯格
Eusebius	优西比乌
Felix	腓力斯
Festus	非斯都
Fitzmyer	费兹梅
Frankfurter	法兰克福特
Gibbon	吉朋
Grabbe	格比
Gradel	格拉德尔
Gray	格雷
Gundry	甘德里
Hardin	哈丁
Hare	黑尔
Harrod	哈罗德
Hatina	哈帝拿

Hillard	希拉德
Horrell	霍雷尔
Ignatius	伊格纳修
Irenaeus	爱任纽
Johnston	庄诗敦
Jongkind	永金
Joseph of Arimathea	亚利马太人约瑟
Josephus	约瑟夫
Julius Caesar	尤利乌斯·凯撒
Justin	游斯丁
Keener	基纳
Kelhoffer	凯鹤华
King	柯英
Koester	科斯特
Kraft	卡夫
Kruse	柯鲁斯
Lau	刘氏
Lemcio	蓝思欧
Levene	列温
Lim	林氏
Livy	李维
Macchia	马齐亚
Mackie	麦基
Marshak	马沙克
Martin, Dale B.	马丁

Martin, Michael W.	马田
Matthews	马修斯
Mayo	梅奥
McNicol	麦克尼科尔
Michaels	迈克尔斯
Minear	迈尼亚
Moloney	默隆尼
Moss	莫斯
Mounce	孟恩思
Murray	默里
Origen	俄利根
Orlin	奥连
Oropeza	奥罗佩萨
Parsons	帕森斯
Penner	宾尼
Pervo	佩尔沃
Philo	斐洛
Philostratus	菲洛斯特拉图斯
Pliny the Younger	小普林尼
Polycarp	波利卡普
Pythian	皮提亚
Resseguie	雷塞吉
Rogers	罗杰斯
Rothaus	罗豪斯
Schnabel	席纳博

Schnelle	施内尔
Sean Du Toit	杜图特
Seneca	塞涅卡
Sim	沈氏
Smith	史密夫
Stambaugh	斯坦博
Suetonius	苏维托尼乌斯
Tacitus	塔西佗
Talbert	塔伯特
Tertullian	特士良
Thomas	汤玛斯
Thompson	汤普森
Thornhill	桑希尔
Tieszen	田士臣
Towner	唐纳
Turner	特纳
Volsinian goddess—Nortia	沃尔西尼亚女神 - 诺蒂娅
Weima	魏玛
Whitlark	威特拉克
Williams	威廉斯
Wilson	威尔逊
Winter	温特